Cinema for
Spanish Conversation

Second Edition

Cinema for Spanish Conversation

Second Edition

Mary McVey Gill
Deana Smalley
María-Paz Haro

ISBN 10: 1-58510-231-8

ISBN 13: 978-1-58510-231-0

Cover: *Diarios de motocicleta/The Motorcycle Diaries* (2004, directed by Walter Salles) © Focus Features, Photofest.

Printed in the United States of America

10 9 8 7 6 5 4 3 2 1

Contents

1   This film takes place in Guatemala and in Los Angeles. The main characters are Guatemalan.

Preface

Why a Spanish Conversation Book Based on Cinema?

There are many reasons:

> ➤ Movies appeal to students of all ages.

> ➤ There have been numerous studies showing that authentic language is the best "comprehensible input." Cinema offers natural language in context.

> ➤ Movies provide a context in history and culture, as well as language, on which a course can build.

> ➤ Videos and DVDs (rented or bought) are highly versatile teaching tools. Students can watch them in or out of class. Instructors can use film clips in class or include them on exams. DVDs can also be programmed.

> ➤ The eighteen movies in this book present a wide variety of themes, genres, and cultural experiences.

Students who watch the movies chosen for this book will learn not only about "Big C" culture (e.g., the Mexican Revolution in *Como agua para chocolate*, life in Castro's Cuba in *Fresa y chocolate*, or the Spanish Civil War in *¡Ay, Carmela!*). They will also see daily-life culture in a wide variety of settings. How do people in the Hispanic world eat, cook, travel, play, get married, raise their children, spend their free time? What non-verbal communication do they use, how much distance is normal between people in different situations, how do they greet each other or express affection? It's impossible to watch these movies and *not* learn about culture through this engaging medium.

Changes in the Second Edition

> ➤ There are three new films: *María llena eres de gracia*, *Diarios de motocicleta*, and *Mar adentro*.

> ➤ For each chapter there is a new section, **Más allá de la película**, including a reading and an activity. The readings are interviews, magazine or newspaper articles, or selections from film scripts or literary pieces.

> ➤ Introductory information about each film, its actors and directors has been updated.

Choice of Films

Choosing the films was extremely difficult, since there is such a tremendous variety of wonderful movies in Spanish. The movies were chosen for quality, cultural and historical content, and appeal to students; however, the choice also depended heavily on availability. Many excellent films are simply too hard to get in the United States or Canada. We did not choose films primarily to have a balance in countries of origin. Spain and Argentina are overrepresented simply because they have very highly developed cinematic industries with a long history of production and excellent distributing and marketing, so that the films reach a global audience. Difficulty was another factor: some films are simply too complicated to be used successfully or the pronunciation is hard to understand. Another important criterion was that we did not want to expose students to excessive violence, and a large number of very high-quality films were excluded because of this factor. We did include some films that are R-rated for language and/or sex. See the chart following the preface for ratings and other information about each film. If R-rated movies are not appropriate for your students, these can simply be excluded.

Organization of the Book and Teaching Suggestions

The book requires students to have intermediate Spanish skills and can be used most successfully at high intermediate or advanced levels. It can be a primary or secondary text for a course. Subtitles can provide flexibility—they should be used unless the students are advanced. As with any real-world experience, students will not understand every word—a certain tolerance of ambiguity must be cultivated—but they will be highly motivated to understand material that they know was created for native speakers of Spanish. While students will not all be able to spend time in a Spanish-speaking country, they can travel through the eyes of filmmakers to many different parts of the world. We expect that this highly motivating context will work well for students wherever the book is used, especially in classes where listening comprehension and conversation are emphasized.

Following are suggestions for each section of any chapter:

Preparación

Vocabulario preliminar

These sections are optional and can be done in class or assigned as homework. With some exceptions, the words on the lists occur at least twice in the film and often three or more times. Words that students may need to discuss the film but that were not actually used in the movie itself are glossed later on if necessary. The first section of exercises was designed to give students key words and expressions they will need to understand and talk about the movie. The second section, which they will encounter after they have seen the film, features thematic vocabulary, including regionalisms, that is useful for further discussion. We did not include vulgar words or expressions, in general; you can explain these at your discretion.

Antes de ver la película

In most cases, these previewing exercises can be done in pairs or groups as well as with the whole class. The exercise called **Los personajes** should be read before the film is viewed but completed afterwards.

Investigación

These topics can be assigned to individuals or groups rather than to the whole class. Students can report back with just a few sentences or with a more in-depth answer, depending on their language level and the time available. Students using the Internet should be able to find information on the topics readily.

Exploración

Ideally, the students should read this section over before seeing the film to help them prepare for it. The exercises here are designed to get them to explore the basic content and plot of the movie.

Análisis y contraste cultural

Vocabulario

Again, these sections are optional and can be done in class or assigned as homework. See the information under **Vocabulario preliminar**.

Notas culturales

These notes are included to provide information that may be helpful in understanding the film. Students can read them on their own.

Temas de conversación o de composición

As the title implies, these topics can be explored orally and/or assigned as short compositions. They can be done with the entire class or in groups or pairs. The questions in parentheses can be augmented or changed as the instructor chooses. These topics are optional and not all of them have to be covered.

Una escena memorable

Students can discuss or write about the scenes depicted, depending on the goals of the course.

Hablan los personajes

These can be covered quickly, with students giving short answers about who is quoted and in what context, or they can be explored in depth. Instructors may choose to ask further questions about the quotations and get students to elaborate on how they reflect the character in general or how they relate to the themes of the movie.

Hablando de la cultura

This section refers to a cultural point that is included in the film and it generally poses a question about cultural content or about how the movie would be different if it were from an English-speaking country. Instructors may want to elaborate on these points or ask students what other cultural differences they noticed in the film.

Hablan los críticos y los directores

These optional sections feature quotations from the directors of the films or from critics. Students can answer the questions included for them or they can simply comment on whether they agree or disagree with the quotations and why.

Más allá de la película

These readings can be assigned at home or covered in class. You may want to simply have students read them and do the activities for extra credit. You can also have students work together in pairs or groups to complete the tasks. In some cases, you might want to use only part of a reading (for instance, in Chapter 7, you could do only the selections from Alberto Granados' diary, which will have fewer new vocabulary items than Ernesto Guevara's). The readings can be skipped entirely if you are focusing on listening and speaking skills.

Ideas for Additional Activities

Here are some ideas for activities that can be done with the films (as a class or in pairs or groups), depending on the goals of your course:

> Students tell what the movie would be like if it had been made in Hollywood. What things would be different? Or, if there is a Hollywood film with a similar plot, ask students if they've seen it and have them make comparisons.

> Students invent an alternative ending. (If you show the film in class, you could also stop the film partway through and have students guess the ending, writing it down without telling anyone else. Then ask for alternatives after the film has been viewed.)

> Students tell what the characters would be doing five (ten, twenty) years later.

> They write an epitaph, eulogy, or obituary for one of the characters.

- ➤ They write a CV, personals ad, or want ad for one of the characters.
- ➤ They write a review of the film.
- ➤ They compare films with other movies in Spanish (for instance, by the same director or on the same theme). They can rent and view other films on their own for extra credit. They can also write summaries or reviews of these or make a short oral report to the class.
- ➤ Students create questions they would ask of a specific character.
- ➤ They decide on the best gift for a certain character and tell why.
- ➤ They write an ad promoting the film.
- ➤ They write a diary entry for one of the characters.
- ➤ A variation on **Hablan los personajes**: Write quotations from the movie on slips of paper in two parts. (For instance, *Se puede simplemente no estar muerto... / ...sin estar tampoco vivo.*) Students circulate around the room and try to find their partner, the person who has the other half of the quotation. They stand together, read the quotation aloud, and tell who said it, to whom, and/or in what situation.
- ➤ They play Twenty Questions: someone pretends to be one of the characters and the others ask yes/no questions until they guess correctly (or until twenty questions have been asked).
- ➤ Students write a question about the film (that they can answer) on a piece of paper. They get up and find another student to talk to and ask their question. After answering, the other student asks his or her question. The first student answers. (They help each other if necessary.) Students trade slips of paper and repeat the process with the new questions and new partners. Tell them to continue for a certain period of time or until they have asked and answered at least six questions.

Here are some ideas for activities that can be done after students have seen several films:

- ➤ Students write about or discuss the riskiest situation, the happiest moment, the worst decision, the most ethical choice, etc.
- ➤ They create and give a prize to the best actor/actress, best film, best script, most interesting plot, best music, and so forth.
- ➤ Students compare specific characters. How are they similar and how are they different? Which character is the most admirable? Evil? Memorable?, etc. Which character would they most like to meet?
- ➤ Students choose a scene from one of the films and a character from another film. How would the character react in this situation?
- ➤ If vocabulary is an important part of the course, students can review: give them a list of categories (e.g., things to eat, places, things to wear, feelings, etc.) Then give them words orally and have them put the words into the appropriate categories.
- ➤ Students compare language used in two or more films; for instance, the use of *tú* vs. *usted* or the level of formality of the language in general.

Instructor's Manual

The instructor's manual includes:

1. an answer key for all exercises except the open-ended activities.
2. specific ideas for extra activities

Web Site

The Focus web site includes pages for this book. On the web pages are names and addresses of places to obtain the films, other resources available for this book, and links to other sites of interest.

http://www.pullins.com/Books/02318SpanishCinema.htm

Acknowledgments

We would like to express sincere gratitude to our publisher, Ron Pullins, for his creativity, advice, support, and flexibility; this book would not have been possible without him. Thanks also to our editor, Kathleen Brophy, for her excellent work coordinating the project, obtaining permissions to reprint materials from other sources, and general efficiency and support. Others at Focus Publishing/R. Pullins Company to whom we owe a debt of gratitude: David Horvath, marketing manager; Cynthia Zawalich, editorial assistant; and Linda Robertson, production manager, for her excellent work on the composition of the book. It is truly a joy to work with the people at Focus!

Sincere appreciation to Naldo Lombardi of Mount Royal Academy for reading the entire manuscript and offering countless suggestions and superb advice. We would like to thank Anne-Christine Rice, author of *Cinema for French Conversation*, for her insights and assistance in the initial stages of the first edition. Finally, we owe a debt of gratitude to the following reviewers, whose comments (both positive and critical) helped us in the shaping of this project:

Sara E. Cooper of California State University at Chico
Hélène Laroche Davis of Notre Dame de Namur University
Marvin D'Lugo of Clark University
Anthony L. Geist of the University of Washington, Settle
Pamela Hill of The Hockaday School, Dallas, Texas
Jeff Kirkman of Rutgers Preparatory School
Johanna Damgaard Liander of Harvard University
Antonio Losada of Rio Americano High School, Sacramento, California
Cristina Martínez-Carazo of the University of California at Davis

A Final Word about these Eighteen Films

¡Diviértanse! (Enjoy!)

M.M.G.
D.S.
M.-P.H.

About The Films

Spanish Title	English Title	Country	Date	Genre	Length	
¡Ay, Carmela!	*no English title*	Spain/Italy	1990	drama/war	102 min.	PG-13
Belle Epoque	*no English title*	Spain/ Portugal/ France	1992	comedy/ romance	109 min.	R
Caballos salvajes	Wild Horses	Argentina	1995	drama	132 min.	unrated
Como agua para chocolate	Like Water for Chocolate	Mexico	1992	drama/ romance	105 min.	R
Danzón	*no English title*	Mexico/Spain	1991	drama/ romance	120 min.	PG-13
De eso no se habla	I Don't Want to Talk About It	Argentina	1993	comedy/ drama	102 min.	PG-13
Diarios de motocicleta	Motorcycle Diaries	Argentina/ Chile/ Peru/ US/ UK/ France/ Germany	2004	adventure/ biography	128 min.	R
Fresa y chocolate	Strawberry & Chocolate	Cuba/Mexico/ Spain	1993	dramatic comedy	104 min.	R
Guantanamera	*no English title*	Cuba/ Germany/Spain	1995	comedy	104 min.	unrated
La historia oficial	The Official Story	Argentina	drama	1985	112 min.	R
Hombres armados	Men with Guns	US	1997	drama	128 min.	R
Mar adentro	The Sea Inside	Spain/France/ Italy	2004	biography/ drama	125 min.	PG-13
María llena eres de gracia	Maria Full of Grace	US/Colombia	2004	drama/ thriller	101 min.	R
Mujeres al borde de un ataque de nervios	Women on the Verge of a Nervous Breakdown	Spain	1988	comedy/ drama	90 min.	R
El norte	*no English title*	UK/USA	1983	drama	139 min.[1]	R
Nueba Yol	*no English title*	Dominican Republic	1996	comedy	104 min.	PG-13
Todo sobre mi madre	All About My Mother	Spain/France	1999	comedy/ drama	102 min.	R
Todos somos estrellas	We Are All Stars	Peru	1993	comedy	88 min.	PG-13

---

1   Part I (50 min.), Part II (38 min.), Part III (53 min.)

Vocabulario para hablar del cine

Cognados

actuar, la actuación
la cámara
el cine erótico
el cine de guerra (*war*)
   o de violencia
el cine de humor
el cine político
la cinematografía
la comedia musical
el documental

el/la director(a)
los efectos especiales
la escena
el/la espectador(a)
filmar, la filmación, el filme
el flashback
la imagen
improvisar
producir

el/la productor(a)
el/la protagonista
protagonizar
el punto de vista
la secuencia
el suspense
el tema
los títulos de crédito
el zoom

Otras palabras

el argumento	*plot*
el/la artista de cine	*movie actor (actress)*
el/la cineasta	*filmmaker*
la cinta	*tape; film*
el corte	*cut*
el cortometraje, el largometraje	*short (film), feature or full-length film*
dirigir	*to direct*
la distribuidora	*distributor*
doblar, el doblaje	*to dub, dubbing*
el elenco	*cast*
el encuadre	*framing (of a shot)*
el/la estrella de cine	*movie star*
estrenarse (una película)	*to premiere*
el guión, el/la guionista	*script, scriptwriter*
la iluminación	*lighting*
interpretar un papel, el/la intérprete	*to play a role, person who plays a role*
el lente	*lens*
la pantalla	*screen*
la película	*film*
los personajes secundarios	*minor or less important characters*
la puesta en escena	*staging, production*
el/la realizador(a)	*director*
el reparto	*cast*
rodar, el rodaje	*to film, shoot (a film); filming*
el sonido	*sound*
la toma	*shot, take*
la voz en off	*voice-over*

Photo Credits

Text Credits

pages 12-14   Otra vez en la frontera / *La Nación*. 21 de abril de 1998. Lorena García/LA NACION ©. Used with permission.

pages 27-30   Originally published in *Aceprensa*, Nov. 1, 1995. Reprinted with permission.

page 41   From *Como agua para chocolate* by Laura Esquivel, copyright 1989 by Laura Esquivel. Used by permission of Doubleday, a division of Random House, Inc.

pages 54-58   Excerpt from *Quince Directores del Cine Mexicano*, by Alejandro Medrano Platas, pp. 253-62. Reprinted with permission of the publisher, Plaza y Valdez.

pages 72-73   The story "El viaje de María" written by Rafael Estafanía for BBC Mundo.com and published on the website www.bbcmundo.com on February 22, 2005. © BBC 2005. Reproduced by permission.

pages 84-86   Interview with Nestor Cuba by Mary McVey Gill. January 2006, Stanford, CA. Used with permission.

page 100   Excerpts from the diary of Ernesto "Che" Guevara, as published in *Notas de viaje* (La Habana: Casa Editora Abril, 1992) p. 50, 56. See also El Archivo Personal del Che / Centro de Estudios Che Guevara, http://cheguevara.cubasi.cu.

pages 101-102   Excerpts from the diary of Alberto Granado, as published in *Con el Che por Sudamérica*, pp. 20-21, 23-24, 81, 111. (La Habana: Editorial Letras Cubanas, 1986).

pages 114-117   "Bemberg sobre Bemberg" by Caleb Bach, in *Américas*, marzo-abril 1994, pp. 21-27. Reprinted from *Américas*, a bimonthly magazine published by the General Secretariat of the Organization of American States in English and Spanish. Used with permission.

pages 129-132   "Viejos republicanos españoles y joven democratización latinoamericana: imagen de exilados en películas de Argentina y Chile: 'La historia official' y 'La frontera'" © Tzvi Tal 2000. Dr. Tal teaches Film Theories, Latin American and Third World Cinema, Colonialism and Multiculturalism in Cinema, and History and Film at Israel's universities. Used with permission.

pages 147-151   Fotograma.com: "Yo director: Marcelo Piñeyro, un tipo como vos." Interview by Pablo Silva. Used with permission from Fotograma.com.

pages 165-169   An excerpt from the script for "Fresa y chocolate" by Senel Paz. Originally published in *Viridiana (Revista trimestral sobre el guión cinematográfico)*, No. 7, 1995. The script is an adaptation of the acclaimed short story by Senel Paz, "El lobo, el bosque y el hombre nuevo." Used with permission.

pages 180-183   Interview with Jorge Perugorría, "Sigo viviendo en Cuba por amor," Lilith Courgeon/EFE. Used with permission.

pages 198-200   "Nueba Yol/Nueva York" © Mary McVey Gill 2006. Used with permission.

pages 213-215   "Así se hizo 'Belle Epoque'," Ramiro Cristóbal, *Cambio 16*, 4 abril 1994, pp. 26-27. Reprinted with permission.

pages 227-229   Excerpt from *¡Ay, Carmela!* by José Sanchis Sinisterra. "Ñaque, o, de piojos de actores; ¡Ay, Carmela!," José Sanchis Sinisterra, ed. Manuel Aznar Soler. (Ediciones Catedra, S.A. / Cátedra Letras Hispánicas, Madrid, 1991), pp. 189-196.

pages 242-244   Critiques of *Mujeres al borde de un ataque de nervios* by Pedro Almodóvar, as posted on www.FilmAffinity.com. Reprinted with permission from FilmAffinity.com

pages 255-257   Excerpt from "Las chicas de Pedro" by Angel S. Harguindey. *El País semanal*, Numero 1.174. Domingo 28 de marzo de 1999, pp. 28-35. Reprinted with permission.

pages 269-270   Poem from Ramón Sampedro, *Cartas desde el infierno* (Barcelona, Editorial Planeta, S.A., 2004), p. 52. © Editorial Planeta, S.A., 1994-2004, Barcelona. © Herederos de Ramón Sampedro Careán, 1996-2004. © Sociedad General de Cine, S.A., Himenopato, S.L. 2004. Used with permission.

pages 270-272   Letter from Ramón Sampedro, *Cartas desde el infierno* (Barcelona, Editorial Planeta, S.A., 2004), pp. 90-98. © Editorial Planeta, S.A., 1994-2004, Barcelona. © Herederos de Ramón Sampedro Careán, 1996-2004. © Sociedad General de Cine, S.A., Himenopato, S.L. 2004. Used with permission.

pages 273   "Sobreseída la causa contra Ramona Maneiro por la muerte de Sampedro," *Ciencia*, Viernes, 18 de marzo 2005. Periodistadigital.com. Used with permission.

CAPÍTULO 1

Hombres armados

Presentación de la película:

El doctor Humberto Fuentes es un hombre mayor que vive y trabaja en una ciudad grande. Dice que su «legado» *(legacy)* al mundo es el trabajo que ha hecho para la Alianza para el Progreso; hace años entrenó a un grupo de estudiantes de medicina del programa de la Alianza. Sus estudiantes fueron al campo a trabajar entre la gente más pobre del país. El doctor no conoce mucho el mundo, fuera del círculo de gente que trata en la capital. Cuando muere su esposa, decide empezar una búsqueda de sus estudiantes y de su «legado».

✴ John Sayles, el director, guionista y editor de la película, es un estadounidense de Schenectady, Nueva York. Es autor de novelas, cuentos, obras teatrales y guiones cinematográficos. Después de escribir varios guiones, en 1978 pudo hacer su primera película, *Return of the Secaucus Seven*, con solamente $60.000.

✴ Sayles aprendió español en 1991 cuando escribía su novela *Los Gusanos*, que trata de los cubanos de Miami. Hizo borradores *(drafts)* del guión para *Hombres armados (Men with Guns)* en español y después creó un borrador final en inglés; un traductor mexicano usó las dos versiones (español e inglés) para crear la versión final del guión. Sayles se comunicó en español con los actores de habla hispana durante la filmación de la película. Decidió filmar la película en español. ➤

◀ Dice: «I've acted in a foreign language, and I found that 80 percent of your energy goes into the language and only 20 percent into being the character you want to be. It made no sense for me to have the actors struggling with their English, or doing their scenes phonetically, rather than concentrating on their acting.»

✶ Otras películas de Sayles son: *Lianna; Baby, It's You; Brother from Another Planet; Matewan; Eight Men Out; The Secret of Roan Inish, Lone Star, Sunshine State, Casa de los babys* y *Silver City.* Trabaja en forma independiente para poder controlar el contenido de sus películas.

✶ El gran actor argentino Federico Luppi, un admirador de Sayles que leyó el guión y quiso participar en el proyecto, interpreta el papel de Humberto Fuentes. Mandy Patinkin y su esposa Kathryn Grody interpretan los papeles de los turistas Andrew y Harriet. Muchos de los otros actores se contrataron en México durante la filmación de la película. ■

Preparación

Vocabulario preliminar

Cognados		
atacar	curar	el helicóptero
la batalla	el/la desertor(a)	la medicina
el/la comandante	la guerrilla	el rumor

La guerra	
armado(a)	armed, with weapons
la bala (el balazo)	bullet (shot with a bullet)
disparar	to shoot
el ejército	army
el enemigo	enemy
el fusil	gun
matar	to kill
el/la soldado	soldier

Otras palabras	
asesinar	to murder, assassinate
avisar (el aviso)	to warn (warning)
callar(se)	to (be) quiet
el chofer	driver
ciego(a)	blind
entrenar	to train (training)
el fantasma	ghost
el legado	legacy
la llanta	tire
prevenir	to warn
proteger	to protect
tener miedo	to be afraid

A. **Fuera de lugar.** Para cada oración, indique cuál de las palabras está fuera de lugar y no tendría sentido en el contexto.

> *Modelo:*
>
> Según la radio, pasará un huracán por este pueblo. Hay que _____ (a. prevenir / b. callar / c. avisar) a los habitantes.   **b. callar**

1. El pueblo fue atacado por _____ (a. la guerrilla / b. el ejército / c. el legado).
2. El soldado recogió su _____ (a. fusil / b. pistola / c. fantasma) y se fue.
3. En la farmacia venden _____ (a. medicinas / b. llantas / c. aspirinas).
4. «Está muerta», dijo el detective. «¿Por qué la _____ (a. mataron / b. curaron / c. asesinaron)?»
5. Siempre hay problemas en el pueblo cuando vienen hombres _____ (a. ciegos / b. armados / c. militares).
6. Su esposo se murió en la _____ (a. batalla / b. guerra / c. bala).

B. **El soldado.** Complete el párrafo con palabras de la siguiente lista.

atacó	desertor	entrenamiento	miedo
chofer	disparar	helicóptero	proteger
comandante	enemigo	llantas	rumores

El joven empezó un programa de __**entrenamiento**__ para hacerse soldado. Después de unas semanas, tuvo la oportunidad de subir a un (1) _____ para ver la zona desde el aire. También aprendió a manejar el jeep y sirvió de (2) _____ al comandante. Aprendió a reparar el jeep, a cambiar las (3) _____, etcétera. El (4) _____ le dijo que la guerrilla es el (5) _____ del estado y de la paz. Siempre había muchos (6) _____ a la gente, pero a veces no lo hace. Un día la guerrilla (7) _____ al ejército. El joven soldado tenía una pistola pero no la pudo (8)_____ porque no tenía balas. Tuvo (9) _____ y corrió. Ahora es un (10) _____ y no puede volver a su regimiento.

Antes de ver la película

La falta de comunicación. Uno de los temas de *Hombres armados* es la falta de comunicación, el hecho de que a veces la gente no se entiende porque no habla la misma lengua. Conteste las siguientes preguntas.[1]

1. ¿Ha viajado usted a otro país u otro lugar donde no entendía la lengua? ¿Qué lengua se hablaba allí? ¿Tuvo problemas en comunicarse? Dé un ejemplo.

2. ¿Ha tenido algún problema de comunicación con una persona extranjera aquí en este país? ¿Qué pasó?

3. ¿Cuáles son algunas maneras de expresar una falta de comunicación en español, o sea decirle a alguien que no lo (la) entiende?

4. ¿Qué piensa de las leyes «English only» de algunas regiones de Estados Unidos? ¿Es bueno prohibir el uso de las lenguas extranjeras? ¿Por qué podría ser bueno o malo?

Investigación

Busque información sobre uno de los temas que siguen.[2]

1. la Alianza para el Progreso
2. Hernán Cortés y la conquista de México (que el doctor menciona en una conferencia)
3. el imperio de los aztecas
4. el imperio de los mayas
5. la teología de la liberación

Note:

Your instructor may ask you to read over the questions in the section **Exploración** before you see the film, in order to improve your understanding of it.

Exploración

A. **La historia**

1. ¿Quiénes son la mujer y la niña que se ven al principio de la película? ¿Qué hacen ellas?

2. El general habla de los «rumores» que los «rojillos» (quiere decir, comunistas) crean. Pero después, cuando el doctor Fuentes dice que va a ir a las montañas en vez de a la playa, ¿qué dice el general de sus «Tigres» en las montañas?

3. ¿Qué piensa Raúl, el novio de Ángela, de la Alianza para el Progreso? ¿Qué opina de los indios?

4. ¿A quién ve el doctor en el mercado? ¿Qué hace en Los Perdidos? ¿Qué dice de Cienfuegos, un estudiante del doctor, y del programa?

---

1   Your instructor may ask you to do this exercise with a partner (using the **tú** form of the verbs) and report the information to the class.

2   The **Investigación** sections suggest topics related to the movie that you may want to find out more about. Your instructor may assign these to individuals or groups and have them report the information to the class.

5. ¿Quiénes son Harriet y Andrew? ¿Qué buscan? Cuando preguntan sobre «los atrocidados» (es decir, las atrocidades) que han leído en los periódicos de Nueva York, ¿cómo reacciona el doctor?

6. Según la anciana ciega en Río Seco, ¿qué le pasó a Cienfuegos? ¿Por qué tiene ella el valor de hablar al doctor cuando los otros no le quieren hablar?

7. ¿Por qué va el doctor a la policía? ¿Qué le aconsejan allí? ¿Qué ironía hay en esta escena?

8. Cuando el doctor llega a Tierra Quemada, nadie le quiere hablar salvo una mujer con un bebé. ¿Por qué le habla? ¿Qué le aconseja el doctor?

9. ¿Quién es Conejo? Según él, ¿por qué llevaron al doctor Arenas a la escuela? En Tierra Quemada, ¿qué quería decir «educación»? ¿«operación»? ¿«graduarse»? ¿Qué quiere decir Conejo cuando dice «Nunca los mandaban a su pueblo»?

10. ¿Quién es Domingo? ¿Qué piensa Conejo de él?

11. ¿Sabe Domingo leer? ¿Por qué le inyecta a Conejo la medicina que el doctor Fuentes le da? ¿Sabe Conejo leer?

12. ¿De qué se da cuenta el doctor cuando examina la pistola de Domingo? ¿De qué se entera cuando va a la oficina del doctor de Soto (convertida en peluquería)? ¿Qué consigue Domingo en ese pueblo («el Padre, el Hijo y el Espíritu Santo»)?

13. ¿Quién es el padre Portillo? ¿Dónde lo vemos por primera vez? ¿Por qué se llama «el fantasma»? ¿Qué historia cuenta él?

14. ¿Qué le confiesa Domingo al padre Portillo?

15. ¿Por qué le dice Portillo a Domingo «Yo lo absuelvo» cuando le había dicho antes que no le podía dar la absolución, que ya no era sacerdote? ¿Adónde lo lleva el soldado?

16. Cuando el doctor Fuentes dice que no tiene nada para Graciela, la mujer que no habla (dice: «No soy psicólogo»), ¿qué hace Domingo?

17. ¿Por qué quiere ir a Cerca del Cielo el doctor? ¿y Graciela? ¿y Domingo? ¿De dónde le vino al doctor la idea de la descripción de ese lugar («un lugar donde alas de paz recogen las penas de tus hombros»)? ¿Por qué dice Domingo que ese lugar no existe?

18. En las ruinas, Conejo dice que los indios van a la selva «para escapar de los blancos». En ese momento, ¿a quiénes ve allí?

19. ¿Quiénes traen a Domingo, amarrado (tied) de las manos, a las ruinas? ¿Qué dicen ellos de Cerca del Cielo? ¿De qué hablan dos de ellos («chocolate con mango»)?

20. ¿Cómo es Cerca del Cielo? ¿Qué hay allí? ¿Qué no hay allí?

21. ¿Cómo termina la película?

B. **Descripciones.** Complete las oraciones con sus propias palabras.

1. Conejo, el niño, es muy _____ para su edad.

2. A Conejo le importa(n) _____.

3. El pueblo de Tierra Quemada, donde el doctor conoce a Conejo, es un lugar _____.

4. El padre Portillo es un hombre _____.

5. El pueblo que se llama El Modelo, donde el doctor y Domingo conocen a Graciela, es _____.

6. Domingo es una persona _____.

7. La gente de los pueblos pequeños no quiere hablar con el doctor Fuentes porque él (no) es _____.

Análisis y contraste cultural

Vocabulario

La medicina	
el consultorio	*office (usually, medical)*
doler (el dolor)	*to hurt, ache (ache, pain)*
enfermo(a) (la enfermedad)	*sick (illness)*
herido(a)	*wounded*
herir (la herida)	*to wound (wound)*
mejorar(se)	*to improve, get better*
la pastilla	*pill*
la pena	*pain, ache, sorrow*
salvar	*to save (e.g., a life)*

La religión	
el alma	*(f.) soul*
el cielo	*heaven; sky*
dar la absolución (absolver)	*to absolve (e.g., of sin)*
la fe	*faith*
el infierno	*hell*
la parroquia	*parish, church*
pecar (el pecado)	*to sin (sin)*
predicar el Evangelio	*to preach the gospel*
el sacerdote	*priest*

La selva	
abrir un claro	*to open up a clearing (e.g., in a forest)*
el/la chiclero(a)	*person who gathers **chicle**, or gum, from trees*
esconder(se) (escondido)	*to hide (hidden)*
el monte	*brush, woods; mountain*
picar	*to bite, sting*
la selva	*jungle, forest*
la víbora	*snake*

Otras palabras	
confiar (en)	*to trust*
detener	*to stop, detain*
embarazar	*to get (someone) pregnant*
la esperanza	*hope*
quemar	*to burn*
el/la refugiado(a)	*refugee*
secuestrar	*to kidnap*

Para llamar la atención			
Disculpe. Disculpa.	*Excuse me.*	Perdone. Perdona.	*Forgive me. Excuse me.*
¡Oiga! ¡Oye!	*Hey! Listen!*		

A. En resumen. Complete las oraciones con palabras de la siguiente lista.

almas	embarazó	parroquia	secuestró
claro	infierno	penas	víbora
duele	mejorarse	se esconden	

> *Modelo:*
> El policía dice que la guerrilla __**secuestró**__ a Cienfuegos.

1. El padre Portillo dice que no cree en el cielo, pero que conoce bien el
   _____.
2. Alguien le pregunta si _____ a una muchacha del pueblo, y él dice que
   no.
3. Tampoco robó a la _____.
4. Quería salvar _____.
5. El doctor quería salvar vidas, o por lo menos aliviar _____.
6. Domingo, el desertor, tiene una herida que le _____ mucho.
7. El doctor le dice que si quiere _____, tiene que descansar.
8. Si los soldados preguntan, Domingo quiere que el doctor les diga que le picó una
   _____.
9. Los indígenas abrieron un _____ en el monte para sembrar maíz.
10. Ellos _____ en la selva porque no quieren que los hombres armados
    los encuentren.

B. En otras palabras.... Para cada oración a la izquierda, busque un equivalente a la derecha.

____ 1. ¿Confías en los doctores?   a. Enseñaba la palabra de Dios allí.

____ 2. El padre le dio la absolución.   b. Disculpe, ¿hay alguna medicina para la gripe?

____ 3. Predicaba el Evangelio allí.   c. ¿Existirá el Paraíso?

____ 4. Detuvieron el automóvil.   d. ¿Tienes fe en los médicos?

____ 5. Perdone, ¿tiene unas pastillas   e. Pararon el coche.
         para la gripe?

____ 6. ¿Crees en el cielo?   f. El sacerdote lo absolvió.

C. Familias de palabras. Para cada infinitivo, busque un sustantivo relacionado. Después, use el sustantivo en una de las oraciones que están abajo o invente su propia oración.

> *Modelo:*
>
> refugiar
> **el refugiado (la refugiada)**
> Estaba en un campamento para __refugiados__ .

Infinitivo   Sustantivo

1. pecar   _____
2. enfermar   _____
3. consultar   _____
4. herir   _____
5. esperar   _____
6. doler   _____

a. Ya no tiene ninguna _____ de que se mejore.
b. El _____ del doctor está en la calle Quinta.
c. Tengo _____ de estómago.
d. La tuberculosis es una _____ muy grave.
e. Tenía una _____ en la pierna.
f. Según algunas personas religiosas, el ser humano nace con el _____ original.

D. «Somos salineros, gente de sal.» Forme una palabra que termine en **-eros** para cada uno de los siguientes sustantivos.[3]

> *Modelo:*
>
> jardín **jardineros**

1. chicle _____   4. joya _____
2. leche _____   5. zapato _____
3. carta _____

---

3 Hint: Drop a final **-a** or **-o** and add **-eros**. If the
   final vowel is **-e**, just add **-ros**. If the final letter is a
   consonant, just add **-eros**.

Nota cultural

Aunque esta película fue filmada en México, tiene elementos de muchos países. La ropa de las indígenas de Cerca del Cielo parece centroamericana o sudamericana. La música es de México, América Central, el Caribe, Colombia y otros lugares. Entre las lenguas indígenas que se hablan están el náhuatl, el tzotzil, el maya y el kuna. (Algunos de los actores hablaban solamente una lengua indígena y nunca habían visto una película.) En cada lugar, la gente trata de ganarse la vida como puede: con la sal, el chicle, el maíz, los plátanos, el café. Los nombres de los pueblos podrían ser de cualquier país hispano, como Río Seco, Los Mártires o Pico de Águila. El paisaje varía mucho y parece que la película no se sitúa en ningún lugar específico.

Temas de conversación o composición

Discuta con sus compañeros los temas que siguen.[4]

1. el hecho de que la película no se sitúa en ningún lugar específico (¿Podría tener lugar en otro continente? ¿en otra época histórica?)

2. la pistola que Domingo tiene cuando regresa con las llantas (¿Qué otras personas la tienen después? ¿Qué simboliza, para usted? ¿Qué tiene que ver con el título de la película?)

3. la inocencia *versus* la falta de conciencia (¿Quiere el doctor Fuentes saber la verdad sobre su país? ¿Por qué le pregunta al padre Portillo sobre los pecados por omisión? ¿Qué le contesta el padre? Si el doctor Fuentes no hubiera muerto, ¿habría podido regresar a su rutina diaria en la ciudad?)

4. la compañía Kokal (Varias veces durante la película, se ven o se oyen anuncios para «Kokal», y el camión de la compañía se ve por todas partes. ¿Qué representa «Kokal», en su opinión?)

5. los turistas Andrew y Harriet (¿Por qué están allí de visita? ¿Qué estudian? ¿Les interesa la situación actual de los indígenas? ¿Les interesa lo que le está pasando al doctor Fuentes? ¿Qué les interesa?)

6. la lengua (¿Representa una barrera entre la gente? ¿Quiénes son bilingües? ¿Quiénes tienen problemas de comunicación? ¿Es humorística a veces la falta de comunicación? ¿Hay una ley en Estados Unidos según la cual todos los indígenas tienen que aprender inglés? ¿Entiende inglés el doctor Fuentes? ¿Entiende las lenguas indígenas? ¿Por qué es importante el idioma en esta película?)

7. el padre Portillo (¿Por qué se va con el soldado que detiene el auto del doctor cerca de El Modelo? Cuando le salva la vida a Domingo, ¿él se lo agradece?)

8. el legado del doctor Fuentes («Cada hombre debe dejar un legado, algo que construyó, dejarle algo al mundo, pasarle el conocimiento a otro alguien que será su continuación.» ¿Deja algo a alguien, al final? ¿Por qué sonríe Graciela al final de la película?)

---

4   Your instructor may ask you to report back to the class
    or write a paragraph about one of the topics.

Una escena memorable

¿Dónde están Graciela y Domingo? ¿Qué pasa en esta escena? ¿Qué pasará después?

Hablan los personajes

Analice las siguientes citas, explique de quién son y póngalas en contexto. Los personajes: el doctor Fuentes, Conejo, el padre Portillo, Domingo, el policía, el general, la mujer ciega, Bravo (el estudiante del doctor).

1. «Eres como un chiquillo, Humberto. El mundo es un lugar salvaje.»

2. «Cortés conquistó todo un imperio con unos cuantos hombres, pero tenía caballos y armas, cosas que sus contrincantes (*adversaries*) no. Ustedes van allí a lugares donde sus principales enemigos serán las bacterias y la ignorancia.»

3. «Doctor Fuentes, usted es el hombre más preparado que he conocido. Pero también el más ignorante.»

4. «Cuando un indio se pone el uniforme, se vuelve blanco.»

5. «Aquí no. A lo mejor en México. Los aztecas…. No era nuestra gente. Eran otras tribus, que atacaban por el norte.»

6. «Hemos tenido algunos problemas con los periodistas allí arriba. Suben a tomar fotografías y después desaparecen. Y a mí me echan la culpa (*blame*).»

7. «Los ricos usan el ejército pa' que saque a los indios de las tierras buenas y se mueran de hambre. Entonces pos (pues) los indios tienen que regresar a la pizca (*harvest*) del café. Ya luego vuelven con su paga miserable y estas sanguijuelas (*leeches*) los dejan secos.»

8. «Un padre sin fe es como un soldado sin fusil.»

9. «Yo quería salvar almas, pero más bien salvar una vida. Yo soñé su vida y usted la mía. … Quizá la inocencia es un pecado.»

10. «Es obvio que no creo en el cielo, doctor. Pero en el infierno… podría darle un paseo por el infierno.»

11. «Un pendejo (idiot, vulgar) o un cobarde. Pero si Dios no les permitiera la entrada al cielo a estas gentes, se quedaría muy solo.»

12. Y ahora para los «expertos»: Tres personajes dicen lo siguiente: «A la gente (común) le gusta/encanta el drama.» ¿Quiénes son estos personajes?

Hablando de la cultura

El papel de la Iglesia Católica en un pueblo pequeño en Latinoamérica puede ser muy importante. ¿Cuál es el papel del padre Portillo en el pueblo donde predica el Evangelio? ¿Qué clase de ritos o ceremonias hace? ¿Cómo enseña el Evangelio? ¿Por qué no se fue del pueblo cuando empezaron los problemas? ¿Quería la gente que se fuera? ¿Por qué se fue cuando le «hicieron la prueba», y por qué se quedaron los demás? ¿Por qué no mandaron a alguien que lo trajera de nuevo al pueblo? ¿Conoce bien a la gente de su parroquia?

Hablan los críticos y los directores

"*Men with Guns* asks us to weigh the price between not knowing and knowing, between silence and acknowledging, between lies and truth, between 'innocence' and self-knowledge. During the mythological journey narrated in this film, all the central characters finally confront those choices, and we do so with them. Just as the doctor, the priest and the soldier in the movie realize how the personal—that which affects only them— also affects their country, we, watching the movie, make a similar journey. In that private, inner-space of our own where art is experienced, where anything is possible, where the imagination reminds us that we are alone and never alone in our common humanity, we feel what is at stake in this movie. I suppose we choose every day, in countless ways, between denial and self-knowledge: societies as a whole face such choices too…. I think a movie like John Sayles' *Men with Guns* tells us why it is always better to know, by showing us that not knowing makes us less fully human."

— Francisco Goldman
http://www.spe.sony.com/classics/menwithguns/reflections.html

¿Está usted de acuerdo? ¿Somos menos humanos si negamos la realidad e ignoramos lo que pasa a nuestro alrededor? ¿Escogemos todos los días entre la negación (denial) y el conocimiento de nosotros mismos (self-knowledge)?

"Probably the idea came during the Vietnam war. I wrote a short story in which I tried to get rid of the Western concept of free will. I was thinking about the fact that in wars, often there are more casualties who are civilians than combatants... As I was writing it *(Hombres armados),* I made sure that almost all of the incidents are based on events that have happened somewhere else, almost to the exact detail. A lot of the dialogue in the beginning when Fuentes is being defensive, 'Oh this doesn't happen in our country,' and his son-in -law says, 'Our family has lived with these people for centuries,' that's pretty much verbatim what I heard as a kid in the American South when I went down there. 'They're our Negroes, we've lived with these people and it's only these outside agitators who've blown it out of proportion.' ... There are things in this movie that come from Bosnia, from the former Soviet Union, from Africa, where a larger concept of government, whether it's colonialism or socialism, is blown away and old tribalisms reappear. But the common factor is that there are people who are just stuck in the middle."

— **John Sayles, in an interview with Ray Pride 3/30/98,**
http://desert.net/filmvault/chicago/m/menwithguns1.html

¿Tiene la película algo que ver con la historia de Estados Unidos? ¿Qué cree usted?

Más allá de la película

Entrevista con Federico Luppi: «Otra vez en la frontera»

¿Cuánto no sabía porque me mintieron y cuánto no sabía porque yo tenía una cómoda° mentira y no quería saber?, escuchó Federico Luppi, y la cuestión sobre el saber° retumbó° en su cabeza por esa frase que pronunció el director norteamericano John Sayles, antes de comenzar en Chiapas el rodaje de la película *Hombres armados.*

El director de *El secreto de Roan Inish, Eight Men Out, Escrito en el agua* y *Lone Star,* entre otras, hizo hablar a la conciencia del doctor Fuentes,° personaje que interpretó Luppi en esta película.

Si bien se filmó en cuarenta locaciones de México—con actores y extras nativos que continuaban sus personajes cuando las luces de la filmación se iban para otro lado—la historia de *Hombres armados* transcurre° en un país no específico de América Latina.

Allí, un prestigioso médico que nunca había prestado° demasiada atención a las realidades políticas de su país se lanza° a buscar a un grupo de alumnos que formó para trabajar en zonas pobres. Ése es todo su legado y su orgullo.

Pero al salir de su consultorio médico en la ciudad manejando una lustrosa° 4x4 se encuentra con toda la endemia° típica de América: las revoluciones, las contrarrevoluciones, la guerrilla, el ejército represor, la

comfortable

knowing / resounded

hizo... made the conscience of Dr. Fuentes speak

occurs

paid
se... sets out

shiny / endemic problems

traición,° la miseria, la muerte. Un lugar donde los jóvenes pueden ser asesinados simplemente por brindar° cuidados médicos. Algo que, por cierto, no figuraba en ningún libro de medicina.

betrayal

offering

Cables a ninguna parte

De enero a febrero del '97, Federico Luppi recorrió cada una de las locaciones con el equipo de filmación de *Hombres armados*. Con ritmo de merengues, cumbias, percusiones africanas y sonidos° de marimbas, el desplazamiento° del doctor Fuentes se fue haciendo cada vez más° duro. Y el personaje de Fuentes todo el tiempo cuestionó a Luppi, el actor. «Es que debo reconocer que si bien soy una persona informada e interesada en todas estas cuestiones, al viajar a México sentí que me desayunaba de° muchas cosas», dijo a *La Nación* instalado en su austero escritorio del barrio de Belgrano [Buenos Aires]. Dice que quedó helado° en las famosas ruinas de Palenque, cuando unas chiquitas de no más de catorce años lo querían llevar a la cama a cambio de una cerveza. También se cruzó con muchos militares que constantemente «peinaban»° la zona cercana a Chiapas. Vio cómo mujeres indígenas escalaban° la selva con bebés cargados de sus espaldas y sobre sus pechos.° Habló con peones de cafetales° que ganan un equivalente a 18 dólares al mes. Llegó a un caserío° que estaba cruzado por cables y antenas de televisión, y deslizó,° ingenuamente, como lo haría después su personaje: «Ah, tienen televisor.» Y el americano Sayles, que ya había recorrido la zona, dijo: «No, ponen antenas y cables que no van a ningún lado.»

sounds

displacement / cada... *became more and more*

me... I was getting fresh news about

quedó... he was stunned

were combing

climbed up into

cargados... *carried on their backs and chests* / *coffee fields* / *country house* / *he let slip*

«Es que yo también fui un poco doctor Fuentes. Charlando con un hombre en un bananal le dije: 'Bueno, pero qué suerte que tienen ustedes con esos bananales, debe ser una banana muy sabrosa…'» El hombre lo miró extrañado° y le contestó: «No, pues, usted sabe señor que estamos atosigados° de comer plátano frito, plátano en puré, con frijoles. Es lo único que comemos.»

surprised

obliged

«Lo interesante de la película es cómo el saber en el mundo occidental está determinado por la utilidad que pretende conseguir° un médico, un ingeniero, un abogado. Un saber que reditúa° y que está en función de una clasificación del mundo basada en que el tiempo es oro. Y de pronto, hay gente que descubre: «Ah, ¿todo esto ocurría? ¿Cómo no me enteré?»° El doctor Fuentes tampoco quiere saberlo, no por una natural malignidad. Ignora, vive en un código cotidiano° donde todo aquello es de otros.° O porque da mucho terror o porque lo queremos ignorar. Y el doctor Fuentes lo único que puede vislumbrar° ya en determinado momento es un lugar cerca del cielo donde cierta paz le permita morir. Recuerdo ese personaje de Borges que dice: «Hay un momento en la vida de un hombre que sabe para siempre quién es.» Y eso le pasa a mi personaje. A mí, desgraciadamente, todavía no», dice Luppi.

pretends to acquire

produces (e.g., income)

¿Cómo... *How is it that I didn't find out?*

código... *daily code (e.g., of ethics)* / de... *someone else's (problem)*

glimpse

Para el actor que conoció el exilio (del '77 al '78, en España), y que sobrevivió en la Argentina a otro tipo de hombres armados, la película de Sayles es, de algún modo, una alegoría de la guerra. «¿Cuál es la diferencia entre un guerrillero hondureño, guatemalteco? ¿O qué pasó durante la guerra sucia en la Argentina? Tampoco hay diferencia entre quienes en nombre de un motivo matan y quienes en nombre de otros reprimen.° No tenemos que ir a México para verlo», se pregunta.

repress

Durante la filmación, el protagonista de *La Patagonia rebelde, Tiempo de revancha, Ultimos días de la víctima, Un lugar en el mundo, La ley de la frontera* y *Martín (Hache)* recordó muchas veces aquel libro de Eduardo Galeano, *Las venas abiertas de América Latina*. «Yo pensaba en eso de que haremos uno, dos, tres Vietnam de América Latina. Y me di cuenta de° que no existe. Respeto muchísimo a Galeano, pero esa idea es crear un buzón° más grande que la realidad. Y lo dice una persona que ha comprado muchos buzones: el socialismo, la izquierda, el futuro de la organización soviética, la indeclinable magnificencia de la China de Mao. Los compré, ayudé a venderlos, firmé, jetoneé.° Ojo,° que eso no me hace suponer° que sirvo para algo más que para actuar... Hace quince años tenía la pretensión irritante y soberbia° de suponer que tenía respuesta para todo. Ahora aprendí a preguntarme más. Y creo que América Latina te coloca en el borde mismo de la inutilidad° del discurso.»

I realized
mailbox, letterbox

I mouthed off, boasted / Look
suppose
proud

te... puts you on the very edge of the uselessness

Turistas armados

La película también muestra a otro tipo de «Fuentes», una pareja de turistas (interpretada por los americanos Mandy Patinkin y su mujer en la vida real, Kathryn Grody) que están tan interesados en conocer las historias sobre aquéllos a quienes les cortaron las manos y desconocen° lo que le está pasando a ese doctor al que saludan. «Es el turismo que no tiene real deseo de conocer, sino de excitarse», agregó Federico.

don't know

Haber conocido a John Sayles fue parte de la experiencia enriquecedora° de Luppi: «Es un tipo que conoce mucho y bien el mundo latinoamericano. No es paternalista ni condescendiente. Durante el rodaje también hablamos de Bosnia-Herzegovina, y hasta de la búsqueda de los restos° del Che [Ernesto «Che» Guevara] en Bolivia. Demostró que no es un tipo que sabe porque lee el *Times dominical*.° Y creo que en sus películas reveló una muy seria honestidad consigo mismo.° Es muy difícil que no te entusiasme° su forma de ver el mundo y todo lo que filma.»

enriching

remains
Sunday
consigo... with himself
que... not to let...excite you

Preguntas

1. ¿Quién es Federico Luppi? ¿Qué pregunta de John Sayles lo hizo pensar mucho?

2. ¿Adónde fue Luppi durante el rodaje de *Hombres armados*?

3. ¿Dónde entrevistaron a Luppi… o sea, ¿dónde vive?

4. ¿Por qué dice que es «un poco doctor Fuentes»?

5. ¿Por qué quedó helado en las ruinas de Palenque? ¿Qué otras cosas lo sorprendieron?

6. Según Luppi, ¿qué es el saber en el mundo occidental? ¿En qué idea se basa?

7. Según Luppi, ¿qué palabras del escritor argentino Jorge Luis Borges describen a Fuentes? ¿Lo describen a él?

8. ¿Dónde estaba Luppi en 1977 y 1978? ¿Por qué? ¿Qué sobrevivió?

9. ¿Qué «buzones» (paradigmas, maneras de mirar el mundo) había «comprado» Luppi en el pasado?

10. Según Luppi, ¿cómo es el turismo de los norteamericanos (Harriet y Andrew)?

11. ¿Qué opina Luppi de Sayles? ¿Qué quiere decir cuando dice que «no es un tipo que sabe porque lee el *Times dominical*»?

CAPÍTULO 2

El norte

Presentación de la película:

Rosa y Enrique huyen *(flee)* de su remoto pueblo maya después de la muerte de sus padres a manos de las tropas del ejército, y salen para «el norte» (Estados Unidos) en busca de una vida mejor y más segura.

✳ Durante la década de los ochenta en Guatemala se cometieron atrocidades militares contra las comunidades indígenas y se practicó una política de «tierra quemada». El ejército mató u obligó a exiliarse a miles de habitantes rurales y destruyó más de cuatrocientos pueblos indígenas. También hubo conflictos en Nicaragua y El Salvador que produjeron miles de muertes y refugiados políticos.

✳ *El norte* es el primer largometraje *(feature film)* de Gregory Nava, nacido en San Diego, de ascendencia mexicana y vasca *(Basque)*, y conocido como director de *My Family/Mi familia* (1995, Jimmy Smits, Jennifer López), *Selena* (1997, Jennifer López) *Why Do Fools Fall in Love* (1998, Halle Berry, Vivica A. Fox) y de la serie televisiva *American Family* (2002-2004, Edward James ▶

◀ Olmos, Raquel Welch). El guión, escrito por el director y su esposa, Anna Thomas, fue seleccionado *(nominated)* en 1985 para el Oscar y el Writers Guild of America Screen Award al mejor guión original. Nava fue premiado con el Gran Prix des Amériques del Festival Mundial de Cine de Montréal en 1984 por esta película. En 1995, *El norte* entró al prestigioso National Film Registry y ha sido designado *American Classic* por la Biblioteca del Congreso estadounidense. *El norte* se volvió a estrenar *(was re-released)* en 2001. ∎

Preparación

Vocabulario preliminar

Note:

In Guatemala many people use **vos** instead of **tú**, so expect to hear some verbs in the present tense with the emphasis on a different syllable than you are used to hearing and perhaps other modifications as well: **¿Y por qué salís, pues?** Some imperative forms also have a different accented syllable: **Sent<u>a</u>te, dorm<u>i</u>te, acord<u>a</u>te**. The **vos** form of the verb **ser** is **sos**: **Y si alguien te pregunta de dónde sos, decí que de Oaxaca.** In Guatemala the diminutive is used extensively (**bastantito, cuidadito, mismito**) and the intensifier **re-** is common (**rebueno** for **muy bueno, reduro** for **muy duro**).

Cognados		
el carro	grave (adj.)	el/la mexicano(a)
el dólar	el hospital	el norte
la familia	inmediatamente	la virgen

La gente	
el/la ahijado(a)	*godson (goddaughter)*
la comadre	*very close friend; god-mother of one's child or mother of one's godchild*
el compadre	*very close friend; godfather of one's child or father of one's godchild; pl. godparents*
el coyote	*person who helps illegal immigrants enter the United States*
la gente	*people*

Otras palabras	
acordarse (ue)	*to remember*
ayudar	*to help*
componerse	*to get better, improve*
conseguir (i)	*to get, obtain*
difícil	*hard, difficult, tricky*
el drenaje	*sewer*
fuerte	*strong*
la lana	*money (colloquial)*
limpiar	*to clean*
la máquina	*machine*
parecer	*to seem; to look like*
pinche	*damn, measly, lousy, rotten (colloquial)*

La gente (continuación)	
la madrina	*godmother*
el/la mano(a)	*buddy (used in direct address, short for hermano[a])*
el/la novio(a)	*sweetheart*
el padrino	*godfather*
el/la soldado	*soldier*

Otras palabras (continuación)	
el pisto	*money (colloquial)*
la suerte	*luck*
volverse (ue) loco(a)	*to go crazy*

A. Los compadres. Escoja la palabra apropiada para terminar la frase.

1. Doña Teresa es mi comadre. Es la (madrina / mana / novia) de mi hija mayor.

2. Los compadres son como miembros de la (ahijada / virgen / familia).

3. Mi hija María tiene miedo de que vuelvan los (soldados / novios / ahijados).

4. Necesita pisto para el viaje a Estados Unidos y su padrino la va a (acordarse / ayudar / parecer).

5. Él conoce a un buen (coyote / soldado / pisto) que va a ayudar a María a entrar en Estados Unidos.

6. Los mexicanos no dicen pisto como aquí en Guatemala, sino (gente / lana / drenaje).

B. Problemas. Berta, una inmigrante reciente, habla de sus problemas. Complete los párrafos con las palabras de la lista.

atacó	lana	norte
chofer	limpiando	pinches
dólares	máquinas	

Mi hermana y yo necesitamos (1) _____ para comprar un (2) _____ , pero

aquí en el (3) _____ sólo ganamos cinco (4) _____ por hora

(5) _____ casas. Aquí se usan (6) _____ muy complicadas para lavar los

platos y la ropa y es (7) _____ operarlas. (8) ¡_____ máquinas!

conseguir	hospital	suerte
fuerte	inmediatamente	volverme loca
grave	se componen	

Si aprendemos inglés quizás podamos (1) _____ un trabajo mejor. Lo peor es que ayer

supimos por carta que Mamá está enferma. Se puso (2) _____ y la llevaron

(3) _____ al (4) _____ en Guadalajara. Mi hermana es más optimista que yo

y dice que vamos a tener (5) _____ . Soy una persona bastante (6) _____ , pero

si las cosas no (7) _____ pronto creo que voy a (8) _____ .

Antes de ver la película

A. Los inmigrantes

1. ¿De dónde inmigraron sus antepasados *(ancestors)*? ¿Por qué vinieron a este país?

2. ¿Conoce usted a algún inmigrante reciente? ¿Por qué vino a este país?

3. ¿Qué problemas cree usted que enfrentan *(face)* los inmigrantes ilegales en este país?

B. Los personajes.
Lea los nombres de los siguientes personajes. Después de ver la película, empareje cada personaje con su descripción.

_____ 1. Arturo

_____ 2. Rosa

_____ 3. Enrique

_____ 4. Josefita

_____ 5. don Ramón

_____ 6. Jaime

_____ 7. Raimundo

_____ 8. Monty

_____ 9. Jorge

_____ 10. Nacha

_____ 11. Carlos

_____ 12. Alice Harper

a. madrina de Rosa y Enrique

b. coyote amigo de don Ramón

c. hijo de Arturo

d. dueña *(owner)* de una fábrica en Chicago

e. amigo mexicano de Enrique

f. padre de Enrique y Rosa

g. amigo de la familia de Arturo que conoce el norte

h. mexicano-americano que trabaja con Enrique y Jorge

i. hija de Arturo

j. dueño de un motel e intermediario entre inmigrantes y empleadores *(employers)*

k. amiga mexicana de Rosa

l. coyote joven

Investigación

Busque información sobre uno de los temas que siguen.[1]

1. los refugiados políticos centroamericanos en la década de los ochenta

2. los inmigrantes indocumentados en Estados Unidos

3. las películas *My Family/Mi familia* y/o *Selena,* de Gregory Nava

4. el realismo mágico (una técnica literaria y cinematográfica usada en *El norte*)

Note: Your instructor may ask you to read over the questions in the section **Exploración** before you see the film, in order to improve your understanding of it.

---

1 The **Investigación** sections suggest topics related to the movie that you may want to find out more about. Your instructor may assign these to individuals or groups and have them report the information to the class.

Exploración

A. **¿Cierto o falso?** Lea las siguientes oraciones. Indique C (cierto) o F (falso). Corrija las oraciones falsas.

_____ 1.   La familia Xuncax es una familia indígena.

_____ 2.   Josefita sabe por experiencia propia cómo es la vida en «el norte».

_____ 3.   Rosa y Enrique abandonan su pueblo porque tienen miedo.

_____ 4.   Rosa y Enrique creen que en «el norte» la vida será igual que en Guatemala.

_____ 5.   Enrique abandona a Rosa para aceptar un trabajo en Chicago.

B. **La historia**

Part 1

1.   ¿Por qué se reúnen en secreto los campesinos?
2.   ¿Qué pasa durante la reunión?
3.   ¿Qué hacen los soldados en el pueblo?
4.   ¿Por qué están en peligro Enrique y Rosa?
5.   ¿Qué piensan hacer Enrique y Rosa? ¿Cómo los ayudan don Ramón y Josefita?
6.   ¿Qué esperanzas tienen Enrique y Rosa con respecto a la vida en «el norte»?

Part 2

1.   ¿Cómo llegan a Tijuana Rosa y Enrique? ¿Por qué tratan de pasar por (pass for) mexicanos?
2.   ¿Qué les pasa con Jaime y, luego, con la policía de la inmigración?
3.   ¿Cómo entran en California los dos hermanos? ¿Quién los ayuda? ¿A qué ciudad los lleva esta persona?

Part 3

1.   ¿Qué trabajo consigue Rosa? ¿Cómo lo pierde? ¿En qué trabaja ella después?
2.   ¿Qué trabajo consigue Enrique?
3.   ¿Qué oportunidad se le ofrece a Enrique? ¿Por qué no quiere aceptarla?
4.   ¿Cómo pierde Enrique su trabajo? ¿Qué decide hacer entonces?
5.   ¿Por qué tiene miedo Rosa de ir al hospital? ¿Cómo se enfermó?
6.   ¿Cómo termina la película?

Análisis y contraste cultural

Vocabulario

La injusticia social y el exilio		Los inmigrantes	
el abuso	abuse	agarrar	to catch; to take
el/la campesino(a)	country person (with connotations of poverty)	cruzar	to cross
		extrañar	to miss (one's home, family, country)
el ejército	army		
escaparse (de)	to escape (from)	la frontera	border
el/la indio(a)	Indian	la guerra	war
irse	to leave, go away	el hogar	home
luchar	to fight	libre	free
matar	to kill	el lugar	place
morir(se) (ue, u)	to die	la migra	U.S.I.N.S.; immigration police on the U.S.-Mexican border
peligroso(a)	dangerous		
el/la pobre	poor person		
quedarse	to stay	el/la pocho(a)	Mexican-American, often referring to someone who has lost his or her Mexican culture
el/la rico(a)	rich person		
seguro(a)	safe		
sentir (ie, i)	to feel (emotion)		
tener miedo	to be afraid		
la tierra	land	regresar	to return, come/go back; to send back
la vida	life		

A. Rosa y Enrique. Escoja la respuesta apropiada.

_____ 1. ¿Por qué se reunieron los hombres en la vieja hacienda?

_____ 2. ¿Qué no entienden los ricos?

_____ 3. ¿Por qué se van para el norte Rosa y Enrique?

_____ 4. ¿Podrán pasar por mexicanos?

_____ 5. ¿Es peligroso cruzar la frontera?

_____ 6. ¿Quién los va a ayudar a cruzar la frontera?

_____ 7. ¿Es pocho el coyote?

_____ 8. ¿Van a pasar por las montañas?

_____ 9. ¿Qué les pasará si los agarra la migra?

_____ 10. ¿Estarán contentos en el norte?

a. Espero que sí. La vida será más fácil, pero van a extrañar su hogar.

b. Van a necesitar un buen coyote.

c. No, es mexicano.

d. Sí, don Ramón dice que es como la guerra.

e. Los regresarán a Guatemala y se morirán a manos de los soldados.

f. No, es muy peligroso. Van a ir por otro lugar.

g. Aquí no están seguros ni libres. Los quieren matar.

h. Se reunieron para hablar de la situación; van a luchar por su tierra.

i. Que los pobres sienten, que son gente como ellos.

j. Claro que sí. La gente piensa que todos los indios son iguales.

B. Así comienza. Complete este resumen del principio de *El norte* con las palabras de la lista.

abusos	irse	peligroso
campesinos	matan	quedarse
ejército	miedo	se escapan

Lupe no quiere que su esposo vaya a la reunión secreta porque ella tiene (1) _____ .

Los soldados atacan a los (2) _____ y los (3) _____ a todos; al día siguiente

entran al pueblo y se llevan a sus esposas y a otros parientes. Enrique y Rosa

(4) _____ del (5) _____ porque no están en casa cuando llegan los soldados.

Los dos hermanos no pueden (6) _____ en San Pedro porque es muy

(7) _____ . Deciden (8) _____ para el norte, donde no tendrán que sufrir

más (9) _____ por ser indígenas.

Nota cultural

Cuando se siente mal, Rosa va a ver a una curandera *(folk healer)*. Esta práctica es tradicional y común en muchos países hispanos. Por otra parte, la protagonista tiene miedo de que las autoridades la manden a Guatemala si va al hospital.

Temas de conversación o composición

Discuta con sus compañeros los temas que siguen.[2]

1. la migración (¿Qué peligros enfrentan los protagonistas al cruzar la frontera y después de llegar? ¿Qué experiencias nuevas tienen en Los Ángeles? ¿Se sienten desorientados? ¿Qué personas e instituciones se presentan como hostiles a los inmigrantes ilegales? ¿Hay personas e instituciones que los ayudan? ¿Le parece exacta, o no, la forma de mostrar la inmigración en la película?)

---

2 Your instructor may ask you to report back to the class
   or write a paragraph about one of the topics.

2. la asimilación (¿Cuáles son los valores de la cultura maya, según la película? ¿y de la cultura norteamericana? ¿Cuál es el dilema de Enrique cuando se le ofrece una gran oportunidad? ¿Qué sistema de valores elige, y qué tiene que sacrificar como consecuencia de su elección? Si hubiera elegido el otro sistema de valores, ¿qué habría sacrificado? ¿Se presentan la asimilación y la aculturación como algo positivo, negativo o ambiguo?)

3. la explotación (¿Cuáles son las condiciones de trabajo de los campesinos en Guatemala? ¿y de los inmigrantes ilegales en Los Ángeles? ¿Por qué hay conflictos entre los diferentes grupos explotados? Por ejemplo, ¿por qué llama Carlos a la policía de inmigración? ¿Quién es el intermediario entre los inmigrantes ilegales y las personas que los contratan (hire)? ¿Por qué quieren estas personas contratarlos aunque sea ilegal hacerlo? ¿Son también inmigrantes algunas de estas personas?)

4. los estereotipos (¿Cómo se combaten los estereotipos de los latinos en la película? ¿Son todos iguales o son diferentes los personajes latinos? ¿Se trata de una película de «buenos» contra «malos», o son los personajes más complicados?)

5. la violencia (¿Cómo se manifiestan los diferentes tipos de violencia en la película—física, verbal, estructural [de las estructuras políticas y sociales]? ¿Quiénes están en conflicto en cada una de las tres partes de la película?)

6. las imágenes simbólicas (¿Qué nos dice la yuxtaposición de las imágenes de la noria (water wheel) y la hormigonera (cement mixer) de la situación de los protagonistas? ¿y la repetición de la imagen de la cabeza cortada de Arturo? ¿y la insistencia en las imágenes circulares: la luna llena, el tambor (drum) de la procesión funeraria, los faros (headlights) de los vehículos? ¿y la araña (spider) en su telaraña (web)? ¿y los pájaros enjaulados (caged)? ¿Qué pueden representar las imágenes de las visiones o sueños de los protagonistas: las mariposas (butterflies), el cabrito (goat), las flores blancas, los pájaros blancos, el pescado en la cesta (basket) de flores?)

7. el mito de la «tierra prometida» (¿Cuáles son las esperanzas de Rosa y Enrique con respecto a la vida en «el norte»? ¿Se realizan, o no, sus sueños? ¿Por qué sí o no?)

8. el tema central o «mensaje» de la película (¿Por qué venían a Estados Unidos muchos inmigrantes ilegales de Centroamérica, como Rosa y Enrique? ¿Por qué vienen de México? ¿Cómo los afectan la discriminación y la hostilidad que encuentran en Estados Unidos? ¿Ha cambiado esta película la actitud que usted tenía con respecto a los inmigrantes ilegales?)

9. la estructura de la película (¿Qué contrastes hay entre la primera parte y la segunda? ¿entre la segunda parte y la tercera? ¿entre la primera parte y la tercera? ¿entre la manera de presentar los hechos «reales» y la manera de presentar los sueños y las visiones de los protagonistas? ¿Cómo contribuyen las imágenes repetidas a reforzar el «mensaje» de la película?)

10. el humor (¿Cuáles son las funciones del humor en *El norte?* ¿Contribuye a comunicar el «mensaje» de la película? Para usted, ¿cuál es el momento más cómico?)

Una escena memorable

¿Adónde va Enrique, y quién lo acompaña? ¿Quién los espera en la salida? ¿Qué pasa en esta escena que va a traer consecuencias terribles más tarde?

Hablan los personajes

Analice las siguientes citas, explicando de quién son y poniéndolas en contexto. (Para una lista de los personajes, ver el ejercicio B en la sección «Antes de ver la película».)

1. «Hace diez años más o menos que la cocinera de don Rodrigo me pasa todos sus *Buenhogar*. ... Así que yo... pues, sé bastantito, mi hijo.»

2. «Para el rico, el campesino solamente es brazo—eso creen que somos—puro brazo para trabajar.»

3. «Y si alguien te pregunta de dónde sos, decí que de Oaxaca. La mayoría de gente ni cuenta se da que no sos de allá—se creen que todos los indios son iguales.»

4. «Raimundo, you and me, we're public servants. The whole goddamn economy would collapse like that if it wasn't for the cheap labor we bring in.»

5. «Pues, es ciudadano americano, pero tiene familia que viene de México. Por eso tiene que hacer la misma mierda de trabajo que nosotros.»

6. «Mírame ahora. La gente me mirará y me respetará. En este país se trabaja reduro, pero también llegas a ser alguien.»

7. «No somos libres.»

8. «¿Cuándo vamos a encontrar un hogar?»

9. «¡Yo, yo, lléveme! Yo tengo brazos fuertes.»

Hablando de la cultura...

Comente (1) la relación entre Arturo y Lupe Xuncax y sus compadres Josefita y Pedro; (2) la relación entre Josefita y Pedro y sus ahijados Enrique y Rosa. ¿Tiene usted padrinos o ahijados? ¿Conoce a alguien que tenga padrinos o ahijados? ¿Es una relación tan estrecha *(close)* como la que se presenta en *El norte?* ¿Son comunes, o no, estos tipos de relaciones entre las familias de habla inglesa?

Hablan los críticos y los directores

En las palabras de Steven E. Alford, "films about women and migration are inherently problematic because the issue inevitably becomes 'Hollywoodized.' Owing to market forces, filmmakers create melodramas out of facts, inevitably misrepresenting the source material owing to the constraints of the genre within which they work. Large social problems cannot be handled successfully in film, resulting in a 'synecdochization' of the problem, reducing the social problem to the drama of a minimal number of characters."

"Women and Migration in Film: The Examples of *The Border* and *El norte*,"
http://polaris.nova.edu/~alford/lectures/wmfilm.html

¿Está usted de acuerdo? ¿Por qué sí o no?

John Hess opina que "Enrique, having lost his only remaining family member, blends in with the rest of the immigrant workers he joins on a construction site. He has lost his hope, retaining only his ability to survive."

College Course File Central America: Film and Video,
http://www.igc.org/jhess/CourseFile.html

Según su opinión, ¿hay alguna esperanza para el futuro de Enrique, o no hay ninguna?

Más allá de la película

Lo latino marcha° en Hollywood   *makes headway*

El cine, escrito y dirigido por latinos, está en auge° en Estados Unidos.   *en... booming*
Estas cintas beben en fuentes° artísticas y culturales distintas a las   *sources*
anglosajonas, y proporcionan un enfoque original° a grandes temas del   *proporcionan... provide an*
cine actual.°   *original approach / present-*
                                                                            day
El cine latino ha existido siempre en Estados Unidos, pero reducido
a producciones de escaso presupuesto° que sólo llegaban a círculos muy   *escaso... low budget*
cerrados. Por otro lado la industria de Hollywood, mayoritariamente
anglo, ha presentado con demasiada frecuencia a los latinos como *los malos*
de sus películas, fomentando° así el estereotipo de identificar lo latino con   *promoting*
las bandas callejeras,° tráfico de drogas y abuso de la asistencia social.   *bandas... street gangs*
                                                                            softened
Poco a poco se han suavizado° estos reduccionismos, sobre todo desde
que Hollywood se dio cuenta de la creciente presencia de la comunidad
latina en la sociedad norteamericana y, por tanto,° en las colas de los cines.   *por... therefore*
Una presencia favorecida por su elevada natalidad° y el alto porcentaje   *birth rate*
de inmigrantes centroamericanos, que han creado un mercado potencial:
más de treinta millones de espectadores.

Tímidos comienzos

En 1987 surgieron° películas de entidad° con argumentos° centrados   *appeared / importance / plots*
en la comunidad latino-norteamericana. Destacaron° dos títulos: *Un lugar*   *stood out*
llamado Milagro [*The Milagro Beanfield War*], de Robert Redford, sobre
un pueblo *mexican-american* de California, y *La Bamba*, de Luis Valdez,
intensa biografía del cantante chicano Ritchie Valens.

Ese mismo año, Gregory Nava, nacido en San Diego en el seno° de   *bosom*
una familia de mexicanos de origen vasco, rodó su primera película de
alto presupuesto: *La fuerza del destino* [*A Time of Destiny*], un notable
melodrama sobre las dificultades de una familia vasca° emigrada a   *Basque*
Estados Unidos. El film fracasó en taquilla° pero confirmó a la crítica   *fracasó... failed at the box office*
la calidad° que Nava ya había mostrado en *El norte* (1984), una cinta de   *a... to critics the quality*
bajo presupuesto sobre la odisea de dos refugiados guatemaltecos, que fue
candidata al Oscar al mejor guión y ganó el Gran Premio del Festival de
Montreal.

Los años siguientes fueron de mantenimiento:° *Gringo viejo* [*Old*   *maintenance*
Gringo], de Luis Puenzo; *Los reyes del mambo tocan canciones de amor*
[*The Mambo Kings*], de Arne Gilmcher; *Jugando en los campos del Señor*
[*At Play in the Fields of the Lord*], de Héctor Babenco; *Bajo otra bandera*
[*A Show of Force*], de Bruno Barreto y, sobre todo, *American Me* (1991),
un crudo retrato° de las mafias chicanas de Los Ángeles con la que debutó   *portrayal*
como director Edward James Olmos. Este actor chicano se había hecho
popular en esos años como consecuencia de su candidatura al Oscar al
mejor actor por su trabajo en *Stand and Deliver* (1988), y por su papel del

teniente Castillo en la serie *Corrupción en Miami* [*Miami Vice*]. También
se haría famoso por esas fechas otro gran actor chicano, Jimmy Smits,
con su caracterización del abogado Víctor Cifuentes en la serie *La ley de
Los Ángeles* [*L.A. Law*]. La enorme difusión de estas dos producciones
televisivas supuso un nuevo espaldarazo° a la consolidación del cine latino
en la industria de Hollywood.

supuso… meant new support

Éxito° comercial

Success

Se llega así a 1992, año en que se alcanza el punto de inflexión:° el
éxito sorprendente de *El mariachi*, singular y baratísimo *thriller* de
acción rodado por el chicano de Texas, Robert Rodríguez. Comprado y
distribuido por Columbia TriStar, obtuvo un rotundo° éxito comercial,
que coincidió, además, con el estreno° de *Como agua para chocolate*,
del mexicano Alfonso Arau, que acabaría convirtiéndose en° la película
extranjera de producción independiente más taquillera° de la historia en
Estados Unidos.

se… turning point was reached

resounding
premiere
acabaría… would become
más… biggest box-office hit

Estos éxitos se vieron reforzados por la creciente popularidad de un
buen número de actores latinos — Raúl Juliá, Andy García, Rosie Pérez,
Antonio Banderas…— y por el interés que despertaron dos películas de
escritores chicanos: *Atrapado por su pasado* [*Carlito's Way*], de Brian
de Palma, basada en las obras de Edwin Torres; y *Sin miedo a la vida*
[*Fearless*], de Peter Weir, adaptación de la novela de Rafael Yglesias, que
también escribió el guión.

En la actualidad° toda esta corriente parece alcanzar una entidad
distintiva, similar a la que logró° el cine afroamericano de la mano de
cineastas como Spike Lee, John Singleton, Stephen Anderson o Boaz
Yakin.

En… Presently
achieved

Exuberancia visual y realismo mágico

El cine latino se distingue a nivel° artístico por su vitalidad narrativa y
colorismo, además por una peculiar mezcla lingüística° de inglés y español,
y por el papel de la música como elemento de identidad cultural. Herederos
de una ecléctica tradición, estos directores suelen dar° a sus películas
una exuberante resolución visual, que aúna el homenaje° al rico folclore
tradicional de sus pueblos de origen con una singular fascinación por la
tierra. Esto otorga° a las ceremonias — bodas, entierros,° fiestas…— y a
los entornos° naturales — también a los urbanos— una gran importancia
dramática. Es el caso de la fiesta de la vendimia° y del viñedo° familiar en
Un paseo por las nubes, y de la boda y la huerta° en *Mi familia*.

level
*peculiar… particular linguistic
   mixture*

suelen… usually give
aúna… combines a tribute

bestows / funerals
settings
grape harvest / vineyards
vegetable garden
enveloped

Estos elementos naturalistas suelen estar envueltos° por una
singular atmósfera de misterio, que tiene su origen en toda la corriente
literaria latinoamericana del *realismo mágico*. Y confirmarían, además,
ese predominio de los sentimientos frente a la racionalidad que, según
Alfonso Arau, distingue la cultura latina de la anglosajona.

Familia: modelo vital

En cualquier caso, ese predominio no significa que estas películas sean más superficiales en sus tratamientos de fondo. En este sentido, son muy significativas las aportaciones° de este cine a uno de los grandes temas fílmicos contemporáneos: la familia. Frente al retrato conflictivo y desorientado de muchas películas *anglos*, los films latinos conceden gran valor a° la unidad familiar tradicional — con frecuencia, en familias numerosas° — y a la comprensión entre padres e hijos como factor decisivo de estabilidad personal e integración social.

De hecho,° la familia es el tema central de casi todas las películas antes citadas,° «La familia como fuerza° de vida está presente en el corazón de los latinos, en su propia° cultura y en cada una de sus experiencias», señalaba° Gregory Nava en San Sebastián. Además, este cine suele plantear° a la familia con un enfoque bastante universal, a pesar de° su aparente localismo. El propio Nava reconocía su asombro° cuando un director chino le manifestó° durante el festival que *Mi familia* reflejaba perfectamente a la familia china.

Visión católica

Sin duda, en esta atractiva visión de las relaciones familiares influye la mayor profundidad° moral que muestran en sus films los directores latinos. Casi todos ellos parten, con matices, de° un modelo ético muy alejado° del relativismo de cierta cultura anglosajona. Esto explicaría también su acendrada° sensibilidad social — con una fuerte carga° crítica contra las insolidaridades del *sistema USA*— y su sugerente° visión del trabajo, en las antípodas de la moral materialista del triunfo a cualquier precio.

Esta solidez moral hay que atribuirla en buena medida al importante papel de la religión católica en la cultura hispanoamericana. Ciertamente, el catolicismo de los personajes se mezcla a menudo° con supersticiones, pero es decisivo en sus motivaciones y, desde luego, se presenta de un modo mucho más sugestivo° que en las películas *anglos*. Incluso en *Desesperado* [*Desperado*]— el film latino menos interesante de estos últimos años—, Robert Rodríguez muestra con simpatía a un sacerdote° ofreciéndose a confesar al asesino protagonista. Es la misma amabilidad con que Alfonso Arau presenta a un sacerdote bendiciendo la cosecha° de uva en *Un paseo por las nubes,* o con que Gregory Nava refleja en *Mi familia* las firmes convicciones católicas de la madre y la conflictiva historia de la hija que se hace monja.°

Viejos nuevos valores°

De todos modos, lo anterior° no significa que estas cintas estén exentas° de ese permisivismo moral — sobre todo en materia sexual— que caracteriza cierto cine norteamericano actual. Precisamente el vitalismo antes citado provoca en algunas películas latinas un tratamiento desmesurado° y excesivamente explícito del sexo y la violencia. A veces

---

contributions

conceden… *value highly*
large

In fact
mentioned / force
own
pointed out
suele… *usually presents / a… despite / El… Nava himself acknowledged his astonishment / said*

depth
parten… *take as their starting point, with nuances / remote*
true / charge
pleasant

se… *is often mixed*

attractive

priest

bendiciendo… *blessing the harvest*

nun

values

De… *Anyway, the previous paragraph / free*

unrestrained

se plantea como denuncia de la dura° situación social que padece° la
comunidad latina en Estados Unidos, como en *American Me*; pero, con
frecuencia, responde a una burda° concesión a la galería,° como sucede
en *Desesperado*. Incluso, este defecto viene provocado en ocasiones por
un cierto temor° a que los tratamientos de fondo de la película resulten
demasiado blandos y positivos para el supuestamente *endurecido*° público
actual. Pienso que es lo que pasa en la cinta *Mi familia*.

En cualquier caso, no hay que olvidar que la mayoría de los directores
latinos son hijos del desconcierto° ético de su tiempo, lo que en muchos
de ellos — como en el caso de Alfonso Arau—, se ha concretado° en una
cierta tendencia anarquista. Pero es un anarquismo amable, sin demasiados
prejuicios ideológicos, abierto al afán° de recuperación de los *viejos nuevos
valores* que se detectan cada vez más en la sociedad norteamericana;
unos *nuevos valores* a los que estos cineastas, por su tradición cultural y
religiosa, aportan enfoques interesantes. Seguramente, como afirmó en
San Sebastián Gregory Nava, «en el futuro habrá en Estados Unidos una
nueva cultura, bilingüe, que mezclará lo latino y lo anglosajón».

harsh / suffers

*blatant / gallery, undiscrimin-
ating general public*

fear
hardened

uncertainty
*se... has been given concrete
representation*

eagerness

Preguntas

1. ¿Cómo ha presentado con frecuencia la industria de Hollywood a los latinos,
    según el autor del artículo? ¿Qué estereotipo ha fomentado?

2. ¿Qué clase de películas surgieron en 1987? ¿De qué año es *El norte* de Gregory
    Nava? ¿En qué año rodó Nava su primera película de alto presupuesto?

3. ¿Cómo contribuyeron Edward James Olmos y Jimmy Smits a la consolidación
    del cine latino en Hollywood?

4. ¿Qué películas latinas fueron las primeras en lograr el rotundo éxito comercial?
    ¿En qué año se estrenaron?

5. ¿Cómo se distingue el cine latino a nivel artístico, según el autor? ¿En qué tiene
    su origen la atmósfera de misterio típico de este cine?

6. Según Alfonso Arau, ¿qué distingue la cultura latina de la anglosajona?

7. ¿Cómo se presenta a la familia en muchas películas anglos, según el autor? ¿y
    en las latinas? ¿Cuál es el tema central de casi todas las películas latinas que
    menciona?

8. Según el autor, ¿muestran mayor profundidad moral los directores anglos o los
    latinos? ¿Para él, a qué se debe este fenómeno?

9. Según el autor, ¿están libres las películas de directores latinos del permisivismo
    moral que caracteriza las películas de muchos directores anglos? ¿Qué afán se
    detecta cada vez más en la sociedad norteamericana, según su opinión?

CAPÍTULO 3

Como agua para chocolate

Presentación de la película:

Tita y Pedro se aman, pero Mamá Elena le prohíbe a Tita que se case con Pedro por ser la hija más pequeña. Según una vieja tradición familiar, la hija menor no puede casarse ni tener hijos porque tiene que cuidar a su madre hasta su muerte. Para estar cerca de Tita, Pedro acepta casarse con Rosaura, otra hija de Mamá Elena...

✳ En México se prepara el chocolate *(hot chocolate)* con agua caliente. La expresión «como agua para chocolate» se refiere a un estado de agitación intensa o excitación sexual.

✳ La película *Como agua para chocolate,* del actor y director Alfonso Arau, es una adaptación de la famosísima novela de su (entonces) esposa Laura Esquivel, autora del guión. La película recibió trece premios internacionales. En 1993 fue seleccionada para el Golden Globe en la categoría Mejor Película Extranjera. Las películas más recientes del director son *A Walk in the Clouds* (1995, Keanu Reeves, Aitana Sánchez-Gijón), *Picking Up the Pieces* (2000, Woody Allen, Sharon Stone, Cheech Marin, Lou Diamond Phillips) y *Zapata, el sueño del héroe* (2004, Alejandro Fernández).

Preparación

Vocabulario preliminar

Cognados		
aceptar	el/la mulato(a)	el rancho
decente	la necesidad	la rosa
el/la esposo(a)	permitir	el/la sargento(a)
el dólar	preparar	la tradición
el/la general(a)	prohibir	la visita

La Comida	
el caldo de res	*beef broth*
la codorniz	*quail*
la masa	*dough*
el pastel	*cake*
la receta	*recipe*
las torrejas de nata	*cream fritters*

Otras palabras	
el aliento	*breath*
amar (el amor)	*to love (love)*
el baño	*bathroom*
la boda	*wedding*
casarse	*to marry*
el cerillo	*match*
la cocina (el libro de cocina)	*kitchen (cookbook)*
cocinar	*to cook*
el/la cocinero(a)	*cook*
la colcha	*bedspread*
cuidar	*to take care of*
dejar	*to allow*
huir (la huida)	*to flee, run away (flight, escape)*
el/la invitado(a)	*guest*
la lágrima	*tear*
llorar	*to cry*
morir(se) (la muerte)	*to die (death)*
nacer (el nacimiento)	*to be born (birth)*
sentir(se)	*to feel*
tejer	*to knit*
el tepezcohuitle	*medicinal bark*
la verdad	*truth*
la vida	*life*
volverse loco(a)	*to go crazy*

A. **Una boda.** Escoja las palabras apropiadas para completar las oraciones.

1. En el rancho la (muerte / vida) es difícil porque hay mucho trabajo.

2. Cuando se casó mi hermana, asistió mucha gente a la (boda / lágrima).

3. Fue una lástima que el general le (cocinara / prohibiera) venir al sargento Gutiérrez.

4. Encontré una (receta / masa) para pastel de bodas en el libro de cocina de la abuela.

5. Tejí una (cocina / colcha) para regalársela a los novios.

6. Mamá (lloró / dejó) en la iglesia, pero se puso contenta en el banquete.

7. Celebramos mucho cuando (nació / murió) su primer hijo.

B. **Terminaciones.** Indique con un círculo la letra de la palabra o frase apropiada para terminar la oración.

1. Me sentía muy mal, pero ya estoy mejor porque Tita me curó con...
   a. tepezcohuitle.
   b. codornices.
   c. torrejas de nata.

2. Para la cena Chencha va a preparar...
   a. gases.
   b. caldo de res.
   c. cerillo.

3. No comprendo. ¿Por qué acepta casarse Pedro sin...
   a. baño?
   b. verdad?
   c. amor?

4. Tita está tan triste que creo que va a...
   a. volverse loca.
   b. cuidar.
   c. permitir.

5. Vino la famila Lobo a hacernos una...
   a. tradición.
   b. visita.
   c. necesidad.

6. Todos huyen de esa mujer porque tiene...
   a. mal aliento.
   b. un rancho grande.
   c. un esposo decente.

7. Voy al jardín *(garden)* para cuidar...
   a. las torrejas.
   b. los gases.
   c. las rosas.

8. Chencha, sírveles pastel a...

    a. la boda.
    b. los invitados.
    c. la cocina.

9. Su padre es blanco y su madre es negra. Es...

    a. pastel.
    b. cerillo.
    c. mulato.

Antes de ver la película

A. Prohibiciones

1. ¿Alguna vez le prohibieron asociarse con alguien o hacer algo que le importaba (*mattered*) mucho? Describa la situación. ¿Qué hizo usted?

2. En los tiempos de sus padres, de sus abuelos o de sus bisabuelos, ¿hubo alguna tradición injusta? ¿Cómo y cuándo se acabó esa tradición?

B. Los personajes. Mire las listas de personajes y cosas. Después de ver la película, diga con qué personaje, o personajes, se asocia cada cosa y explique por qué.

1. una colcha muy larga	a. Alex
2. el mal aliento y los gases	b. Chencha
3. las torrejas de nata	c. Esperanza
4. una foto de un mulato	d. Gertrudis
5. el caldo de res	e. John Brown
6. unas rosas	f. Juan Alejándrez
7. las recetas de Tita	g. Luz del Amanecer
8. los cerillos	h. Mamá Elena
9. el tepezcohuitle	i. Nacha
	j. Paquita
	k. Pedro
	l. Rosaura
	m. el sargento Treviño
	n. Tita
	o. el cura (*priest*)

Investigación

Busque información sobre uno de los temas que siguen.[1]

1. las soldaderas *(women soldiers)* en la Revolución mexicana
2. Pancho Villa o Emiliano Zapata
3. el realismo mágico (una técnica literaria y cinematográfica que se usa en la película)
4. Laura Esquivel

Note:

Your instructor may ask you to read over the questions in the section **Exploración** before you see the film, in order to improve your understanding of it.

Exploración

A. **Las circunstancias.** Ponga en orden cronológico los siguientes eventos. Después explique las circunstancias de cada uno.

_____ a.   el viaje a Eagle Pass (Texas) de Chencha

_____ b.   la boda de Alex y Esperanza

_____ c.   la muerte de Roberto

_____ d.   el viaje a San Antonio (Texas) de Pedro, Rosaura y Roberto

_____ e.   el viaje a Eagle Pass de Tita y John

_____ f.   la muerte de Rosaura

_____ g.   la huida de Gertrudis del rancho

_____ h.   la muerte de Mamá Elena

_____ i.   el regreso de Gertrudis al rancho

_____ j.   la boda de Pedro y Rosaura

B. **¿Por qué?** Explique por qué pasan estas cosas.

1. ¿Por qué lloran y vomitan los invitados en la boda de Pedro y Rosaura?
2. ¿Por qué corre Gertrudis al baño después de comer las codornices?
3. ¿Por qué se vuelve loca Tita?
4. ¿Por qué llora Tita cuando se muere Mamá Elena?
5. ¿Por qué dice Rosaura que Esperanza no se casará?
6. ¿Por qué cree usted que Tita no se casa con John?
7. ¿Por qué hay conflicto entre Tita y Rosaura con respecto al futuro de Esperanza?

---

1   The **Investigación** sections suggest topics related to the movie that you may want to find out more about. Your instructor may assign these to individuals or groups and have them report the information to the class.

Análisis y contraste cultural

Vocabulario

La Comida	
la cebolla	*onion*
el chile (en nogada)	*chile (in walnut sauce)*
el olor	*fragrance*
partir	*to cut*
la rosca de Reyes	*large ring-shaped sweet bread baked for Epiphany*

Otras palabras	
acercarse	*to approach, get near*
aconsejar (el consejo)	*to advise (advice)*
adivinar	*to guess*
agarrar	*to grab, hold*
la caja	*box*
conveniente	*advisable, a good idea*
la criatura	*child*
el embarazo (embarazada)	*pregnancy (pregnant)*
enamorado(a)	*in love*
encender (ie)	*to light*
extrañar	*to miss*
el fantasma	*ghost*
mero(a)	*mere, simple; nearly, almost*
parecer	*to seem*
el pecho	*breast*
la pena	*sorrow*
soltar (ue)	*to let go of; to allow (tears) to flow*
la tía (tía abuela)	*aunt (great-aunt)*
la vela	*candle*

A. **La comida.** Complete las frases con palabras de la lista.

cebolla	olor	penas
chiles	partir	rosca
extraña	pechos	tía abuela

1. La narradora de la película y Tita, su _____, son muy sensibles *(sensitive)* a la _____.

2. Tita está muy triste y no tiene apetito. Nacha le ofrece algo de comer, diciéndole «Las _____ con pan son menos.»

3. Los _____ vírgenes de Tita producen leche para el niño Roberto.

4. Juan encuentra a Gertrudis fácilmente, atraído *(attracted)* por el _____ de las rosas.

5. Gertrudis regresa al rancho a _____la _____de Reyes y para tomarse una taza de chocolate.

6. Gertrudis _____la comida de su casa, sobre todo las torrejas de nata.

7. En la boda de Alex y Esperanza los invitados comen _____en nogada y de repente sienten intensos deseos amorosos.

Los fantasmas. Complete las frases con palabras de la lista.

aconsejan	encender	suéltenme
agarran	fantasmas	velas
caja		

1. Luz del Amanecer decía que todos nacemos con una _____de cerillos en nuestro interior y que no los podemos _____nosotros solos.

2. Los hombres que llegan al rancho _____a Mamá Elena y ella les grita, «¡ _____!»

3. Los _____de Nacha y Luz del Amanecer le _____a Tita que cure a Pedro con tepezcohuitle.

4. Al final de la película Tita y Pedro entran en un cuarto donde hay muchas _____encendidas por el fantasma de Nacha.

B. **Las tres hermanas.** Complete las frases con palabras de la lista.

adivina	embarazada	mera
consejos	embarazo	parece
conveniente	enamorados	se acerca
criatura		

1. Rosaura le pide _____a Tita porque Pedro ya no _____a ella.

2. Tita cree que está _____y Doña Paquita _____su secreto.

3. A Gertrudis le _____mal que Rosaura se haya casado con Pedro sin importarle que Tita y Pedro están muy _____.

4. Gertrudis le dice a Tita, «La _____verdad es que la verdad no existe.»

5. Según Gertrudis, es _____que Tita hable con Pedro de su _____.

6. Tita no quiere que le pongan (den) su nombre a la _____de Rosaura y Pedro.

Nota cultural

La novela *Como agua para chocolate*, en la que se basa la película, pertenece al género literario llamado «realismo mágico». Se trata de una técnica literaria caracterizada por la inclusión de elementos fantásticos en una narrativa realista. Si bien tiene antecedentes muy antiguos, han sido muchos los escritores latinoamericanos que la utilizaron en la segunda mitad del siglo XX.

Temas de conversación o composición

Discuta con sus compañeros los temas que siguen.[2]

1. la tradición y el cambio (¿Quiénes imponen *(impose)* la tradición? ¿Quiénes son víctimas de la tradición? ¿Quiénes se rebelan? ¿Cómo lo hacen? El mismo personaje que impone la tradición ¿también puede ser víctima de la opresión y los convencionalismos?)

2. la comida (¿Cree usted que el estado emocional de la persona que prepara la comida puede comunicarse a las personas que la comen? ¿que la comida puede curar enfermedades físicas y mentales? ¿Cómo interpreta usted la incapacidad *(inability)* de Mamá Elena y Rosaura de alimentar *(feed)* a sus hijos? ¿La indigestión de Rosaura?) »

3. el «realismo mágico» (¿Qué elementos fantásticos hay en la película? ¿Cómo se emplea la hipérbole [la exageración]? ¿Cómo se combinan lo fantástico y lo real? ¿Cómo se relacionan los vivos y los muertos?)

4. el humor (Para usted, ¿cuál es el momento más cómico de la película? ¿Cómo se emplea el humor? ¿Ayuda el humor a comunicar el «mensaje» de la película?)

5. las relaciones familiares (¿Cómo se relacionan la madre y las hijas? ¿Las hermanas entre sí? ¿Los hombres y las mujeres? ¿Los amos *(masters)* y los sirvientes?)

6. la frontera (¿Parece fácil o difícil cruzar de Texas a México? ¿Cómo se relacionan los personajes que viven a ambos lados de la frontera? ¿Ha cambiado esta situación desde principios del siglo pasado?)

7. el final (¿Qué le parece el final de la película? ¿Es triste o feliz? ¿Lógico o ilógico? ¿Inevitable o no? Proponga otro final.)

8. el «mensaje» o tema central de la película (¿Qué nos quieren comunicar los cineastas *[filmmakers]*? ¿Lo consiguen o no? Explique.)

---

2   Your instructor may ask you to report back to the class
or write a paragraph about one of the topics.

Una escena memorable

¿Quiénes son estos personajes? ¿Dónde están? ¿Qué pasa en esta escena?

Hablan los personajes

Analice las siguientes citas, explique de quién son y póngalas en contexto. (Para una lista de los personajes, ver el ejercicio B en la sección «Antes de ver la película».)

1. «Uno no puede cambiar unos tacos por unas enchiladas así como así.»

2. «Sí, suelta tus lágrimas, mi niña, porque mañana no quiero que naide (nadie) te vea llorar, y mucho menos Rosaura.»

3. «El secreto está en que cuando lo cocine, lo haga con mucho amor.»

4. «Además, los hombres no son tan importantes para vivir, padre, ni la revolución es tan peligrosa como la pintan. Peor es chile y el agua lejos.»

5. «Hay muchas maneras de poner a secar una caja de cerillos húmeda *(damp)*. Puede estar segura de que sí tiene remedio.»

6. «Las revoluciones no serían tan malas si uno pudiera comer a diario con su familia.»

7. «No te preocupes, chiquita. La tradición morirá en mí. Nadie te hará daño.»

8. «No me importa lo que piensen ni mi hija ni nadie más. Hemos pasado muchos años cuidándonos (preocupándonos) del quédirán (lo que dirá la gente).»

Hablando de la cultura...

El Día de los Reyes Magos *(Day of the Three Kings)* o la Epifanía es un día festivo muy importante en los países hispanos. Según la leyenda *(legend)*, el día seis de enero los tres Reyes Magos *(magi)* llegan montados en sus camellos con regalos para todos los niños. Los niños dejan comida para los camellos; los Reyes dejan regalos en los zapatos de los niños buenos y carbón *(coals)* en los de los niños malos. La rosca de Reyes se prepara sólo en esta época del año y contiene una moneda *(coin)* o una figurita de porcelana que trae la buena suerte a la persona que la encuentra en su trozo *(piece)* de rosca.

En su familia ¿se celebra el Día de los Reyes Magos? ¿hay comidas que se comen sólo en determinadas épocas del año? Compare la tradición de los Reyes con la de Santa Claus.

Hablan los críticos y los directores

Según la opinión de Rita Kempley, *"Like Water for Chocolate* is a Mexican revolutionary-era *Heartburn,* an overly rich fable on the mysterious link between sex and food. It aims to portray the onset of Mexican feminism in 1910, but it's really just another hearth-set Cinderella story, one that connects cooking to sorcery and servitude…an overwrought potboiler that punishes Tita for her sexual freedom."

Washington Post, **March 6, 1993.**

Ilan Stavans afirma que "the intellectual and spiritual weight of Esquivel's six protagonists—Tita, Mama Elena, Nacha, Rosaura, Gertrudis and Chencha— authoritarian well-to-do matrons, opinionated young girls, **soldaderas** and maids, serves to map the trajectory of feminist history in Mexican society; machismo is the book's hidden object of ridicule."

Review of *Like Water for Chocolate, The Nation,* **June 14, 1993, p. 846.**

¿Está usted de acuerdo con uno de los dos críticos? ¿Tiene una opinión diferente? Explique.

Más allá de la película

En la siguiente selección de la novela Como agua para chocolate *de Laura Esquivel, Mamá Elena ha muerto. Tita, al vestirla para el velorio,° ha encontrado un dije° en forma de corazón y dentro del dije una pequeña llave.*

wake
charm

De inmediato relacionó la llave con la cerradura indicada.° De niña, un día jugando a las escondidillas° se había metido en el ropero° de Mamá Elena. Entre las sábanas° había descubierto un pequeño cofre.° Mientras Tita esperaba que la fueran a buscar trató inútilmente° de abrirlo, pues estaba bajo llave.° Mamá Elena a pesar de° no estar jugando a las escondidas fue quien la encontró al abrir el ropero. Había ido por una sábana o algo así y la cogió con las manos en la masa°…

cerradura… *correct lock*
hide-and-seek / se… *she had gotten into the armoire / sheets / chest*
unsuccessfully
bajo… *locked / a… despite*

cogió… *caught her red-handed*

Tita abrió el cofre con morbosa curiosidad. Contenía un paquete de cartas de un tal José Treviño y un diario. Las cartas estaban dirigidas a Mamá Elena. Tita las ordenó por fechas y se enteró de° la verdadera historia de amor de su madre. José había sido el amor de su vida. No le habían permitido casarse con él pues tenía en sus venas sangre negra. Una colonia de negros, huyendo° de la guerra civil en U.S.A. y del peligro que corrían° de ser linchados, había llegado a instalarse cerca del pueblo. José era el producto de los amores ilícitos entre José Treviño padre y una guapa negra. Cuando los padres de Mamá Elena habían descubierto el amor que existía entre su hija y este mulato, horrorizados la obligaron° inmediatamente a casarse con Juan De la Garza, su padre.

se… *found out about*

fleeing
peligro… *danger they were in*

forced

Esta acción no logró impedir° que aun estando casada siguiera manteniendo correspondencia secreta con José, y tal parecía que no se habían conformado° solamente con este tipo de comunicación, pues según estas cartas, Gertrudis era hija de José y no de su padre.

no… *did not manage to prevent*

no… *had not been satisfied*

Mamá Elena había intentado° huir con José al enterarse de su embarazo, pero la noche en que lo esperaba escondida° tras los oscuros del balcón presenció° cómo un hombre desconocido, sin motivo aparente, protegiéndose entre las sombras° de la noche atacaba a José eliminándolo de este mundo. Después de grandes sufrimientos Mamá Elena se resignó entonces a vivir al lado de su legítimo marido. Juan De la Garza por muchos años ignoró° toda esta historia, pero se enteró de ella precisamente cuando Tita nació. Había ido a la cantina a festejar° con unos amigos el nacimiento de su nueva hija y ahí alguna lengua venenosa° le había soltado° la información. La terrible noticia le provocó un infarto.° Eso era todo.

tried
hidden
she saw
shadows

was unaware of
celebrate
poisonous / let slip
heart attack

Tita se sentía culpable de haber participado de° este secreto. No sabía qué hacer con estas cartas. … Guardó° todo tal como lo había encontrado y lo puso en su lugar.

culpable… *guilty for having taken part in / She put away*

Durante el entierro° Tita realmente lloró por su madre. Pero no por la mujer castrante que la había reprimido° toda la vida, sino por ese ser que había vivido un amor frustrado.°

funeral

repressed

thwarted

Preguntas

1. ¿Por qué relaciona Tita la pequeña llave con un cofre que está en el ropero de su madre?

2. ¿Qué contiene el cofre?

3. ¿Por qué no le permitieron a Mamá Elena casarse con José Treviño, el amor de su vida?

4. ¿Qué hicieron los padres de Mamá Elena al descubrir el amor que existía entre su hija y José Treviño?

5. Según las cartas, ¿quién era el padre de Gertrudis?

6. ¿Qué pasó la noche que Mamá Elena intentó huir con José?

7. ¿Cómo se enteró De la Garza de toda la historia? ¿Qué pasó después?

8. ¿Por qué llora Tita durante el entierro?

9. ¿Ha notado usted alguna diferencia entre la versión de la novela y la de la película? ¿Por qué cree usted que se hizo este cambio al llevar la novela al cine?

CAPÍTULO 4

Danzón

Presentación de la película:
Julia no sabe qué pensar. Carmelo, su pareja de baile durante muchos años, ha desaparecido. ¿Qué le habrá pasado? ¿Estará enfermo? ¿Tendrá problemas con la ley? Julia está obsesionada, «neurótica», pensando en él. Empieza una búsqueda que cambiará su vida…

✳ María Novaro, la directora, estudió sociología y producción de películas en Ciudad de México y después trabajó con Alberto Cortés como asistente de dirección en *Amor a la vuelta de la esquina* (1984). Sus películas *Azul celeste* (realizada en 1987) y *Lola* (1989) ganaron varios premios.

✳ *Danzón* ganó un premio a la mejor película del año en México y a la mejor película en el festival latino de películas de Nueva York en 1991. Fue seleccionada para la Quincena de Realizadores del Festival de Cannes. Beatriz Novaro escribió el guión en colaboración con su hermana, María. ➤

◄ ✻ María Rojo interpreta a Julia. Recibió galardones a la mejor actriz en los festivales de Chicago y de Valladolid, España.

✻ Otras películas de María Novaro son: *El jardín del Edén* (1994) y *Sin dejar huella* (2000). ■

Preparación

Vocabulario preliminar

Cognados		
la academia	el número	el/la telefonista
elegante	el/la operador(a)	el telegrama
la menopausia	robar	el/la sargento(a)

El baile	
agarrar	*to hold; to catch*
el concurso	*contest*
hacer un cuadro	*to make a square*
el/la maestro(a) (de baile)	*(dance) teacher*
la pareja	*partner; pair*

Otras palabras	
ahogar(se)	*to drown*
el/la artista	*actor (actress); artist*
el barco	*ship*
la bronca	*(colloquial) problem, dispute*
el/la cocinero(a)	*cook*
correr (del trabajo)	*(colloquial) to fire (from one's job)*
¿Cómo crees?	*(colloquial) How can you think that?*
el crimen	*murder, felony, crime*
cuidar(se)	*to take care of (oneself)*
culpable	*guilty*
dulce	*sweet*
el galán	*beau, handsome guy, boyfriend*
griego(a)	*Greek*
hacer caso	*to pay attention*
larga distancia	*long distance*
llorar	*to cry*
mentir (ie)	*to lie*

Otras palabras	
el muelle, los muelles	*wharf, docks*
picar	*(colloquial) to bother bug*
por si las moscas	*(colloquial) just in case*
Se me hace que...	*(colloquial) I have a hunch that..., I think that...*
la tos	*cough*
el/la viejo(a)	*(colloquial) old man, husband (woman, wife)*

A. Mi novio y yo. Complete el párrafo con palabras de la siguiente lista.

academia	crimen	griego
barco	cuadro	lloré
cocinero	culpable	pareja
concurso	elegante	robar
corrieron		

Mi novio es maestro en una (1) _____ de baile. Antes, era (2) _____
en un restaurante (3) _____ , «Casa Atenas». Pero lo acusaron de
(4) _____ dinero de la caja *(cash register)* y lo (5) _____ del trabajo. No
era (6) _____ de ningún (7) _____ . Eso fue muy injusto y yo
(8) _____ mucho cuando me contó lo que le había pasado. Pero poco después
consiguió el trabajo de sus sueños y ahora da lecciones de salsa y danzón. Cuando participa en
competiciones, yo soy su (9) _____ de baile. Me enseñó a bailar danzón, un baile
algo formal pero bastante fácil: sólo haces un (10) _____ con los pies. Hace un mes
ganamos un (11) _____de baile... ¡y una semana en Acapulco! Fuimos en
(12) _____ hasta allí y nos quedamos en un hotel muy (13) _____ .
Nadamos, hicimos windsurf y tomamos sol en la playa, pero no fuimos a bailar ni una vez.

B. ¡Es lógico! Escoja la respuesta más lógica.

1. ¿Qué tal su viaje a Europa? ¿Les gustó?
    a. Sí, estuvimos en los muelles.
    b. Sí, fuimos en barco a Londres.
    c. Vamos en tren, por si las moscas.

2. Mi amiga Gabi canta en un «show» y a veces aparece en la televisión.
    a. Ah, ¿es artista?
    b. ¿Es telefonista?
    c. ¿Cómo crees?

3. ¿Qué te pica, querida?

   a. Es que nunca me haces caso.

   b. Es que no me mientes nunca.

   c. Es que siempre me defiendes, viejo.

4. El doctor me dice que tengo mononucleosis.

   a. ¿Tienes tos?

   b. Será la menopausia.

   c. Descansa y cuídate mucho.

5. Tuve una bronca con mi jefe el otro día. Si no voy al trabajo ahora, estaré frita *(in hot water)*.

   a. ¿Te van a celebrar?

   b. ¿Te van a ahogar?

   c. ¿Te van a correr?

6. Carmen, tienes una llamada de larga distancia.

   a. ¿Es la operadora?

   b. ¿Qué número es?

   c. Se me hace que mi galán me quiere hablar.

7. El chico agarró unas galletas *(cookies)* y se fue.

   a. Sí, lo sé, fue a jugar béisbol.

   b. Habrá recibido un telegrama.

   c. No le gustan los dulces.

Antes de ver la película

A. La música

1. ¿Qué clase de música le gusta más a usted?

2. ¿Cuáles son sus músicos o cantantes favoritos?

3. ¿Qué clase de música es la más romántica, en su opinión?

4. ¿Le gusta bailar? ¿Va a espectáculos de danza o baile?

5. ¿Toca un instrumento musical? ¿Cuál?

6. ¿Ha bailado, cantado o tocado música en una situación formal, delante de mucha gente? ¿En qué situación? ¿Cómo se sentía?

7. ¿Ha ganado un premio de baile o de música? ¿Qué premio?

B. **Los personajes.** Lea las descripciones y los nombres de los personajes. Después de ver la película, empareje cada personaje con su descripción.

_____ 1.   personaje principal, una mujer que ha ganado muchos premios de baile   a. Doña Ti

_____ 2.   hija de Julia   b. la Colorada

_____ 3.   mejor amiga de Julia   c. Silvia

_____ 4.   dueña o gerente de un hotel en Veracruz   d. Carmelo

_____ 5.   un joven que trabaja en el puerto de Veracruz   e. Julia

_____ 6.   pareja de baile de Julia   f. Perlita

_____ 7.   una prostituta que vive en el hotel donde Julia se queda   g. Susy

_____ 8.   un travesti (*transvestite*) que es artista en Veracruz   h. Rubén

Investigación

Busque información sobre uno de los temas que siguen.[1]

1. el danzón (estilo de baile)
2. el puerto de Veracruz, México
3. Toña la Negra (María Antonia del Carmen Peregrino Álvarez), una cantante de Veracruz
4. la música afro-caribeña

Note:

Your instructor may ask you to read over the questions in the section **Exploración** before you see the film, in order to improve your understanding of it.

Exploración

A. **¿Julia, doña Ti, Rubén o Susy?** ¿Con qué personaje se asocia cada una de las siguientes cosas? ¿Por qué?

> *Modelo:*
>
> las galletas y el azúcar
>
> **Doña Ti, porque siempre le ofrece algo dulce a Julia y trata de consolarla.**

1. los clubes nocturnos
2. la música triste
3. los barcos
4. la juventud
5. los teléfonos
6. un corte de pelo
7. la soledad
8. «El coquero»
9. un viaje en tren
10. un nombre artístico

---

1   The **Investigación** sections suggest topics related to the movie that you may want to find out more about.   Your instructor may assign these to individuals or groups and have them report the information to the class.

B. La historia

1. ¿En qué trabajan Julia y Silvia?

2. ¿Quién empieza a trabajar con ellas? ¿Parece un trabajo interesante? ¿Siempre trabajan a la misma hora?

3. ¿Por qué está enojada Silvia con Chucho al principio de la película? ¿Por qué se reconciliaron después?

4. Cuando Carmelo no llega al salón de baile, ¿qué le sugiere Silvia a Julia?

5. ¿Qué tiene Julia en las paredes de su apartamento?

6. Según Perlita, cuando habla con Tere, ¿cuál es la relación entre Carmelo y su mamá? ¿Le cree Tere?

7. ¿Cómo se sabe que Julia es una buena madre? ¿Por qué le dice Tere a Julia, «No seas tan posesiva»?

8. ¿Qué le cuenta Silvia a Tere sobre Carmelo? ¿Por qué «se peló» (se fue) tan de repente (suddenly), según Chucho?

9. Después de buscar a Carmelo en muchos lugares, Julia visita a una mujer que lee las cartas y predice el futuro. ¿Qué dicen las cartas?

10. ¿Qué decisión toma Julia? ¿Qué piensan sus amigas de su decisión?

11. ¿Quién es doña Ti? ¿Qué hace ella? ¿Cómo trata de ayudar a Julia?

12. ¿Quién es Susy? ¿Qué noticias tiene de «Canelo»?

13. ¿Adónde va Julia para buscar a Carmelo?

14. ¿A quién conoce Julia en los muelles? ¿Por qué le dice que busca a su primo? ¿Qué otras mentiras le dice?

15. ¿Qué tienen que ver los nombres de los barcos (Amour fou, Puras ilusiones, Amor perdido, Me ves y sufres) con la historia?

16. ¿Sabe Rubén bailar danzón?

17. ¿Por qué decide Julia dejar a Rubén?

18. ¿Qué hace Julia al irse de Veracruz? ¿De quién se despide? ¿A quién le deja sus discos?

19. ¿A quién ve Julia en el salón de baile en la capital?

20. ¿Se miran a los ojos?

Análisis y contraste cultural

Vocabulario

Algunas características físicas[2]	
alto(a)	*tall*
flaco(a), flaquito(a)	*thin, skinny*
fuerte	*strong*
guapo(a)	*good-looking, handsome, beautiful*
güero(a), güerito(a)	*(Mexico and Central America) fair*
moreno(a)	*dark, brown-skinned (also, in some contexts, black)*
negro(a), negrito(a)	*black, dark*

En el hotel	
la almohada	*pillow*
el cuarto, la habitación	*room*
descansar	*to rest*
la llave	*key*
pagar por adelantado	*to pay in advance*
vencer(se)	*to expire, have its time up*
el ventilador	*fan*

Expresiones regionales[3]	
ser un cuero, ¡Qué cuero!	*to be an attractive man or woman, How good-looking! What a hunk!*
¡Híjole!	*Wow! Jeeze!*
mano(a), manito(a)	*short for hermano(a), used among good friends or to express affection*
Me vale.	*I don't give a darn. (slightly vulgar)*
Ni loco(a).	*No way.*
Órale.	*All right. OK. That's it. (used mainly to encourage someone to do something or to accept an invitation)*
padre, padrísimo(a)	*great, super*
vacilar	*to tease, joke around with (e.g., no me vaciles)*

El cuerpo humano: Repaso rápido	
la boca	*mouth*
el brazo	*arm*
la cara	*face*
el dedo	*finger*
la mano	*hand*
la mejilla	*cheek*
el ojo	*eye*
el pelo	*hair*
la rodilla	*knee*

---

2 Notice that **flaco, güero,** and **negro** or their diminutives are used as terms of affection in the film. **Moreno(a)** is often used for someone of African ancestry.

3 These terms are not used exclusively in Mexico—some are heard elsewhere as well. Note that **cuero** has other meanings in other places (such as *body, pretty woman*). Also note that in the expression **me vale, me vale madre** would be stronger and more vulgar.

A. ¡Qué antro! *(What a dump!)* Complete el párrafo con palabras apropiadas de la lista «En el hotel».

Cuando llegamos a Miami, estábamos muy cansados y sólo queríamos encontrar un hotel

y (1) _____. El primer hotel que encontramos resultó ser barato. Tuvimos que pagar

por (2) _____. «Mañana a las 10:30 se (3) _____la habitación», dijo la

recepcionista, «y sólo podemos darles *una* (4) _____.» Nos dieron

un (5) _____pequeño. En la cama había dos (6) _____, pero eran muy

duras. No había aire acondicionado ni (7) _____a pesar del calor. «¡Qué antro!» dijo

mi esposo. Dormimos unas ocho horas y al día siguiente nos marchamos.

B. Descripciones de los famosos. Escoja un adjetivo de la lista «Algunas características físicas»
para describir a...

1. Antonio Banderas
2. Cameron Díaz
3. Sammy Sosa
4. Jimmy Smits
5. Jennifer López

C. ¿Y en México? Para cada palabra subrayada, busque una palabra que se podría oír en México.
(Consulte la sección «Expresiones regionales».)

> *Modelo:*
>
> ¿Viste a Christina Aguilera? —Sí, ¡qué <u>linda</u>!
> **¿Viste a Christina Aguilera? —Sí, ¡qué padre!**

1. Mira a ese hombre. ¡Qué <u>atractivo</u>!
2. ¿Me prestas dos mil pesos? <u>—De ninguna manera</u>.
3. <u>No bromees conmigo.</u> No te creo.
4. ¿Quieres bailar? <u>—Sí.</u>
5. <u>¡Caramba!</u> ¡Eso sí que es ridículo!
6. ¿Qué tienes, <u>amiga</u>? ¿Por qué lloras?
7. Te van a correr del trabajo. <u>—No me importa</u>.

D. Repaso rápido. Sin mirar la lista de vocabulario, trate de nombrar por lo menos ocho partes del
cuerpo humano: ¡rápido!

Nota cultural

En esta película, la música popular es muy importante. La canción «Viajera» se escucha antes del viaje de Julia a Veracruz en busca de Carmelo. En «Amar y vivir» el cantante dice que no quiere arrepentirse de lo que pudo haber sido *(what might have been)* y no fue. Cuando Susy canta «El coquero», es irónico que un hombre vestido de mujer interprete ese papel: ¿están los roles sexuales fluctuando continuamente? Susy también canta «Tú estás siempre en mi mente» de Juan Gabriel; Julia y Susy le escriben estas palabras a Carmelo y ponen el mensaje en una botella que Julia tira al mar. Doña Ti canta «Irremediablemente sola» de Toña la Negra. Su canción «Azul» es una de las muchas referencias a los colores en la película; para María Novaro, el uso del color es muy importante.

Temas de conversación o composición

Discuta con sus compañeros los temas que siguen.[4]

1. el baile del danzón (¿Quién lo dirige, con tres dedos: el hombre o la mujer? ¿Qué figura hay que hacer? ¿Adónde debe mirar la mujer? ¿Qué clase de ropa y zapatos usa la mujer? ¿Cómo cambia Julia su modo de bailar al final de la película?)

2. la vida de Julia en la capital y en Veracruz (¿Qué le pasa cuando sale de la rutina diaria? ¿Dónde tiene más apoyo emocional? ¿Dónde tiene más libertad? ¿Se rebela contra su rutina, su hogar, su trabajo, el paso del tiempo...?)

3. la Colorada (¿Por qué trabaja casi todos los días, incluso los domingos? ¿Cuál es la reacción de Julia ante ella?)

4. doña Ti (¿Qué clase de canción canta siempre? ¿Acepta a las prostitutas? ¿Acepta el abuso que los padrotes *(pimps)* cometen con ellas como algo «normal»? ¿Es una mujer con valores feministas o independientes, o es una mujer que acepta un mundo dominado por los hombres? ¿Acepta a Susy y a Karla?)

5. la marginación (¿Qué personajes viven al margen de la sociedad, en general? ¿Qué personajes son más femeninos? ¿más cariñosos? ¿más independientes?)

6. la relación entre Julia y Carmelo (¿Han mejorado su relación con el tiempo? ¿Es posible el amor platónico entre un hombre y una mujer? ¿Cree que su relación va a cambiar?)

7. el dicho: «Lo bailado, ¿quién te lo quita?» (¿Quién lo dice a quién en la película? ¿Por qué? ¿Qué quiere decir?)

8. el uso del color en la película (María Novaro es famosa por el uso que siempre hace del color; algunos la llaman una directora expresionista. ¿En qué escenas es importante el color? ¿En qué canciones?)

---

4   Your instructor may ask you to report back to the class
    or write a paragraph about the topic.

Una escena memorable

Describa la relación entre Julia y Susy. ¿Qué aprende Susy de Julia? ¿Qué aprende Julia de Susy?

Hablan los personajes

Analice las siguientes citas, explique de quién son y póngalas en contexto. (Para una lista de los personajes, ver el ejercicio B en la sección «Antes de ver la película».)

1. «Todos los hombres son iguales, mi reina. Pero no hay de otros, de veras.»

2. «Para mí, esto del baile es sagrado.»

3. «¿Tienes miedo de parecer puta o de gustarles a los hombres?»

4. «Ahí está la cosa: en el instante en que se pescan las miradas está dicho todo, ¿no?»

5. «Quieres una galleta, ¿verdad? Ay, dichosa tú, que tienes a tu hija. Pero yo..., ¿todo para qué? Ni me vienen a ver. Aquí estoy siempre sola.»

Hablando de la cultura...

En esta película hay muchas escenas entre madres e hijos. ¿Cómo tratan las mujeres a los niños o bebés en este filme? En general, ¿cómo es la imagen de la maternidad en *Danzón*? Dé ejemplos. ¿Sería diferente la imagen de la maternidad en una película de Hollywood?

Hablan los críticos y los directores

«Aunque la vida de las mujeres de *Danzón* gira alrededor de los hombres, el filme se refiere más a los lazos *(ties)* que establecen ellas entre sí, que a sus relaciones con el sexo opuesto. El hombre es un objeto en sus vidas: un punto de referencia para determinar sus historias. Así, el viaje de Julia es, en realidad, una travesía hacia el interior de sí misma. Al final, ella regresará a su mundo de mujeres; su búsqueda del hombre la llevará de nueva cuenta a su femineidad.

Para las mujeres de *Danzón*, los hombres son personajes que van de paso, como los marineros *(sailors)*. Los hijos de doña Ti, los amantes de la Colorada, Carmelo y hasta el mismo Rubén, son personajes que se mueven, mientras que las mujeres permanecen *(remain, are constant)*. En esta visión femenina del México contemporáneo, la mujer es quien tiene la sartén por el mango.»

—**«Películas del cine mexicano»**
http://www.mty.itesm.mx/dcic/carreras/lcc/cine_mex/pelicula8.html.

¿Está usted de acuerdo con lo siguiente?: En *Danzón*, es la mujer quien «tiene la sartén por el mango» (tiene control de la situación). ¿Por qué sí o por qué no?

«Yo sí estoy buscando cómo hacer puentes, una propuesta para el espectador de hoy que ve tantísimo cine estadounidense, que tiene tanta prisa y le gusta la acción y los efectos especiales; que vive en un mundo bombardeado de imágenes publicitarias, manipuladoras. Me planteo modos de volver a contar historias sobre nosotros los mexicanos: quiénes y cómo somos, la forma en que nuestra madre nos ayudó a comer; el porqué cuando nos tomamos dos copas, cantamos los boleros con todas sus letras *(lyrics)*: debajo del cascarón *(shell, hard skin)* cosmopolita, contemporáneo y global que se tenga, en realidad existe una forma de ser, definida por nuestra cultura, medio y relaciones.»

—**María Novaro,**
en una entrevista con Gabriel Ríos
en Aguascalientes, México, el 26 de agosto, 2000.

En *Danzón*, ¿muestra Novaro una «forma de ser» mexicana? Describa algunas escenas y señale las diferencias que tendría con una película de Hollywood.

Más allá de la película

Entrevista con María Novaro

[En esta selección del libro *Quince directores del cine mexicano* Alejandro Medrano Platas
le entrevista a María Novaro acerca de la película *Danzón*; hablan de Julia y de su relación
con Carmelo.]

**El personaje de Carmelo, su eterna pareja de baile, funciona como un
pretexto para que Julia deje su confort citadino y emprenda° el viaje en
su busca. En términos simbólicos, ¿tiene algún significado para ti, más
allá de ser Carmelo?**   *undertake*

Todos los que quieras.... Beatriz [Novaro, hermana de María] y yo,
cuando estábamos trabajando el esquema° de la historia, en un momento   *schema, outline*
dado, muy al principio, la película iba a tratar, también, de Carmelo. Iba a ser
un personaje principal, el danzonero, pero realmente, como trabajábamos
mucho con nuestro inconsciente, dejamos que las cosas salieran muy
directamente, trabajamos con nuestros sueños, con nuestros diarios, nos
metemos en las cosas, dejamos que salgan cosas muy personales, y de una
manera, totalmente natural, resultó que Carmelo desaparece después de
la primera escena y no reaparece sino hasta el final, y que en la película
Julia trata de buscarlo.

Y era muy claro que era un personaje muy de la imaginación de Julia,
de su fantasía, de su ilusión. De hecho,° él y los otros personajes, todos   *De... In fact*
los masculinos, son vistos siempre a través del filtro de la imaginación
femenina, o de la fantasía e ilusión femenina. No son personajes de carne y
hueso;° el personaje masculino más real de toda la película es un travestí.   *carne... flesh and blood*

Carmelo... era el caballero que te jala° la silla para que te sientes, el que   *pulls out*
te va a hacer una deferencia,° y aunque estemos viviendo de otra forma,   *courtesy*
añoramos° esa figura del caballero. El personaje era muy importante en   *we long for*
ese sentido, de que era mucho la fantasía de ese hombre, o la voluntad° de   *desire*
un hombre así, además, era una relación platónica entre Julia y Carmelo.

Después, fuimos cayendo, ya que estaba hecha la película, en cuenta°   *fuimos... we realized, after the*
de varios simbolismos más. Yo me acuerdo de una crítica muy bonita,   *film was made*
salió en los *Cahiers du Cinéma* en Francia, hacían todo un análisis en
términos de la figura paterna que representaba Carmelo. Y un poco, en
cuanto a Julia, una mujer que por fin asume° que ya es una mujer y que   *recognizes*
tiene que desligarse° de la figura paterna. Cuando leí la crítica, se me hacía   *disconnect herself*
un nudo° en la garganta, tenía ganas de llorar, porque el crítico me estaba   *se... I got a knot*
diciendo algo de mí misma, aunque yo lo había hecho, no me había dado
cuenta hasta que lo pude leer.° De esas cosas muy enriquecedoras.°   *no... I didn't realize it until I read it / enriching*

Pero yo creo que está cargado° de todo ese simbolismo Carmelo,   *charged*
por eso era un personaje muy a propósito,° muy mistificado,° muy irreal,   *a... fitting / mystifying*
porque era una fantasía.

¿Lo representó un bailarín profesional o un actor?

No sé si sabes, pero fue un personaje muy difícil para encontrarle actor. Vi actores maravillosos; en algún momento platicamos con Héctor Bonilla, un tipo con un encanto° impresionante, pero había una dificultad: había que definir si era un galán o un hombre identificable y con Bonilla se volvía° reconocible; ya no daría la sensación que se requería, un hombre que se te pueda desdibujar,° que a media película, ya ni te acordaras de cómo era el tal Carmelo, que a lo mejor, hasta pensaras, «¿Que no era medio mulato?, ¿tenía sombrero?»

Por lo demás, lo único que oye el público, es lo que Julia dice de ese personaje. Yo quería un poco que al final, al volverlo a ver,° casi ni lo reconocieras, te costara trabajo. «¡Ah! ¿Ése era el que anduvo buscando?»

Entonces, era una cosa muy delicada. Yo llegué a la conclusión de que no podía ser un actor identificable, que no podía ser un hombre guapo, tenía que ser algo más original, mucho más inesperado.°

De hecho, empezamos a filmar la película, sin que existiera Carmelo. Creo que nos echamos° una semana y media de rodaje, sin que hubiera actor. Ya me estaban dando nervios;° claro que su parte se filmaba en México; primero fuimos al puerto de Veracruz, teníamos cuatro semanas de rodaje allá y para buscar a Carmelo.

Pero [era] chistoso porque, además, en la película nos sucedía lo que sucede en la historia, estábamos en Veracruz, María y yo, buscando a nuestro Carmelo, pero no había tal Carmelo.

Platícame un poco sobre la preparación del guión.

Hicimos el guión Beatriz y yo, te digo, en un tono muy lúdico, muy juguetón,° pero en cuanto el guión estuvo formado, empezamos a platicarlo con María [Rojo], empezamos a ir a los salones de baile juntas las tres, luego, Beatriz ya no tanto.

Empezamos a grabar video, a tomar clases de danzón, a conocer danzoneros, a ir a los clubes. María fue mi cómplice perfecta porque enloquecimos y nos metimos en ese patín,° pero nunca dimos con Carmelo.

Entonces, al principio del rodaje, allá en Veracruz, María y yo seguimos buscándolo; entrevistamos a bastantes bailarines y nosotras bailábamos danzón a la primer provocación, pero sin hallarlo.°

Y el primer fin de semana que tuvimos libre, había un baile de los estibadores en los muelles. Fuimos María y yo solas al baile.

Estábamos ahí y de repente entró un señor... Entra saludando muy elegantemente a la gente que estaba ahí. María y yo nos quedamos viéndolo; incluso, cantó un par de canciones. Preguntamos por él. Nos dijeron que era un líder de los estibadores, un tipo mulato, de edad. Le dije a María: sácalo a bailar.

María lo sacó a bailar, ella iba tan guapa y él muy halagado° aceptó; no sé si la reconoció como actriz, pero se veía que era un tipo presumidón,° entonces, estuvo encantado bailando con María.

charm

se... he became
que... whose image can fade

al... seeing him again

unexpected

nos... we spent
me... I was getting nervous

lúdico... fun, playful

enloquecimos... we went crazy and really got into it

finding him

flattered
overconfident, vain

Ella de lejos me hacía señas° confirmando que era Carmelo, y yo le afirmaba. El hombre debió pensar° que estábamos locas.

Por fin, me acerqué° y le dije que estábamos haciendo una película.

Pensó que estábamos inventando, de momento° ni lo creyó, luego se dio cuenta que era cierto; lo invitamos al rodaje para hacer pruebas con cámara.

Mientras filmábamos las escenas de Veracruz, en los ratos libres, entre las once y dos y media de la madrugada, hicimos pruebas con él y la cámara, para que fuera perdiendo la timidez,° sobre todo, vimos que efectivamente° como bailarín de danzón era maravilloso.

Hasta de repente, tuve la tentación° de hacerlo cantar en la película, porque lo hacía lindísimo, y daba más el aire° de aquel hombre nostálgico que cantaba en el cine de los cuarentas,° pero le dije a María Rojo: ya es mucha locura,° ¿no?

Pero bueno, lo pusimos a bailar mucho con María; terminábamos el rodaje y Daniel estaba listo para ensayar° un rato, porque les quedaban unos días más para sus escenas.

El buen baile de danzón son parejas que se acoplan,° no se improvisan como hice en la película. Entonces, ellos empezaron a bailar y bailar para trabajar, poco a poco, sus personajes.

Ya después, cuando habíamos terminado rodaje en Veracruz, nos lo trajimos a México y filmamos las escenas en los salones de baile. Pero realmente, Carmelo se nos apareció....

¿Cuándo caíste en cuenta° que Julia era telefonista?

Casi al principio. Teníamos una amiga, Beatriz y yo, que ahora es periodista y escritora, Carolina Velázquez, que había trabajado en Teléfonos de México.

Mi hermana había platicado con ella de sus experiencias como telefonista. En el momento en que empezamos la película, ella trabajaba todavía ahí.

Pero por las anécdotas que contaba sobre el mundo de su trabajo, nos encantó, porque, además, es el viejerío° total. Carolina incluso me metió° un par de veces. Como soy demasiado alta para pasar por telefonista nacional, me fabricó una personalidad, como si yo fuera operadora de 09, que son las operadoras bilingües.

Éstas son las más raritas de Teléfonos, como son bilingües, les dicen las güeritas,° las apretadas.° Entonces, así entré para convivir, ver cómo era el ambiente y me fascinó.

Realmente, yo tenía para la película muchas más expectativas° de todo este mundo de las telefonistas; en el guión, teníamos escritas más escenas, además, reflexiones sobre el sindicato.°

Todo era más amplio,° pero desafortunadamente, teníamos previsto° tres días de rodaje ahí, pero al primer día de filmación, se desató° una campaña contra la película, a través de un rumor que decía que la película trataba denigrantemente° a los empleados de la institución.

---

signals

debió... must have thought

me... I went up

de... at first

para... so he would get over his shyness / truly

Hasta... At one point I was even tempted / appearance

1940s

ya... that's too crazy

rehearse

se... are paired

caíste... did you realize

bunch of women, colloquial / me... got me in

blondies, fair ones / prissy ones

expectations

union

broad, extensive / foreseen, planned / se... was unleashed

in a degrading way

Muy del medio de viejas juntas,° que luego, nos ponemos medias locas. Empezaron a decir que la película trataba la historia de una prostituta que también trabajaba de telefonista en sus ratos libres.

Por más que° les dimos el guión y explicamos que no era así, el rumor nos rebasó.° Yo no supe si había sido un rumor alimentado,° porque había cierta reticencia a que filmáramos, no sé si por parte de la empresa° o del sindicato.

El caso es que nos boicotearon el rodaje, con mucho trabajo terminamos ese primer día, y no nos dejaron, al siguiente, entrar a las instalaciones para seguir filmando.

¿Qué medidas tomó la producción?

Tuvimos que reescribir, reducir mucho el mundo de las telefonistas y simular un par de escenas como si ocurriera [sic] en Teléfonos, pero haciéndolas en otro lado, como la escena de los lockers, donde se reúnen antes o después de hacer su turno.°

O en los dormitorios.

Ésa tuvimos que reescribirla, reducirla y salvar un poco de lo que ya habíamos filmado, cuidando la articulación de la historia, pero ahí, perdió mucho la película, porque las mismas telefonistas nos bloquearon, ¿no? Muy curioso...

Al final, vuelve Julia a la realidad; el corte de cabello de su amigo que lo hace verse más joven pone fin a su romance. ¿Es incapaz Julia de amar sin sentir culpa?

...La culpa es un rasgo° femenino muy fuerte, es parte de la formación de las mujeres... La manera que se nos pasa la estafeta° de la culpa, de una generación a otra, es brutal. Es, quizá, una de las cosas contra las que más me rebelo, y de las que más noto que las mujeres, en nuestras diferentes condiciones, con nuestras diferentes opiniones y elecciones, tenemos que luchar constantemente.

Entonces, yo creo, que sí es un rasgo que siempre exploro de la mujer. Pero no sé, desde mi punto de vista, Julia al dejar el joven, no lo hace por una sensación de culpa. Lo hace porque cuando él se corta el pelo, lo ve chiquito, simple y sencillamente...

El viaje de Julia al puerto la acerca al otro sexo con la aparición del Travestí. ¿También tiene prejuicios ante el tercer sexo?

Yo no creo que tenga prejuicios, porque está abierta, escucha. Tiene una formación social, pudorosa y convencional de clásica mexicana, hasta que no le dicen que es artista le cae el veinte.°

Yo creo que Julia es un personaje formado dentro de una sociedad con mil estupideces, mil cortapisas;° esto debe ser así, esto no; lo propio es esto: la falda se usa hasta aquí, una mujer mayor no puede bailar con un hombre más joven, se ve° mal.

Muy... Very much in the midst of a bunch of women together

Por... No matter how many times
nos... was too much for us / fed (by someone) / company

shift

trait
mailpouch

hasta... she doesn't wise up until they tell her he's an actor

restrictions

se... it looks

En fin, está llena de esas cosas su cabecita, pero la Julia verdadera, la Julia que está adentro, es un ser generoso y abierto. Es abierta a la loca de su amiga Silvia, que igual anda con un chavo joven que con uno casado. Desde ahí, vemos que Julia le dice que no hace bien, pero la acepta. Julia, nada más, necesita que la empujen° tantito para romper esos prejuicios que le inculcaron, porque son totalmente artificiales.

push

Entonces, claro, ve al Travestí y se da cuenta que no es una señora normal, o sabe que es un hombre, no sé como lo interprete, pero evidentemente, no sabe cómo reaccionar. Y en el momento en que le dicen: somos artistas, ya no hay bronca° para ella... es un ser abierto, fresco y generoso... El colmo de la femineidad la tiene el Travestí, tenía que ser Susi el que más suspirara,° el que más románticamente viviera la búsqueda de Carmelo. Para Susi, es mucho más romántica la búsqueda de este personaje que para la misma Julia.

hassle, problem

sighed

Julia regresa a la ciudad, se reintegra a su mundo familiar y de trabajo, así como a las noches en el salón de baile; finalmente Carmelo reaparece. ¿El danzón, lo ves como una metáfora de las relaciones humanas, con su extraña función de acercamiento°/distanciamento/silencio?

coming close

Sí. Lo veo mucho como esa metáfora entre el hombre y la mujer... Cuando empezamos a escribir, nunca pensamos que iba a ser danzón lo que bailaba el personaje; sabíamos que iba a salones de baile. Yendo después a los salones de baile para escoger mis locaciones, mis actores, mis escenas, observando todo eso, me enamoré del danzón, entonces, dije: No sé en qué se va a convertir,° pero en este momento, lo puedo reflexionar como que así nos relacionamos sexualmente, tiene una carga sexual fuerte.

en... what it will turn into

Los hombres y las mujeres se mezclan de una manera muy contenida,° muy disfrazada,° muy propia, muy llena de reglas, la coquetería de la mujer; ella seduce, el hombre manda, todo eso, refleja perfectamente mi educación sentimental como mexicana, y lo refleja al pie de la letra.°

restrained
disguised

al... perfectly

Yo puedo oír hablar a mi abuelita o a mi mamá, aunque hayan sido° muy diferentes, pero hay una cierta manera que se me enseñó,° así nos relacionamos las mujeres; el papel del hombre es éste, y el de la mujer, este otro.

hayan... they may have been
se... I was taught

Bueno, y el asunto de los danzoneros, según ellos dicen: en el baile y en la vida, el hombre manda y la mujer obedece.° Entonces, yo, claro trasponiéndolo° a mi generación y a mi vida dije: en el baile sí pero en la vida ya no, y en la película es un poco eso: Julia en el baile obedece, sigue a su pareja, pero en la vida es dueña de sí misma.°

obeys
transplanting it

es... she's her own boss

Preguntas

1. ¿Cómo iba a ser el personaje de Carmelo cuando Beatriz y María estaban trabajando en el esquema de la película, al principio? ¿Qué pasó después?

2. Según María Novaro, ¿cómo se ven los personajes masculinos de *Danzón*?

3. Según un artículo de *Cahier du Cinéma*, una publicación francesa, ¿qué representaba el personaje de Carmelo? ¿Cómo afectó a Novaro este análisis?

4. ¿Por qué no querían que Héctor Bonilla hiciera el papel de Carmelo?

5. ¿Qué buscaban María Novaro y María Rojas en Veracruz? ¿Por qué fue irónico eso?

6. ¿Dónde encontraron a Daniel Rergis, el actor que hizo el papel de Carmelo? ¿Por qué lo escogieron? ¿Cómo es él, como persona?

7. ¿Quién es Carolina Velázquez y qué papel hizo en la creación de la historia? ¿Qué clase de trabajo le consiguió a Novaro?

8. Según Novaro, ¿cuál es un rasgo femenino muy fuerte? ¿Qué opina de esta característica: qué deben hacer las mujeres?

9. ¿Por qué deja Julia a Rubén, el chico de Veracruz, según la directora?

10. ¿Tiene Julia prejuicios ante el «tercer sexo»?

11. ¿Por qué no filmaron tres días en Teléfonos de México, como habían pensado?

12. ¿Qué personaje vivió más románticamente la búsqueda de Carmelo?

13. Cuando empezaron el rodaje, ¿sabían María y su hermana Beatriz que los personajes principales iban a bailar danzón? ¿Por qué escogieron el danzón?

14. Según Novaro, ¿sigue Julia a su pareja cuando baila? ¿y en la vida?

CAPÍTULO 5

María llena eres de gracia

Presentación de la película:
María Álvarez tiene diecisiete años y vive en un pueblito colombiano. Es una muchacha inteligente, impulsiva y decidida *(determined)* que no está satifecha con su vida sin perspectivas *(prospects)*. Además, se encuentra en una situación difícil. Cuando se le presenta la oportunidad de ganar una buena suma de dinero transportando cápsulas de heroína en el estómago, María se lanza *(sets off)* a la aventura.

✳ El título de la película viene del «avemaría» *(Hail Mary)*, la tradicional oración católica que empieza «Dios te salve, María, llena eres de gracia, el Señor es contigo, bendita *(blessed)* tú eres entre todas las mujeres y bendito es el fruto de tu vientre *(womb)*, Jesús.»

✳ *María llena eres de gracia*— «basada en mil historias reales»—es el primer largometraje del director y guionista estadounidense Joshua Marston. La película, filmada en español y con actores colombianos desconocidos incluso en Colombia, ha obtenido numerosos premios internacionales, entre ellos el Premio del Público en el Festival de Cine Independiente de Sundance y el Premio Alfred Bauer a la mejor *ópera prima* (primera película) en el Festival de Berlín. ▶

◄ ＊ Joshua Marston es californiano de nacimiento y residente de Nueva York. Antes de estudiar producción de cine en New York University, cursó ciencias sociales en Berkeley, dio clases de inglés en Praga, trabajó como periodista (en París, para la revista *Life,* y para *ABC News* durante la primera Guerra del Golfo) y estudió ciencias políticas en Chicago. Aparte de *María llena eres de gracia,* Marston es el director de tres cortometrajes—*Bus to Queens* (1999), *Voice of an Angel* (2000), *Trifecta* (2001) —y de un episodio de la serie televisiva «Six Feet Under» (2001).

＊ *María llena eres de gracia* es la primera película de Catalina Sandino Moreno, escogida por Marston entre 800 candidatas para personificar a su María. Por este trabajo, Catalina Sandino ganó el Oso de Plata a la mejor actriz en el Festival de Berlín, compartido *(shared)* con Charlize Theron, y fue la primera colombiana en recibir una nominación al Oscar a la mejor actriz. La novata *(newcomer)* bogotana (de Bogotá), que se puso a estudiar teatro para vencer *(overcome)* la timidez, fue elegida por la revista *Time* entre las diez mejores actrices de 2004. ■

Preparación

Vocabulario preliminar

Note:

In parts of Colombia people use *usted* even with family members, close friends, and sweethearts. See also the information on the *vos* form, page 18.

Cognados		
el estómago	la mula	la rosa
la foto	los rayos X	

El trabajo	
el camello	*(colloquial) job*
el cultivo	*plantation*
la flor	*flower*
la plata	*money*
renunciar	*to resign, quit (one's job)*

El nacimiento y la muerte	
el bebé	*baby*
el chino	*(colloquial) kid, baby*
el cuerpo	*body; cadaver*
ir del cuerpo	*to do one's business (euphemism)*
embarazada	*pregnant*
enfermarse	*to get sick*
morirse (ue)	*to die*
los preparativos	*preparations, arrangements*

El tráfico de drogas		Otras palabras	
la aduana	customs	amar	to love
entregar	to deliver	asustar(se)	to frighten (to be frightened)
hacer daño	to hurt	dejar	to allow
la pepa	pellet (literally, seed, pit or stone of a fruit)	la dirección	address
		el pasaje	ticket
tragar	to swallow	probar (ue)	to prove
		la prueba	test
		quedarse	to stay
		quedarse con	to keep (something)
		regresar	to return, go back
		de regreso	back
		reventarse (ie)	to burst
		el tipo	guy
		tratar (tratar de)	to treat (to try to)
		volarse (ue)	(colloquial) to run off

A. Un nuevo bebé. Complete el mensaje de correo electrónico con palabras de la lista.

aman	embarazada	plata
camello	estómago	preparativos
chino	flores	quedarse
dirección	foto	regresa

Querida Alicia:

Le tengo una buena noticia. ¡Gloria está (1) _____ ! Está bien, pero algo delicada del (2) _____ . Siente náuseas a veces por la mañana. Ella y Ricardo están muy contentos. ¡Se (3) _____ tanto! Están muy ocupados con los (4) _____ para la llegada del (5) _____ . La madre de Ricardo va a (6) _____ con ellos para cuidarlo. Así Gloria no tendrá que renunciar a su (7) _____ en el cultivo de (8) _____ . Qué bien, ¿verdad? Van a necesitar la (9) _____ ahora más que nunca. Cuando llegue el bebé le mando una (10) _____ . ¿Cuál es su (11) _____ de correo postal? Cuénteme cómo le va allá en Nueva York. ¿Cuándo (12) _____ a Bogotá?

Un abrazo muy fuerte,
Silvia

B. **Las mulas de drogas.** Subraye la frase o palabra más lógica.

1. (Una prueba / Una mula / Un pasaje) es una persona que pasa de contrabando sustancias ilícitas.

2. Muchas mulas tragan (pepas / pasajes / rosas) de heroína y las transportan en el estómago.

3. Cuando en la aduana sospechan que una persona lleva drogas en (la pepa / el tipo / el cuerpo), pueden hacerle una prueba de rayos X.

4. Si se revienta una pepa en el estómago, la mula se enferma y, a menos que reciba asistencia médica a tiempo, se (asusta / muere / vuela).

5. Si una mula no (trata / traga / entrega) todas las pepas después de llegar a su destino, pueden hacerles (daño / fotos / una prueba) a sus familias.

Antes de ver la película

A. **El narcotráfico internacional**

1. ¿Qué sabe de la situación actual (presente) en Colombia? ¿Le gustaría pasar allí sus próximas vacaciones? Explique.

2. ¿Ha visto usted alguna película que trate el tema del narcotráfico? ¿Cuál? ¿Hay en ella personajes colombianos? Descríbala.

3. Según su opinión, ¿qué clase (kind) de persona trabaja como mula de droga?

B. **Los personajes.** Lea los nombres y las descripciones de los personajes. Después de ver la película, empareje cada personaje con su descripción.

_____ 1. compañero de trabajo de María y Blanca   a. María

_____ 2. líder de la comunidad colombiana de Nueva York   b. Diana

_____ 3. esposo de Carla   c. Pacho

_____ 4. personaje principal, una joven insatisfecha   d. Juan

_____ 5. hermana de María   e. Blanca

_____ 6. hermana mayor de Lucy   f. Felipe

_____ 7. hijo de Diana   g. Franklin

_____ 8. mejor amiga de María   h. Javier

_____ 9. mula que ha hecho dos viajes a Nueva York   i. Lucy

_____ 10. hombre mayor, narcotraficante   j. Carla

_____ 11. novio de María   k. Pablo

_____ 12. joven sofisticado, primo de Felipe   l. don Fernando

Investigación

Busque información sobre uno de los temas que siguen.[1]

1. el fenómeno de las mulas en el tráfico de drogas
2. el Plan Colombia
3. la comunidad colombiana de Nueva York
4. Orlando Tobón, «el angel de las mulas» y «el alcalde de la pequeña Colombia» (don Fernando en la película, interpretado por Orlando Tobón)
5. los narcocorridos mexicanos en Colombia

Note:

Your instructor may ask you to read over the questions in the section **Exploración** before you see the film, in order to improve your understanding of it.

Exploración

A. **¿Por qué?** Explique por qué pasan estas cosas.

> *Nota:*
> La madre de María y Diana se llama Juana y los dos tipos que recogen a las mulas en el aeropuerto se llaman Wilson (el alto) y Carlos.

1. María renuncia a su trabajo.
2. María no acepta casarse con Juan.
3. María discute con Juana y Diana en la farmacia.
4. María y Blanca salen corriendo del hotel en Nueva Jersey.
5. Don Fernando llama a la policía.
6. María y Blanca les entregan las pepas a los dos tipos.
7. María le da dinero a don Fernando.

B. **¿Qué pasa?** Explique lo que pasa después de que ocurren estos hechos.

1. María llega a la casa de Lucy.
2. Lucy se enferma en el avión.
3. María, Blanca, Lucy y otra mula llegan a la aduana en Nueva York.
4. María entra en una clínica.
5. Carla recibe una llamada de don Fernando.

---

1   The **Investigación** sections suggest topics related to the movie that you may want to find out more about.   Your instructor may assign these to individuals or groups and have them report the information to the class.

Análisis y contraste cultural

Vocabulario

Expresiones regionales[2]		Otras palabras	
bacano(a)	good, excellent, marvelous	aguantar	to withstand, put up with
		ahorrar	to save (money, time, etc.)
Camine.	Come on.	el/la bobo(a)	fool
¿Cómo así?	What do you mean?	bajarse	to get down; to get out or
¿Entonces qué?	What's up?		off (a car, plane, etc.)
Hágale pues.	Go for it. Come on. All right then.	callarse	to be quiet
		conseguir (i)	to obtain
el/la man	guy (girl)	importar	to matter
el/la parce	close friend	¿Qué le importa?	What's it to you?
quiubo (qué hubo)	hi	la llamada	(telephone) call
la vaina	problem; thing, matter	merecer(se)	to deserve
Ya va.	I'm coming.	la parte (ir a otra parte)	place (to go somewhere else)
		Le va a tocar…	You'll have to…
		pedir disculpas	to apologize
		preocuparse	to worry
		el rollo (de fotografía)	roll (of film)
		seguir (i)	to follow
		sentir(se) (ie)	to feel (emotion)
		subir(se)	to go or come up; to get in or on (a car, plane, etc.)
		Tranquilo(a).	Don't worry.

A. En Colombia. Complete las oraciones con palabras de la lista.

aguantar	calla	parte	rollos
boba	disculpas	preocupa	sube

1. Diana se _____ porque su hijo anda mal del estómago.

2. María no quiere ir con Juan a la casa de ella; quiere ir a otra _____ .

3. María _____ al techo (roof) y Juan le dice que baje.

4. Diana dice que María es una _____ por renunciar a su trabajo.

5. Diana insulta a María y ésta le responde, «¿Por qué no se _____ ?»

---

2   These terms are not used exclusively in Colombia—
    some are heard elsewhere as well.

6. María no quiere pedirle _____ a su supervisor.

7. María dice que en el trabajo la tratan mal y no tiene por qué _____ esas vainas.

8. Javier le da a María unos « _____ de fotografía» que se van a «revelar» (*develop*) en Nueva York.

B. En Estados Unidos. Complete las oraciones con palabras de la lista.

ahorrar	llamada	siente	tranquila
importa	merece	sigue	

1. Cuando Lucy se enferma, María le dice, « _____ . Apenas lleguemos le vamos a conseguir un doctor.»

2. Los agentes de la aduana no creen que María haya podido _____ tanto dinero.

3. A los dos tipos no les _____ que Lucy esté gravemente enferma.

4. María hace una _____ a Colombia y habla con su abuela.

5. Blanca _____ a María por todas partes.

6. En la clínica, María se _____ feliz al ver a su bebé y escuchar su corazón.

7. María les dice a los dos tipos que Lucy _____ un entierro digno (*decent burial*).

C. De otra manera. Para cada palabra o frase subrayada, dé una palabra o frase de la lista «Expresiones regionales».

1. Es un trabajo <u>excelente</u>.
2. <u>Venga</u>, yo la llevo a Bogotá.
3. <u>¿Qué quiere decir</u>? Yo no la entiendo.
4. Conozco un <u>tipo</u> que lo organiza todo.
5. Pues <u>va a tener que</u> irse solito.
6. ¿Por qué debía aguantar esas <u>cosas</u>?
7. ¿Sabe qué, <u>amigo</u>?
8. <u>¿Qué pasa</u>?
9. <u>Hola</u>, Abuelita, ¿cómo está?
10. <u>Está bien</u>, vamos a bailar.
11. Espere, <u>ya voy</u>.

Notas culturales

En décadas recientes Colombia ha sufrido, y todavía sufre, un conflicto armado interno entre el ejército, grupos insurgentes y fuerzas paramilitares contrainsurgentes ilegales. Muchas veces, los insurgentes y los paramilitares recurren *(resort)* al tráfico de drogas ilegales y a los secuestros *(kidnappings)* para financiar sus operaciones. Operan en remotas áreas rurales y a veces crean problemas de comunicaciones entre regiones. Debido a la inestabilidad política en Colombia, Marston tuvo que mudar el rodaje a Ecuador.

La industria de las rosas en la que trabajan María y Blanca es una de las industrias promocionadas por agencias de asistencia estadounidenses como alternativa a la producción de la coca.

Temas de conversación o composición

Discuta con sus compañeros los temas que siguen.[3]

1. el título (¿Cómo interpreta usted el título? ¿Está llena de gracia María? ¿En qué momentos o circunstancias? ¿Tiene algo en común este personaje con la Virgen María?)

2. el cartel (En el cartel que anuncia la película se ve una mano masculina administrando una cápsula de droga como si fuera una hostia *[communion wafer]* y a María en actitud de recibir la comunión. ¿Cómo lo interpreta usted?)

3. la explotación laboral (¿Se explota a los trabajadores del cultivo de flores? ¿Se les expone al peligro? ¿y a las mulas?)

4. los narcotraficantes (¿Qué clase de persona es Javier? ¿y Franklin? ¿y los dos tipos que recogen a las mulas en el aeropuerto y las llevan al hotel? ¿Son personajes estereotipados o no?)

5. el personaje de María (¿Qué clase de persona es? ¿Sabe lo que quiere, o sólo lo que no quiere? ¿Contribuye de alguna manera a crear sus propios problemas? ¿Por qué decide viajar de mula? ¿Es que no tiene opciones, o sí

3   Your instructor may ask you to report back to the class or write a paragraph about one of the topics.

las tiene? ¿Sabe bien el peligro que corre? ¿Por qué decide ir a casa de la hermana de Lucy, según su opinión? ¿Se vuelve más madura [mature] como consecuencia de sus experiencias? ¿Por qué no regresa con Blanca a Colombia?)

6. el personaje de Blanca (¿Qué clase de persona es? ¿Por qué decide viajar de mula? ¿Por qué sigue a María? ¿En qué ocasiones discute con ella? ¿Se vuelve más madura como consecuencia de sus experiencias? ¿Por qué no se queda con María en Nueva York?)

7. el personaje de Carla (¿Qué clase de persona es? ¿Por qué no fue Lucy a visitarla en las primeras dos ocasiones que estuvo en Nueva York? ¿Es fácil para Carla la vida en Nueva York? ¿Extraña [Does she miss] a su familia en Colombia? ¿Qué le envía a su familia? ¿Por qué no regresa a su país?)

8. el personaje de don Fernando (¿Qué clase de persona es? ¿En qué ayuda a María, a Blanca y a Carla? ¿Ayuda también a otros inmigrantes colombianos?)

9. el realismo (¿Le parece demasiado crudo [raw] el realismo de la película en algunos momentos? ¿Tiene elementos de documental [documentary]? ¿de melodrama?)

10. el suspense (¿Puede considerarse la cinta como película de suspense [thriller]? ¿Cuáles son los momentos de mayor tensión? ¿Cómo se crea el suspense?)

Una escena memorable

¿Quiénes son estos personajes? ¿Cuál es la relación entre ellos?
¿Dónde están y por qué están allí? ¿Qué pasa después en la farmacia?

Hablan los personajes

Analice las siguientes citas, explique de quién son y póngalas en contexto. (Para una lista de los personajes, ver el ejercicio B en la sección «Antes de ver la película».)

1. «¿Por qué no piensa en la familia?»

2. «Al menos ese trabajo es decente.»

3. «No me voy a ir para ningún lado y usted lo sabe.»

4. «A mí no me va a tocar nada.»

5. «Es un trabajo de mula.»

6. «¿Te asustas fácil?»

7. «Eso... es demasiado perfecto. Todo es recto.»

8. «Tenemos que regresar. »

9. «Por favor, necesito saber el nombre de tu amiga y una dirección en Colombia.»

10. «Ustedes dos ya están entrenadas.»

11. «Me duele mucho decirlo, pero es la verdad.»

12. «Se ve linda. No entiendo por qué no me dijo algo. Se alejó mucho de mí.»

Hablando de la cultura...

La arepa es una típica comida colombiana que consiste en una torta (cake) de maíz frita o asada (grilled) sin relleno (filling) o con relleno de huevo o queso blanco. Es el equivalente de la tortilla mexicana y está presente en casi todas las comidas. Durante la escena en la que María le revela su embarazo a Juan, los dos comen arepas. En el barrio colombiano de Queens también se pueden comprar; María come una arepa antes de entrar en la clínica donde se hace una revisión médica.

Hablan los críticos y los directores

«La película, merced a su temática (thanks to its subject matter), admite (allows) una lectura ideológica molesta (irritating), el sueño americano como alternativa única a la marginalidad latinoamericana.»

—Fausto Nicolás Balbi, *María llena eres de gracia,*
http://www.cineramaplus.com.ar.

¿Considera usted que la película presenta el sueño americano como única alternativa para los latinoamericanos marginados?

«Lo interesante es que el realizador *(director)* no juzga *(judge)* a los personajes ni tampoco la trama *(plot)* es un manifiesto contra la industria del tráfico de drogas.»
—**Hugo Zapata,** *María llena eres de gracia,*
http://www.cinesargentinos.com.ar.

¿Está usted de acuerdo? ¿Cree usted que el director no juzga a los personajes? El filme ¿es o no es un manifiesto político contra el tráfico de drogas?

«…la película es perfecta para todo el que quiera huir *(those who want to avoid)* del típico cine 'made in Hollywood'. Cine comprometido *(committed),* basado no en historias reales sino en miles de historias ciertas vividas por cientos de mujeres en América Latina.»
—**María Teresa Montero,** *«María llena eres de gracia,»*
un descenso al infierno del narcotráfico,
http://www.elmundo.es

¿Cómo son las típicas películas de Hollywood que tratan el tema de las drogas? ¿Qué elementos abundan (son abundantes) en ellas que están ausentes *(absent)* en *María llena eres de gracia*? ¿A quiénes se glorifica en esas películas? ¿De quién es el punto de vista que se adopta en ellas? ¿Y en *María llena eres de gracia*? ¿Comprende usted a las personas que huyen de las películas de Hollywood? ¿Conoce usted alguna película de Hollywood que sea comprometida?

«Mi deseo fue mostrar quién es una 'mula', humanizar esta figura para que entendamos que el narcotráfico no es un problema militar sino social y económico.»
—**Joshua Marston, citado** *(quoted)* **en Rocío Ayuso,** *María llena eres de gracia» mira lado humano de narcotráfico en español,*
http://br.starmedia.com

¿Logró el director su objetivo de humanizar la figura de la mula? ¿Demuestra la película de forma convincente que el narcotráfico es un problema social y económico?

Más allá de la película

Rafael Estefanía: El viaje de María

Ganadora del premio de la audiencia en el Festival de Sundance y el premio a la mejor actriz en el Festival de Venecia, *María llena eres de gracia* es el viaje de una muchacha de diecisiete años desde Colombia a Nueva York. Ahora aspira al Oscar.

Catalina Sandino da vida a la protagonista María Álvarez, una joven que se gana la vida trabajando en una plantación de flores en un pueblo de Colombia. Cuando los problemas familiares y económicos se hacen insoportables° María decide hacer de «mula», transportando «pepas», bolas de heroína envueltas° en látex, en su estómago. El film es un crudo relato° de un viaje en el oscuro mundo del tráfico de droga y del nivel° de desesperación que hacen que muchos jóvenes lo vean como una opción aceptable.

unbearable

wrapped

crudo... raw tale / level

Rafael Estefanía habló con la protagonista Catalina Sandino y con el director, el estadounidense Joshua Marston, durante el Festival de Cine de San Sebastián, en España.

Joshua, siendo estadounidense y viviendo en New York, ¿como se interesó en una historia como ésta en primer lugar?

Viviendo en Brooklyn es imposible no ser consciente de lo que ocurre entre los inmigrantes. Un día por casualidad° conocí a una colombiana que me contó que había venido a los Estados Unidos de mula, trayendo droga en «pepas», bolas del tamaño° de un dedo, dentro de su estómago. Me quedé fascinado por la historia, fue muy impactante, porque aunque había oído sobre las mulas, nunca antes me había puesto en la piel° de la persona que hay detrás de la mula. A partir de ahí empecé a escribir un guión, y fueron dos años y medio de investigación;° hablé con gente en Estados Unidos y Colombia que había viajado de mula, pasé una semana en el aeropuerto de New York con la aduana y viajé a Colombia para ver una plantación de flores que es donde trabaja la protagonista.

por... by chance

size

skin

research

En ese momento alguien me habló de Orlando Tobón, al que llaman «el ángel de las mulas», también conocido como «el alcalde° de la pequeña Colombia.» Este hombre vive en New York desde hace treinta y cinco años, trabajando con la comunidad colombiana y recogiendo fondos° para repatriar los cuerpos de las mulas que murieron en el viaje. En los últimos veinte años ha mandado de vuelta a Colombia más de 400 cadáveres de mulas. ¡Es impresionante! Así que decidí incluir su historia en el guión y le di un papel a Orlando Tobón en el que se interpreta a sí mismo en la película.

mayor

recogiendo... collecting funds

¿Es el fenómeno de las mulas tan común como aparece en la película?

Según las estadísticas, el año pasado en el aeropuerto de JFK arrestaron a 150 personas tratando de entrar como mulas; si uno piensa que hay

cuatro aeropuertos en Nueva York, las cifras° hablan de una media° de *figures / average*
una persona diaria detenida.° Teniendo en cuenta° que las aduanas sólo *arrested / Teniendo... Keeping in mind*
descubren alrededor de un 10 por ciento de las mulas, estamos hablando de
miles de personas viajando de Colombia a Estados Unidos como mulas.

Catalina Sandino, una de las virtudes° de tu papel de María es que a *virtues*
través de él has contribuido a ponerle «cara» a las mulas.

Sí, totalmente, uno siempre oye en televisión que hay mulas y que son
malas y que están en la cárcel° y eso es bueno. Yo creo que ahoritica al *jail*
ver en esta historia el lado humano de la mula y no sólo visto como un
traficante, la gente va a entender mejor la desesperación y el sufrimiento
que llevan a una persona a hacer algo como esto. A través de la película la
gente va a ver un lado de la historia que no conocía.

Antes de hacer la película, ¿conocía a alguien que estuviera involucrado° *involved*
en el mundo del narcotráfico?

Cuando me dijeron que yo era María, yo no quise hablar con nadie
que tuviera conocimientos de esto porque quería que mi personaje fuera
igual al de la película. María no sabe nada de las drogas y yo tampoco,
entonces entramos las dos juntas, descubrimos este mundo a la vez° y yo *a... at the same time*
creo que eso fue muy importante en la evolución del personaje.

¿Creen ustedes que la historia de María puede ayudar a crear conciencia° *crear... raise awareness*
sobre el problema del tráfico de drogas entre los jóvenes?

Catalina: Ni un libro ni un poema ni tampoco una película va a
cambiar el mundo, lo que creo es que lo que *María llena eres de gracia* ha
conseguido° es sacar el tema a la luz y mostrar la realidad de las mulas tal *achieved*
y como° es. Ahora le toca al público sacar° sus propias conclusiones. *tal... exactly as / le... it's up to the audience to come to*

Joshua: Ya hemos recibido una llamada de un joven colombiano de
diecisiete años que iba a viajar de mula, ya estaba comprometido° y dos *committed*
días antes de viajar fue a un cine en Bogotá, vio la película y cambió de
idea.° Cuando nos llamó nos dijo que había visto la película tres veces y *cambió... changed his mind*
quería agradecernos° porque el ver la película le cambió la vida. *thank us*

Preguntas

1. ¿Cómo se interesó Joshua Marston en el tema de las mulas?

2. ¿Cómo se preparó Marston para hacer su película?

3. ¿Quién es Orlando Tobón? ¿Por qué decidió Marston incluir su historia en el guión? ¿Quién interpreta el papel de Orlando Tobón en la película?

4. ¿Cuántas mulas son detenidas por día en Nueva York? ¿Qué porcentaje de las mulas son detenidas?

5. ¿Conocía Catalina Sandino a alguien que estuviera involucrado en el mundo del narcotráfico antes de hacer la película? ¿Por qué no quiso hablar con nadie que tuviera conocimientos de esto después de ser elegida para hacer el papel de María?

6. ¿Qué ha conseguido *María llena eres de gracia,* según la opinión de Sandino?

7. ¿Cómo le cambió la vida a un joven de diecisiete años el ver *María llena eres de gracia*?

CAPÍTULO 6

Todos somos estrellas

Presentación de la película:
El programa de televisión «Todos somos estrellas» presenta a una familia peruana «modelo» todas las semanas. Un día los Huambachano reciben una noticia que les sorprende mucho: ¡van a ser las «estrellas» de la semana!

✳ Luis Felipe Degregori nació en Lima, Perú, en 1954. Estudió cinematografía en la Escuela de Cine de Moscú. En 1977 regresó a Perú y se dedicó a la producción de cortometrajes: *Daniel A. Carrión* (1977), *El día de mi suerte* (1978) y *Para el día en que muera* (1978). Trabajó con Francisco Lombardi como asistente de dirección y productor asociado en *La boca del lobo* (1988) y *Caídos del cielo* (1990). Entre sus largometrajes están *Abisa* (sic) *a los compañeros* (1977), *Todos somos estrellas* (1993) y *Ciudad de M* (2000).

✳ La película se basa en una historia original de Degregori y Ronnie Temoche… ▸

◀ ✳ *Todos somos estrellas* obtuvo el Gran Premio «Círculo Pre-Colombiano de Oro» en el Festival de Santa Fe de Bogotá en 1993; el Gran Premio «Sur del Mundo» en el Festival de Cine Latinoamericano de Trieste (Italia) y el Primer Premio «Casa de las Américas» en el Festival de Cine de Comedias de Peñíscola, España... ■

Preparación

Vocabulario preliminar

La costura *(Sewing)*	
coser	*to sew*
la costurera	*seamstress, dressmaker*
el forro	*lining, cover (e.g., for furniture)*
la máquina (de coser)	*(sewing) machine*
probarse (ue)	*to try on*
la sastrería	*tailor's shop or business*
el vestido de novia	*wedding dress*

Otras palabras	
arreglar	*to fix*
el asilo de ancianos	*old folks' home, residence for the elderly*
cambiar	*to change*
enterarse	*to find out*
equivocarse	*to be wrong*
pegar	*to hit*
el peinado	*hairdo*
la peluquería	*beauty or barber shop*
pintar	*to paint*
la pintura	*paint*
plantar a alguien	*(colloquial) to stand someone up*

La televisión	
el/la camarógrafo(a)	*camera operator*
el canal	*channel*
el concurso	*contest*
el control remoto	*remote control*
la copa	*cup (e.g., won in a contest)*
la estrella	*star*
filmar	*to film*
el premio	*prize*
el programa (en vivo)	*(live) program*
regalar	*to give as a gift*

A. **Un día de mala suerte.** Escoja las palabras apropiadas para completar el párrafo.

Mi hermana es _____ (1. concurso / costurera) en una _____
(2. sastrería / peluquería). Sabe _____ (3. coser / pintar) muy bien y tiene una
_____ (4. camarógrafa / máquina) muy buena. En el trabajo hace vestidos de
muchas clases, pero se especializa en vestidos de _____ (5. novia / forros).
Desgraciadamente ayer tuvo un problema cuando una señorita llegó a _____
(6. probarse / enterarse) su vestido. La chica había ido a la peluquería y tenía
un _____ (7. peine / peinado) muy exagerado que no le gustaba. Se puso el vestido
y no le quedaba bien. Mi hermana tuvo que _____ (8. arreglarlo / regalarlo) muy
rápidamente porque la boda iba a ser ese mismo día. Más tarde fuimos a la iglesia con toda la
familia para asistir a la boda. Esperamos y esperamos, pero no pasó nada. Finalmente el padre
de la novia hizo un anuncio. Resultó que el novio había _____ (9. pegado /
plantado) a su hija allí en la iglesia. ¡Qué mala suerte!

B. **¡Falta algo!** Escoja la palabra más lógica para completar la frase.

1. Mi padre tiene ochenta años pero nunca lo vamos a mandar…
   a. a un programa en vivo.
   b. a un asilo de ancianos.
   c. a una sastrería.

2. Mi padre me vuelve loca porque siempre tiene el control remoto en la mano y le
   gusta…
   a. cambiar de canal todo el tiempo.
   b. probar nuevas pinturas.
   c. mirar los mismos programas que me gustan a mí.

3. En el concurso de esta semana al ganador le dan una copa y $2.500; además se
   dan…
   a. varias estrellas.
   b. varios problemas.
   c. varios premios.

4. Iba a filmar el concierto de los niños, pero…
   a. me equivoqué de lista.
   b. se me olvidó la cámara.
   c. no tenía control remoto.

Antes de ver la película

A. La televisión

1. ¿A usted le gusta ver televisión?

2. ¿Le gustan programas como «Wheel of Fortune»? ¿«Who Wants to Be a Millionaire?»? ¿«American Idol»? ¿«Deal or No Deal»? ¿«The Bachelor»?

3. ¿Tiene un programa favorito? Descríbalo.

4. En general, ¿qué clase de programas le gustan? ¿Qué clase de programas no le gustan?

B. Los personajes. Lea las descripciones y los nombres de los personajes. Después de ver la película, empareje cada personaje con su descripción.

_____ 1. la madre de la familia   a. Walter

_____ 2. el hijo mayor   b. Alicia

_____ 3. el hijo menor   c. Gustavo (Tabo)

_____ 4. la hija   d. Carmen

_____ 5. la ahijada (goddaughter) de Carmen   e. Nicolás

_____ 6. un hombre que está enamorado de Carmen   f. Julia

_____ 7. la animadora (host) del programa «Todos somos estrellas»   g. Mery Balboa

_____ 8. la asistenta de la animadora   h. Paco

_____ 9. el camarógrafo del programa   i. Rita

Investigación

Busque información sobre uno de los temas que siguen.[1]

1. la economía de Perú en los años noventa

2. Alberto Fujimori, presidente del país entre 1990 y 2000

3. los programas de televisión que se ven en Perú

Note: Your instructor may ask you to read over the questions in the section **Exploración** before you see the film, in order to improve your understanding of it.

---

1 The **Investigación** sections suggest topics related to the movie that you may want to find out more about. Your instructor may assign these to individuals or groups and have them report the information to the class.

Exploración

A. **Motivos.** ¿Por qué quiere estar en el programa «Todos somos estrellas»…

1. Rita?
2. el padre de la familia?
3. Alicia?
4. el hijo de la vecina?
5. Walter?

¿Por qué no quiere participar…

6. Tabo?
7. Nicolás?
8. la abuela?

B. **La historia**

1. ¿Cómo es la familia Miranda, la que aparece en el programa «Todos somos estrellas» al principio de la película?

2. ¿Cómo es la familia Huambachano, en general?

3. ¿Qué hace Carmen, la mamá, para ganarse la vida?

4. ¿Qué dice la abuela que Carmen debe comprar «en vez de pagar tanta academia inútil»?

5. ¿Qué problema tiene Julia?

6. ¿Qué problema tiene Paco, el camarógrafo?

7. ¿Parece contenta Mery cuando llega a la casa de los Huambachano? ¿Por qué le pregunta a Alicia si el agua que le da está hervida *(boiled, purified)?*

8. ¿Por qué quiere ir Walter a Italia?

9. ¿Por qué dice Nicolás que «hoy es un día especial» para él y para Carmen? ¿Por qué le había hablado a Tabo el día anterior?

10. ¿Qué piensa Tabo de Nicolás?

11. ¿Por qué le pide dinero Alicia a Carmen? ¿Adónde quiere ir?

12. ¿Qué problema hay con el vestido de novia?

13. ¿Por qué va Tabo a hablar con Paco y Mery a su oficina?

14. ¿Cómo reacciona Mery cuando se entera de que Nicolás ni siquiera es pariente de la familia? ¿Qué le pasa a Julia?

15. ¿A quién habla Carmen para pedirle que los ayude? ¿Quiere él ayudarlos al principio? ¿Por qué cambia de opinión?

16. Cuando llega el padre de la familia a la casa, ¿quién está allí? ¿Qué les pide Carmen que hagan los dos?

17. ¿Cómo termina la película?

Análisis y contraste cultural

Vocabulario

Las emociones	
la culpa (tener la culpa)	*guilt, fault (to be at fault)*
gritar	*to shout, yell*
harto(a)	*fed up, sick (of something)*
preocuparse	*to worry*
soportar	*to put up with, stand (often used in the negative)*
la sorpresa	*surprise*
sufrido(a)	*long-suffering*

Otras palabras	
brillar	*to shine*
¿Cómo se te ocurre?	*What on earth do you mean? How can you think that?*
engañar	*to deceive, trick*
la ferretería	*hardware store*
el mueble	*piece of furniture*
el payaso	*clown*
planificar	*to plan*
reunido(a)	*together in a group*
Total…	*After all…*

Expresiones regionales[2]	
la carcocha	*old car*
conchudo(a)	*nervy, pushy*
mostro(a)	*great, super*
no pasar a alguien	*to not be able to stand someone*
quedado(a)	*(literally, "left behind") loser, dope*
viejo(a)	*(literally, "old one") term of affection used for a parent; in many places this term can refer to a spouse*

A. Las emociones. Complete las frases con palabras apropiadas de la siguiente lista.

culpa	harta	sufrida
gritó	sorpresa	te preocupes

1. Para la familia Huambachano, ver a Mery Balboa en la puerta fue una gran _____ .
2. Carmen le pregunta a Alicia por qué Tabo le _____ a Nicolás.
3. Mery está _____ del programa y quiere hacer otra cosa.
4. Nicolás dice que no fue su _____ que eligieran a otra familia.

---

2   These terms are not used exclusively in Peru—some are heard elsewhere as well.

5. Carmen tiene muchos problemas pero es una persona bastante paciente
y _____ .

6. «No _____ ; te juro que no es nada» le dice Carmen a Fany cuando
ésta se prueba el vestido.

B.   En resumen. Complete las frases con formas apropiadas de palabras o expresiones de la lista
«Otras palabras». ¡Ojo! Hay que conjugar un verbo.

1. Según la abuela, a Tabo todos los que estudian le parecen _____ .

2. A Rita le gusta _____ pero no trabaja mucho.

3. «¿ _____ ? Es mi padre», dice Paco a Julia cuando ésta le pregunta si
va a mandar a su papá a un asilo de ancianos.

4. En cualquier rincón del Perú « _____ una estrella y esa estrella eres
tú.»

5. Los Huambachano tienen que esconder o tapar *(cover up)* muchos de los
_____ de la casa.

6. Julia piensa que deben seguir con la filmación de los Huambachano:
« _____ ...ya los grabamos *(taped).*»

7. Pero Mery está enojada y dice que la familia Huambachano trató de
_____ los.

8. Nicolás tiene una _____ .

9. Nicolás quiere hablar con Carmen allí en la sala con toda la familia
_____ .

C.   ¿Y en Perú? Para cada palabra subrayada, busque una palabra que se podría oír en Perú.
(Consulte la sección «Expresiones regionales».)

> *Modelo:*
>
> Ése es un <u>sinvergüenza</u>. Quiere pedir prestado mi carro nuevo.
>
> **Ése es un conchudo. Quiere pedir prestado mi carro nuevo.**

1. A mi tío no lo <u>soporto</u>.

2. Mis <u>papás</u> no me dejan salir de noche.

3. <u>Ese automóvil viejo</u> ya no sirve.

4. ¡Qué <u>linda</u> esa cantante!

5. Ese hombre es un <u>perdedor</u>.

Notas culturales

Rita dice que no puede ir a la tienda porque va al aeropuerto a ver a Luis Miguel (y Carmen comenta que cuando ella era chica los cantantes al menos *(at least)* tenían apellido). Luis Miguel es un cantante mexicano de boleros (canciones románticas).

En la película se puede ver la influencia japonesa en Perú. Julia le ofrece a Paco «lo último»: yogurt japonés. El novio de la señorita que se casa es de origen japonés (igual que el presidente de Perú entre 1990 y 2000: Alberto Fujimori). Hay mucha gente de origen japonés en el país.

Se ve en el televisor de la casa de los Huambachano un anuncio para Inka Cola, una gaseosa *(soda pop)* muy dulce de color amarillo. Es una bebida peruana muy popular. La capital del Imperio Inca estaba en lo que es hoy Cuzco, Perú; los peruanos están muy orgullosos *(proud)* de su herencia *(heritage)* incaica.

Temas de conversación o composición

Discuta con sus compañeros los temas que siguen.[3]

1. el título de la película (¿Cómo es el programa de televisión «Todos somos estrellas»? ¿Cómo son las familias que aparecen en el programa? ¿Qué tipo de premios reciben? ¿Por qué será muy popular esta clase de programa entre la gente de clase media o baja como los Huambachano? ¿Hay programas similares en este país?)

2. el personaje de Mery Balboa (¿Cómo aparece en la televisión? ¿Cómo es en realidad? ¿A ella le gusta el programa? ¿Piensa que «en cualquier parte del Perú brilla una estrella»? ¿Cómo trata a los Huambachano? ¿Cómo trata a Julia?)

3. el personaje de Tabo (¿Qué tipo de relación tiene con su abuela? ¿con Walter? ¿Por qué no se lleva bien con Nicolás? ¿Qué piensa él de la familia Miranda, la familia que sale en el programa de Mery al principio de la película?)

4. los cambios que los Huambachano tratan de hacer antes de las siete de la noche (¿Cómo es la casa de ellos al principio? ¿Qué cambios hacen en los adornos, las paredes, los muebles, etc.? ¿En qué gastan mucho dinero? ¿Qué problema tienen cuando Nicolás no quiere participar en el programa? ¿Qué ilusión tiene Tabo acerca de su papá?)

5. la influencia de la televisión en la vida de la gente (¿Qué programas mira Rita? ¿Qué quiere ser ella? ¿Para qué usa el dinero que su mamá le da para las clases de computación? ¿Quiénes pelean *[fight]* por tener el control remoto? ¿Cómo cambia la vida de la familia después de ser elegida para participar en el programa?)

---

3   Your instructor may ask you to report back to the class
    or write a paragraph about one of the topics.

Una escena memorable

¿Quiénes son estos personajes? ¿Dónde están? ¿Tienen algo en común? ¿En qué se diferencian?

Hablan los personajes

Analice las siguientes citas, explique de quién son y póngalas en contexto. (Para una lista de los personajes, ver el ejercicio B, «Antes de ver la película».)

1. «Hoy he pasado un día lindísimo en casa de los Miranda. Realmente da gusto comprobar cómo en nuestro querido y sufrido Perú hay mucha, muchísima gente valiosa, que al margen de las diferencias raciales, sociales, económicas siempre en cualquier lugar, por más grande o chiquito que éste sea, puede estar brillando una estrella.»

2. «Mándalo a trabajar. Ya está grandazo. Ya veo que se va a terminar como su padre.»

3. «Cálmate, Paco, ésas son cosas de la edad. No te preocupes tanto.»

4. «Toda la vida diciéndoles que cuiden, que arreglen, que no rompan. Y vienen dos fulanas (so-and-sos) de la calle y ustedes en dos minutos quieren hasta pintar.»

5. «Mírala a Rita. Todo lo que hay que hacer y ella allí pegada (glued) al teléfono; ah, para planificar y decir que hay que hacer esto y lo otro, allí sí, nadie la gana (outdoes her).»

6. «No me interesa qué asilo sea. Cuando tú seas vieja, ¿te gustaría morirte rodeada de (surrounded by) gente que ni conoces?»

7. «Mirá, Tabo, tú ya eres un hombre hecho y derecho (a grown man). Entiendo tu reacción de ayer… Yo también he sido joven. Pero quiero que comprendas que todas las personas tienen derecho a ser felices, incluso nuestros padres.»

8. «Todos los hombres son unos quedados.»

9. «Acá no le hacemos la fiesta a los pobres ni regalamos cocinas a querosén (kerosene stoves).»

10. «No será el único en esta vida que no conoce a su padre. Mirá, Carmen, ya estamos grandes para estos jueguitos. Yo tengo otra clase de problemas.»

11. «Claro que ahora yo tendría mis pasajes en avión. Rita habría actuado como una estrella, y el peinado de Alicia se hubiera visto en todo el Perú... Cuando ya todo pasó me di cuenta que la verdad, Alicia, así sin peinado, me gustaba más.»

Hablando de la cultura...

Paco, el camarógrafo, tiene un problema muy grande: su padre, que vive con él, tiene mal carácter. Su esposa se va de la casa con los hijos y le dice que no va a regresar mientras su padre siga viviendo allí. Quiere que lo mande a un asilo de ancianos. Pero en Perú, como en otros países hispanos, los ancianos normalmente viven con sus hijos y comparten la vida familiar. ¿Sufre Paco cuando tiene que tomar una decisión sobre su papá? Cuando Paco le dice a Tabo, «¿Qué querías, que te den un premio porque tu papá desapareció hace años?», ¿cómo reacciona Tabo? ¿Qué ironía hay en esa escena?

Hablan los críticos y los directores

«*Todos somos estrellas* muestra un día en la vida de una familia de clase media empobrecida a la que se le anuncia la participación en un programa televisivo que escoge al azar *(at random)* a quienes considera un modelo de familia. La crítica a la televisión o el retrato humorístico-irónico de la familia están atemperados, privándoseles *(taking away)* del posible filo *(edge)* que pudieron tener.»

—http://www.cinemateca.org

¿Habría sido mejor la película si hubiera tenido un «filo» más agudo *(sharp)*, o sea, si hubiera sido más sarcástica?

Más allá de la película

Entrevista con Néstor Cuba

[Entrevistamos a Néstor Cuba, de Lima, Perú, en enero de 2006.]

¿Qué piensa usted de la película *Todos somos estrellas*, en general?

Muestra la vida cotidiana° en el Perú de los noventa; tiene muchos elementos típicos de nuestra cultura. Por ejemplo, la abuela vive en casa con la familia. Alicia dice que llegó tarde porque no llevaba su libreta electoral y la necesitaba para identificarse. En el Perú es obligatorio votar, y hay que llevar siempre el documento nacional de identidad (que antes se llamaba la libreta electoral); es como la licencia de manejar en Estados Unidos. Además, el lenguaje es coloquial: se oye «mostro» en lugar de «muy bueno, excelente», «heladasa» en lugar de «fría», «atracó» en lugar de «aceptó», «No te pases» en lugar de «Muestra un poco de educación o cordura», etc. Cuando la abuela dice «¡Qué ocho cuartos!», quiere

daily

decir «¡Es demasiado!» o «¿Para qué tanto problema?» Se oyen muchas expresiones peruanas a través de la película.

¿Hay programas como «Todos somos estrellas» ahora en Perú?

Sí, pero son más escandalosos. Impactan a la televisión de una manera increíble. Hay concursos absurdos, confesiones delante de millones de espectadores... y a veces violencia. Por ejemplo, hay una presentadora peruana que se llama Laura Bozzo, que tiene el programa «Laura en América».

¿Y qué piensa de ese programa?

Me parece que presenta una imagen falsa... Se trata de una desorganización total de lo que es la familia peruana. Por ejemplo, un hombre que se mete° con su sobrina, toda clase de escándalos. La gente hasta se golpea.° La imagen que presenta es horrible y no refleja lo que es ahora la familia peruana, que es de continua lucha° para salir adelante social y económicamente. Laura estuvo presa° en el Perú porque la acusaban de abuso político; no podía salir afuera de su casa y el lugar donde filmaban el show. Pero por lo menos en ese programa sale gente de pocos recursos° económicos. Es lo contrario de lo que pasa en «Todos somos estrellas», donde Degregori presenta primero a una familia rica, que vive en Miraflores, un barrio próspero. Los hijos estudian en la universidad, practican música, etc. En cambio la familia Huambachano vive en Rimac, un barrio pobre.

se... gets involved
hasta... even hit each other
struggle
prisoner

means

¿Muestra de una manera realista la diferencia entre las clases sociales en Perú?

Sí, se nota claramente. Cuando Mery Balboa va a la casa de los Huambachano, sólo le ofrecen agua de caño,° y en el Perú hay que hervir el agua antes de tomarla. Tabo, el hijo mayor, se levanta tarde y ya no hay pan. Sube al techo° para darles de comer a sus pollos... En casa se aprovecha de° todo espacio posible para cultivar legumbres y otras cosas con tal de economizar un poco. Hay bastante pobreza en el Perú todavía. Tenemos tres regiones: la costa, la sierra y la selva. En la sierra y en la selva la gente vive mayormente de lo que produce la tierra. Hay más pobreza en esas regiones. Pero también en la costa, en Lima, hay pobreza, y en la película se ve cómo viven los pobres. La señora Huambachano es la única que trabaja para mantener a la familia...

de... from the tap

roof
se... one takes advantage of

¿Cómo es la situación de la mujer ahora en Perú?

Hay menos machismo ahora en el Perú que antes. Hay más mujeres que trabajan y participan económicamente en sus hogares. Antes estaban relegadas a un segundo plano,° pero ahora las cosas han cambiado. Hay mujeres políticas, mujeres profesionales, técnicas y obreras° calificadas. Y eso se refleja en el ingreso° a las universidades y escuelas técnicas. Mariella Balbi, la mujer que hace el papel de Mery Balboa, es un ejemplo. Hizo un programa de televisión en los años ochenta y noventa. Es muy conocida en el Perú.

class
female workers
entrance

¿Qué clase de programa hizo?

Entrevistaba a políticos y a personajes famosos. Es periodista de profesión. Hacía preguntas directas y serias. Ponía a los políticos en situaciones incómodas° y a veces a los políticos no les gustaba eso. Es una mujer muy impresionante, alta, muy buena para entrevistar. Ha escrito un libro sobre el pisco, el famoso licor del Perú, y otro sobre la comida prehispánica, especialmente la lúcuma, una fruta importante en la cultura pre-Inca.

uncomfortable

En la película, hablan de ir «al chino», que quiere decir *ir a la tienda*. ¿De dónde viene esa expresión?

Hay mucha gente asiática en el Perú, hay muchos japoneses, chinos, coreanos, y muchos se han dedicado a poner pequeños negocios. Así que se dice, por ejemplo, «Voy al chino» para decir «Voy a la tienda.» En el sur, en Chincha en el departamento de Ica, hay mucha gente de ascendencia° africana que tiene sus comidas, su folclore, sus costumbres propias de ellos. También tenemos gente de ascendencia árabe, palestina, judía, etc. Hay muchas razas y culturas. En la sierra todavía se habla quechua, el idioma indígena; mi papá lo hablaba y me lo enseñó, aunque mi mamá no lo hablaba. Y en la selva hay tribus que hablan sus propios idiomas indígenas.

descent

Pienso que esta película refleja° en algún modo la sociedad peruana en términos más o menos reales, aunque, claro, el pueblo peruano ha cambiado desde la época de los noventa y está cambiando todavía.

reflects

Preguntas

1. ¿Cuál es el equivalente de la licencia de manejar estadounidense en Perú?
2. Según Néstor, ¿qué quiere decir «atracó»? ¿«No te pases»? ¿«¡Qué ocho cuartos!?»
3. ¿Qué piensa Néstor del programa «Laura en América»? ¿Que piensa de los programas de televisión con concursos, en general?
4. Según Néstor, ¿muestra la película de una manera realista la diferencia entre las clases sociales en Perú? ¿Qué ejemplos da?
5. ¿Cuáles son las tres regiones principales de Perú?
6. ¿Cómo es la situación de la mujer peruana ahora, según Néstor?
7. ¿Quién es Mariella Balbi? ¿Qué libros ha escrito?
8. ¿Es un país homogéneo Perú, según Néstor?
9. ¿Qué lengua habla Néstor además del español?

CAPÍTULO 7

Diarios de motocicleta

Presentación de la película:

Dos jóvenes argentinos, Ernesto Guevara de la Serna y su amigo Alberto Granado, deciden hacer un viaje por la América del Sur para «explorar el continente latinoamericano que sólo conocemos por los libros». Ernesto es estudiante de medicina y su amigo Alberto es bioquímico. «Así como don Quijote tenía a Rocinante y San Martín tenía su mula», ellos tienen una vieja motocicleta Norton; con ese vehículo, salen de Buenos Aires para ir, primero, al sur. Tienen en común un «incansable amor a la ruta».

✳ Walter Salles, el director de la película, es brasileño (de Río de Janeiro). Sus filmes anteriores incluyen *Central do Brasil (Central Station)* 1998, *O Primeiro Dia (Midnight)* 1998 y *Abril Despedaçado (Behind the Sun)* 2001. *On the Road* saldrá en 2007. Robert Redford fue el productor ejecutivo.

✳ Gael García Bernal (Ernesto) nació en Guadalajara, México, en 1978. A la edad de catorce años actuaba en *Abuelo y yo*, una telenovela. Hizo *Amores perros* en 2000 e *Y tu mamá también* en 2001. En 2002 hizo *El crimen del padre Amaro* e interpretó a Ernesto Guevara en la serie de televisión *Fidel*. Trabajó con Pedro Almodóvar en *La mala educación* (que también salió en 2004, igual que *Diarios de motocicleta*). Habla español, francés, italiano e inglés. ▶

◀ ✴ Rodrigo de la Serna (Alberto) ganó el premio Cóndor de Plata de 2005 de la Asociación de Críticos Cinematográficos de Argentina al mejor protagonista. Ha actuado en varias series de televisión; en 2000 hizo *Nueces para el amor* y en 2001 *Gallito ciego.* Es primo segundo de Ernesto Guevara de la Serna.

✴ José Rivera ganó el premio Goya 2005 al mejor guión adaptado. El guión se basó en los libros *Notas de viaje* de Ernesto Guevara y *Con el Che por Sudamérica* de Alberto Granado. Jorge Drexler ganó el Oscar por la canción «Al otro lado del río» (2005). ∎

Preparación

Vocabulario preliminar

Note:

See the information on the **vos** form on page 18. See also the note about Argentinean pronunciation on page 104.

Cognados			
contagioso(a)	el/la especialista	la inyección	el/la voluntario(a)
el entusiasmo	franco(a)	el tumor	

La medicina	
el asma	*asthma*
el/la bioquímico(a)	*biochemist*
la enfermedad	*disease*
el/la enfermero(a)	*nurse*
la lepra	*leprosy (Hansen's disease)*
el leprólogo (la lepróloga)	*specialist in leprosy*
el leprosario	*treatment center for lepers*
el tratamiento	*treatment*
tratar	*to treat*

La ruta	
la balsa	*raft*
el barco	*ship*
el camión	*truck*
cruzar una frontera (un río, un lago)	*to cross a border (a river, a lake)*
embarcar	*to embark, set out*
extrañar	*to miss*
la lancha	*(small) boat*
partir	*to leave, depart*
el pasaje	*ticket (for a train, bus, plane, etc.)*

Otras palabras	
botar	*to kick out*
el brindis	*toast*
el/la campesino(a)	*someone who works the land*
el/la dueño(a)	*owner*
el guante	*glove*
indígena	*native, indigenous*
mentir (ie)	*to lie*
la mentira	*lie*
el muro	*wall*
el partido	*party (as in politics); game, match*
la regla	*rule*
el terreno	*piece of land*
el tiro	*gunshot*
pegar un tiro	*to shoot, hit (with a gunshot)*
al tiro	*right away (Chile)*

A. **Fuera de lugar.** Para cada oración, indique cuál de las palabras está fuera de lugar y no tendría sentido en el contexto.

> *Modelo:*
>
> A mí no me gusta viajar en avión. Prefiero viajar en (a. pasaje / b. tren / c. barco).
>
> **a. pasaje**

1. Vamos a cruzar el río en _____ (a. balsa / b. lancha / c. camión).

2. ¿Cuándo empezaron el viaje? _____ (a. Embarcamos / b. Extrañamos / c. Partimos) el seis de abril.

3. Mi hijo es _____ (a. bioquímico / b. leperólogo / c. leprosario).

4. Dos enfermedades muy difíciles de tratar en el pasado eran _____ (a. el brindis / b. la lepra / c. el asma).

5. Mi hermano nunca miente y a veces ofende a la gente. Es demasiado _____ (a. simpático / b. franco / c. honesto).

B. **¡Es lógico!** Escoja la respuesta más lógica.

1. ¿Es verdad que los voluntarios tenemos que usar guantes aquí en la clínica?
   a. Sí, las reglas son muy estrictas.
   b. Sí, sólo los enfermeros usan guantes.
   c. Sí, es una mentira.

2. ¿Por qué botaste ese pan?
   a. Porque ya no lo quiero.
   b. Porque es muy bueno.
   c. Porque es para el desayuno.

3. ¿Qué enfermedad tiene ese señor que está allí?

    a. Tiene una inyección.

    b. Tiene un tumor; parece que es cáncer.

    c. Tiene un tratamiento.

C. **Un viaje a Cuzco.** Complete el párrafo con palabras de la siguiente lista.

al tiro	dueño	frontera	Partido
campesino	entusiasmo	indígena	pasaje
contagioso	especialista	muros	terreno

Soy chilena pero tuve la suerte de poder viajar a Cuzco, la antigua capital inca, el verano pasado. Fui a Perú en tren; tenía un (1) _____ que no costaba mucho y quería viajar por tierra para ver los paisajes. Cuando cruzamos la (2) _____ con Perú, un peruano que estaba en el tren reaccionó con mucha alegría. Su (3) _____ fue (4) _____ , y yo también me sentía bien. El peruano, un señor mayor que estaba sentado a mi lado, me enseñó algunas palabras en quechua, la lengua (5) _____ . Me dijo que su padre era (6) _____ o peón y que trabajaba una *chacra*, palabra quechua que quiere decir (7) _____ o «pedazo de tierra». Cuando era pequeño, este señor fue a vivir con su tío a la ciudad, donde pudo estudiar; ahora es (8) _____ de un pequeño negocio. Me invitó a su casa a conocer a su familia. Su hija es médica, (9) _____ en dermatología, y su hijo es secretario del (10) _____ Demócrata Cristiano. Me llevaron a ver la ciudad de Cuzco, que es bellísima. Los (11) _____ y monumentos que los incas hicieron son impresionantes. También aprendí que nosotros los chilenos tenemos fama de decir «po» en vez de *pues* y (12) _____ en vez de *rápido* o *inmediatamente*. Al salir de Chile y viajar empecé a conocer mejor mi propio país.

Antes de ver la película

Los viajes. Conteste las siguientes preguntas.[1]

1. ¿Ha viajado usted alguna vez en moto? ¿en bicicleta? ¿a pie? ¿Adónde? Describa el viaje.

2. ¿Cuál es la peor experiencia que ha tenido durante un viaje? ¿Ha pasado una noche muy mala en una tienda *(tent)* de campaña o en una plaza sin dinero?

3. ¿Ha tenido alguna vez una experiencia estupenda durante un viaje?

4. ¿Le gusta viajar con itinerario fijo o prefiere los viajes «espontáneos»?

5. ¿Cuáles son algunas maneras de despedirse *(say good-bye)* en español?

---

1 Your instructor may ask you to do this exercise with a partner (using the **tú** form of the verbs) and report the information to the class.

Investigación

Busque información sobre uno de los temas que siguen.[2]

1. el papel de Ernesto («Che») Guevara en la revolución cubana de 1959
2. el Che en el gobierno de Fidel Castro
3. la muerte del Che en Bolivia en 1967
4. Francisco Pizarro y la conquista de Perú
5. César Vallejo

Note:

Your instructor may ask you to read over the questions in the section **Exploración** before you see the film, in order to improve your understanding of it.

Exploración

A. **¿Alberto o Ernesto?** Algunas de las siguientes oraciones describen a Alberto y otras describen a Ernesto. Marque **A** (Alberto) o **E** (Ernesto), según el caso.

____ 1. Baila muy bien.

____ 2. Es muy franco y honesto.

____ 3. Le escribe muchas cartas a su madre durante el viaje.

____ 4. Es bioquímico.

____ 5. Lee muy rápidamente.

____ 6. Es el dueño de una motocicleta Norton.

____ 7. Cuida a su compañero cuando tiene ataques de asma.

____ 8. Cruza un río nadando.

____ 9. Cumple 24 años en San Pablo, Brasil.

____ 10. Acepta un trabajo en Caracas, Venezuela.

B. **La historia**

1. ¿Qué sabemos de Ernesto antes de que salga de viaje con Alberto? ¿Qué deporte le gusta? ¿Qué enfermedad tiene? ¿Qué estudia?

2. ¿Qué sabemos de Alberto antes de que salga de viaje? ¿Cuál es su profesión? ¿A qué deporte juega?

3. ¿Por qué van a Miramar? ¿Quién es Chichina? ¿De qué clase social es ella, alta o media? ¿Está contenta la madre de Chichina con Ernesto?

---

2 The **Investigación** sections suggest topics related to the movie that you may want to find out more about. Your instructor may assign these to individuals or groups and have them report the information to the class.

4. El Che le escribe a su madre que aunque los dos viajeros no tienen mucho dinero tienen «un arma secreta: la infalible labia de Alberto». ¿Qué quiere decir?

5. ¿Qué dice el artículo en el periódico de Temuco (el *Diario Austral*) sobre los dos viajeros? ¿Por qué tienen que salir corriendo del baile?

6. ¿Cómo saben las hermanas chilenas que Ernesto y Alberto son argentinos? ¿Por qué sale Alberto solo con ellas? ¿Qué hace Ernesto?

7. ¿Por qué le dice Alberto «¡Cómo te quiero Celia de la Serna!» en el correo de Valparaíso? ¿Qué noticia recibe Ernesto allí?

8. ¿Por qué dejó su tierra natal el matrimonio *(married couple)* chileno? ¿Por qué los busca la policía (de qué partido son)? ¿Por qué están viajando? ¿Cómo reaccionan cuando Ernesto les dice que están «viajando por viajar»?

9. ¿Quién es don Néstor? ¿Qué aprenden los jóvenes de él y de las dos mujeres indígenas de Cuzco?

10. Los dos viajeros conocen a un campesino en el camino. Dice que estaba cultivando un terreno pero que cuando empezó a producir, el dueño lo «botó» sin darle su porcentaje del producto de la cosecha. ¿Por qué no llamó a la policía?

11. ¿Qué idea tiene Alberto para reactivar la revolución de Tupac Amaru? Según Ernesto, ¿por qué no sirve ese plan?

12. ¿Quién es el doctor Hugo Pesce de Lima, Perú? ¿En qué campo se especializa? ¿En qué forma ayuda a los jóvenes?

13. ¿Qué le pasa a Ernesto en el barco que los lleva a San Pablo, Brasil? ¿Qué separa los pacientes de los doctores, enfermeras y monjas *(nuns)*?

14. El doctor Bresciani les dice a los dos voluntarios argentinos que las monjas son muy estrictas. ¿Qué decisión toman los jóvenes en cuanto a los guantes? ¿Cómo reacciona la madre superiora, la Madre San Alberto?

15. ¿Cuál es el problema de Silvia, una de las pacientes? Ernesto le dice que la primera palabra que aprendió a decir fue «inyección» pero que el hecho de que naciera con asma también le dio algunas ventajas. ¿Qué ventajas menciona?

16. ¿Por qué nada Ernesto hasta el otro lado del río aunque sabe que es muy peligroso hacerlo?

17. ¿Qué le da Alberto a Ernesto en el aeropuerto de Caracas? Le dice que tiene que decirle algo muy importante. ¿Qué es?

18. ¿Qué hizo Alberto en el año 1960 (un año después de la Revolución Cubana)?

Análisis y contraste cultural

Vocabulario

La motocicleta	
arreglar	*to fix*
los frenos	*brakes*
frenar	*to brake*
el/la mecánico	*mechanic*
poderoso(a)	*powerful*
roto(a)	*broken*

Algunas partes del cuerpo: Repaso rápido	
el brazo	*arm*
la columna	*spine*
el corazón	*heart*
el cuello	*neck*
la mano	*hand*
el ojo	*eye*
el pulmón	*lung*

Algunas despedidas	
Adiós.	*Good-bye.*
Buenas noches.	*Good night (used upon retiring).*
Buen viaje.	*Have a good trip.*
Chau.	*Bye (from the Italian "ciao").*
Cuídese. (Cuídate.)	*Take care.*
Hasta luego.	*See you later.*

Otras palabras	
agradecido(a)	*grateful*
fascinado(a)	*fascinated*
festejar	*to celebrate*
flaco(a)	*thin, skinny*
gordo(a)	*fat*
gratis	*free of charge*
la malla	*bathing suit (Argentina)*
marcar un gol	*to score a goal*
merecer (zc)	*to deserve*
la misa	*mass*
el pato	*duck*
el perro	*dog*
el personal	*staff*
la plata	*money (colloquial)*
la prueba de campo	*field test*
robar	*to rob, steal*
la sorpresa	*surprise*
tranquilo(a)	*easy, quiet*

A.   Resumen. Complete las oraciones con palabras de la siguiente lista.

agradecido	gratis	personal	rotos
festejar	merecen	prueba de campo	sorpresa
frena	misa	roba	Tranquilo

1. Los viajeros tienen un accidente cuando la moto no _____ . Los frenos están _____ .

2. Dos chilenas invitan a Ernesto y a Alberto a comer empanadas; mucha gente les da comida _____ .

3. Alberto decide hacer una _____ para saber cómo son las mujeres chilenas.

4. Después de darle una inyección de adrenalina a Ernesto, Alberto le dice: « _____ . Ya pasó.»

5. El doctor Pesce dice que tiene una _____ para Alberto y Ernesto: su novela.

6. Los pacientes viven a un lado del río, y el _____ del leprosario (los médicos, enfermeros, etc.) vive al otro lado.

7. Ernesto y Alberto piensan que _____ comer aunque no fueron a _____ .

8. Silvia _____ comida para dársela a Ernesto y a Alberto.

9. Ernesto quiere _____ su cumpleaños con los pacientes.

10. Enrique dice que está muy _____ a la gente que trabaja en el leprosario por su cariño y hospitalidad.

B.   Nombres y más nombres. Complete las oraciones con palabras de las listas.[3]

1. A «Fuser» (**Fu**ribundo **Ser**na) también le dicen el Che _____.

2. A «Mial» (**Mi Al**berto) también le dicen el Che _____.

3. Los jóvenes se refieren a la motocicleta Norton con el nombre «la _____». Más tarde el mecánico chileno que no la puede _____ la llama «la difunta» (the deceased).

4. A la novia de Ernesto la llaman «Chichina». Quiere que Ernesto le traiga una _____ de Miami.

5. Comeback, el regalo de Ernesto a Chichina, es un _____ . Su nombre indica que Ernesto va a volver.

6. Ernesto le dice «el Maestro» al doctor Pesce. Cuando el doctor le pide opinión sobre su novela, Alberto dice que quedó _____ y que nadie puede contar una historia como el doctor.

---

3   Otros apodos (nicknames) que no están en la película: el Pelao (para referirse a Ernesto, que tenía el pelo muy corto; la palabra **pelado** quiere decir «sin pelo»), Petiso (para referirse a Alberto, porque no es muy alto; quiere decir «bajo» en el Cono Sur).

7. Cuando Ernesto le escribe a su madre, la llama «Vieja» (mamá en la lengua informal de Argentina); ella le manda _____ (dinero) de vez en cuando.

8. El líder de los pacientes de San Pablo se llama Papá Carlito. Le gusta jugar fútbol y a veces marca algún _____ .

C. El cuerpo.
Complete las oraciones con una palabra de la lista «Algunas partes del cuerpo humano».

1. Según Ernesto, Cuzco es el _____ de América.

2. A Silvia le duele mucho el _____ .

3. El doctor Bresciani dice que las camas son duras pero que eso es bueno para la _____ .

4. Don Néstor agarra la hoja de coca con las dos _____ .

5. El señor von Puttkamer tiene un tumor en el _____ .

6. Los _____ de doña Rosa reflejan una gran tristeza.

7. Ernesto dice que nació con malos _____ .

C. Despedidas.

1. ¿Qué se le puede decir a un amigo que sale de viaje? ¿que se retira para ir a acostarse?

2. ¿Cómo se dice «Take care»?

3. ¿Cuál es una palabra italiana que se usa mucho en vez de «adiós» en el Cono Sur?

Nota cultural

En la película se ven escenas de Cuzco, de Machu Picchu y de Lima, Perú. (En la foto del principio del capítulo vemos a Ernesto y a Alberto en Machu Picchu.) Francisco Pizarro conquistó a los incas y llevó la capital de Cuzco a Lima, donde hicieron un puerto grande para los barcos que venían de España. Alberto habla de Tupac Amaru, un nombre muy famoso en la historia latinoamericana. Tupac Amaru, sobrino del emperador de los incas, Atahualpa, y Tupac Amaru II (su bisnieto), lideraron rebeliones contra los españoles; los dos fueron ejecutados de manera muy brutal, el primero en 1572 y el segundo en 1780. En Cuzco, se ven muros y monumentos que los indígenas hicieron; todos se construyeron sin usar la rueda (wheel), que los incas no conocían. También se ven las hojas de coca que los indígenas usan hoy día para aliviar los efectos del frío y del hambre.

Temas de conversación o composición

Discuta con sus compañeros los temas que siguen.[4]

1. la franqueza de Ernesto (¿Qué le dice Ernesto al señor Von Puttkamer en el sur de Argentina después de examinarle el cuello? ¿Cómo reacciona Alberto? ¿Qué le dice Ernesto al doctor Pesce sobre su novela? ¿Qué piensa usted de esta clase de franqueza? ¿Hay situaciones en que Ernesto miente o exagera? ¿Cuándo?)

2. el dinero de Chichina (¿Qué quiere Chichina que Ernesto compre con el dinero que le da? ¿Qué quiere comprar Alberto con ese dinero? ¿Qué le dice Ernesto? ¿A quién le da el dinero Ernesto al final? Si Ernesto se hubiera casado con Chichina, ¿cómo habría sido su vida, según su opinión?)

3. la religión (¿Son religiosos los dos jóvenes? ¿Cómo se sabe? ¿Por qué dicen que el comportamiento [behavior] de la madre superiora cuando no les da comida es «poco cristiano»? ¿Está usted de acuerdo? ¿Cómo definen los jóvenes el cristianismo? ¿Qué ejemplos de generosidad vemos en la película?)

4. la tierra y la revolución (El doctor Pesce habla de José Carlos Mariátegui [1894-1930], fundador del Partido Socialista de Perú y autor de *Siete ensayos de interpretación de la realidad peruana*; según este pensador, el problema principal de Latinoamérica es la tierra. ¿Cómo trata la película este tema? ¿Qué le pasó al matrimonio chileno? ¿Qué compañía o empresa tiene el control de la mina? ¿Qué le pasó al campesino peruano?)

5. el nacionalismo versus una visión global (¿Son nacionalistas los dos viajeros? ¿Cómo cambia su visión del continente sudamericano a lo largo del viaje? ¿Qué dice Ernesto acerca de este tema en un brindis en San Pablo? ¿Se considera usted nacionalista? ¿Por qué sí o por qué no?)

6. el Che y la literatura (¿A Ernesto le gusta leer? ¿Qué ejemplos de poesía hay en la película? Alberto hace referencia a don Quijote y a su caballo Rocinante, un tema que fascinaba a Ernesto. Muchos han dicho que «el Che flaco» y «el Che gordo» tienen mucho en común con don Quijote y Sancho Panza. ¿Está usted de acuerdo? ¿Hay otras referencias literarias en la película?)[5]

---

4   Your instructor may ask you to report back to the class or write a paragraph about one of the topics.

5   En preparación para hacer su papel, Gael García Bernal leyó los libros que Ernesto leía en aquella época, recibió clases de español argentino y se entrenó para ponerse en excelente forma física. Rodrigo de la Serna recibió lecciones de mambo y tango y aprendió a hablar con acento de Córdoba.

Una escena memorable

La balsa de Ernesto y Alberto se llama «Mambo Tango». ¿Por qué?
¿De qué país el tango es el baile nacional? ¿Por qué es apropiado este nombre?
¿De dónde vienen los dos jóvenes y adónde van?

Hablan los personajes

Analice las siguientes citas, explique de quién son y póngalas en contexto. Los personajes, además de Alberto y Ernesto: Chichina, el doctor Pesce, el doctor Bresciani, Papá Carlitos, Silvia, y el minero.

1. «Y mamá le prometió a la Virgen del Valle que iría caminando a su santuario si cortásemos (*if we broke off*).»

2. «Podrías decir una mentira de vez en cuando para ayudarnos.»

3. «Ahora vamos a la mina. Si tenemos suerte, encontraré trabajo allí. Parece que es tan peligroso que ni siquiera se fijan en qué partido es uno.»

4. «Te estaré extrañando, Negra.... ¿Qué hacemos? ¿Seguimos?»

5. «Al salir de la mina, sentimos que la realidad empezaba a cambiar... ¿o éramos nosotros?»

6. «¿Cómo es que siento una nostalgia por un mundo que no conocí?»

7. «Les miro a los ojos a ti, Alberto, y a ti, Ernesto, y veo en ustedes un gran idealismo pero también muchas dudas. Por eso me alegro que vayan a San Pablo. Me parece que allí encontrarán algo importante. Importante para ustedes.»

8. «Yo digo, mire, sin exagerar, que nadie puede contar una historia como usted.»

9. «¿Y es por eso que te has hecho médico? ¿Porque estás enfermo? ... Estás perdiendo el tiempo. Esta vida es un calvario (*Calvary, place of suffering*).»

10. «Papá Carlito se está quedando muy triste.»

11. «Constituimos una sola raza mestiza desde México hasta el estrecho (*strait*) de Magallanes.»

12. «Yo ya no soy yo; por lo menos no soy el mismo yo interior.»

Hablando de la cultura...

Los dos jóvenes encuentran muchas sorpresas en las diferentes regiones del continente. ¿Cuáles son algunas costumbres que conocen durante el viaje? ¿Hay comidas o bebidas que no conocían en Argentina? ¿libros y pensadores? ¿Cuáles son algunas costumbres argentinas que la película muestra? (En el sur de Argentina, también hay algunas cosas que les sorprenden a los jóvenes.)

Hablan los críticos y los directores

«El eficaz guión escrito por José Rivera contiene algunas frases ciertamente mejorables que hace que el retrato del joven Che roce por momentos lo hagiográfico *(comes close to being saintly at times)*, aunque en general consigue evitar ese riesgo apostando por *(it avoids this risk by betting on)* situaciones y diálogos muy naturales que hacen aún más cercano al futuro mito y a su compañero... Emoción e integridad son las claves que describen una obra hermosa e inspiradora que lanza su mirada solidaria *(casts a sympathetic look)* sobre aquéllos cuya vida no ha cambiado nada con eso que llamamos progreso.»
—*Diarios de motocicleta*, The Night of the Hunter *y otras muchas grandes películas*, **octubre 2004. http://hunter.blogalia.com/historias/22023**

¿Cree que la imagen del joven Che «roce por momentos lo hagiográfico»? Es decir, es demasiado favorable al Che la película? ¿Por qué sí o por qué no?

«Igualmente importante para la autenticidad del filme y del retrato que en él se hace de las diferentes culturas visitadas fue la decisión de emplear actores locales. Se celebraron sesiones de casting en toda Latinoamérica, en las que se seleccionaron actores argentinos, chilenos y peruanos... Una excepción a esta regla *(rule)* fue, sin embargo, el actor elegido para representar a Ernesto Guevara: el excelente actor mexicano Gael García Bernal, a quien Salles describe como ‹uno de los actores más singulares y con más talento de su generación›. Intrigado por la oportunidad de encarnar *(portray)* al legendario revolucionario en sus años mozos *(youthful)*, Bernal aceptó la propuesta *(offer)*. En palabras del propio Bernal, ‹El Che ha tenido una influencia muy fuerte en nuestras vidas, especialmente en las de quienes nacimos después de la revolución cubana... (Mi generación) nació con la idea de un héroe latinoamericano moderno, un hombre que luchó por sus ideas, un argentino que peleó *(fought)* en un país que no era el suyo, que se convirtió en ciudadano *(citizen)* de Latinoamérica, del mundo... Creo que esta historia podría animar a la gente a intentar encontrar sus propias creencias...› »
—**http://www.labutaca.net/films/26/diariosdemotocicleta1.htm**

¿Qué otros personajes históricos podrían considerarse «ciudadanos del mundo»? ¿Hay héroes hoy en día? ¿Cuál es la diferencia entre un héroe y un ídolo? ¿Tiene usted un héroe? Si es así, ¿quién es?

«Salles y su equipo se inspiraron en las fotografías que Guevara tomó durante el viaje, y también en la evocativa obra del fotógrafo aimará *(Aymara Indian)* Martín Chambi. El diseñador de la producción, Carlos Conti, trabajó en la reconstrucción del período, incluyendo alusiones al contexto histórico, pero dando al mismo tiempo un aire contemporáneo a la producción para subrayar la intemporalidad *(underscore the timelessness)* de los temas tratados.»
— http://www.labutaca.net/films/26/diariosdemotocicleta1.htm

¿Cómo usa el director las escenas en blanco y negro? ¿Qué efecto tienen?

«La decisión de rodar la película en orden cronológico hizo posible además que emergiesen ciertos paralelos entre la producción y el viaje que se cuenta. Respetando el espíritu del viaje original, Salles animó a los actores a improvisar con la gente que se iban encontrando en el camino… ‹Poco a poco›, relata Salles, ‹introdujimos escenas que integraban en la estructura fílmica lo que la realidad tan generosamente nos aportaba… En cierto sentido, creo que estas escenas están más cerca del espíritu original del viaje…› »
— http://www.labutaca.net/films/26/diariosdemotocicleta1.htm

¿En qué orden rodaron la película? ¿Qué escenas eran, probablemente, improvisadas? ¿Parecen auténticas? ¿Por qué sí o por qué no? Dé ejemplos.

«La película se configura así como una especie de *road movie* de factura clásica –y más cercana al gusto de Hollywood que anteriores trabajos de Salles, no en vano detrás de ella está la mano de Redford– en la que, en un principio, ambos se preocupan mucho más de cuestiones relacionadas con el amor, el sexo y la continua falta de dinero para comer o para reparar esa vetusta *(old, worn out)* moto Norton—apodada *(nicknamed)*, un tanto jocosamente *(jokingly)*, La Poderosa—que de esa otra cara del continente que recorren…»
— http://www.labutaca.net/films/26/diariosdemotocicleta2.htm

¿Tiene la película algo en común con las «road movies» de Hollywood? Si es así, ¿qué? ¿En qué es distinta?

Más allá de la película

Ernesto Guevara: *Notas de viaje*, Selecciones

La sonrisa° de la Gioconda

...me fui a ver una vieja asmática que era clienta de La Gioconda. La pobre daba lástima, se respiraba en su pieza aquel olor acre de sudor concentrado y patas sucias,° mezclado al polvo° de unos sillones, única paquetería° de la casa. Sumaba° a su estado asmático una regular descompensación° cardíaca. En estos casos es cuando el médico consciente de su total inferioridad frente al medio,° desea un cambio de cosas, algo que suprima° la injusticia que supone el que la pobre vieja hubiera estado sirviendo° hasta hacía un mes para ganarse el sustento,° hipando y penando,° pero manteniendo frente a la vida una actitud erecta. ...Allí, en estos últimos momentos de gente cuyo horizonte más lejano fue siempre el día de mañana, es donde se capta la profunda tragedia que encierra° la vida del proletario de todo el mundo; hay en esos ojos moribundos un sumiso pedido de disculpas° y también, muchas veces, un desesperado pedido de consuelo que se pierde en el vacío,° como se perderá pronto su cuerpo en la magnitud del misterio que nos rodea.° Hasta cuándo seguirá este orden de cosas basado en un absurdo sentido de casta es algo que no está en mí contestar... (p. 50)

Esta vez, fracaso

Allí [en el pueblo de Baquedano] nos hicimos amigos de un matrimonio de obreros chilenos que eran comunistas. A la luz de una vela con que nos alumbrábamos° para cebar° el mate y comer un pedazo de pan y queso, las facciones contraídas° del obrero ponían una nota misteriosa y trágica, en su idioma sencillo y expresivo contaba de sus tres meses de cárcel, de la mujer hambrienta° que lo seguía con ejemplar lealtad,° de sus hijos, dejados en la casa de un piadoso° vecino, de su infructuoso° peregrinar° en busca de trabajo, de los compañeros misteriosamente desaparecidos, de los que se cuenta que fueron fondeados en° el mar. El matrimonio aterido,° en la noche del desierto, acurrucados° uno contra el otro, era una viva representación del proletariado de cualquier parte del mundo. No tenían ni una mísera manta° con que taparse,° de modo que le dimos una de las nuestras y en la otra nos arropamos° como pudimos Alberto y yo. Fue ésa una de las veces en que he pasado más frío, pero también, en la que me sentí un poco más hermanado° con esta, para mí extraña especie humana... (p. 56)

---

smile

aquel... that acrid odor of concentrated sweat and dirty feet / dust
furnishings / was added / weakness

environment

suppresses

supone... supposes that the poor old woman had been serving / para... to earn her living / hipando... panting and suffering / surrounds

sumiso... submissive request for forgiveness / desesperado... desperate plea for consolation which is lost in the emptiness surrounds

lighted / prepare, steep
facciones... contracted features

famished / loyalty
compassionate / fruitless / pilgrimage

fueron... were sent to the bottom of / blue with cold / curled up

blanket / cover themselves
nos... we wrapped ourselves up

united as brothers

Alberto Granado: *Con el Che por Sudamérica*, Selecciones

Miramar, enero 13 de 1952

...He conocido a mucha gente de un nivel social que no he tratado antes, y francamente me hace sentir orgulloso de mi origen de clase. Nunca en mi vida me había tropezado,° ni mucho menos alternado,° con este tipo de gente. Es increíble cómo piensan, cómo razonan. Son seres que creen que por derecho divino o algo semejante merecen vivir despreocupados° de todo lo que no sea el pensar en su posición social, o en la manera más estúpida de aburrirse en grupo. Afortunadamente, Chichina en particular, los Guevara en general, y Ana María, la hermana de Fúser, en especial, no se parecen en nada al grupo con el que comparten.° Comentaba con el Pelao:° —Viejo, estos tipos me reconcilian conmigo mismo; por lo menos hemos sido capaces de crear algo, desde un equipo de rugby hasta un laboratorio de investigación. Hemos nutrido° nuestro intelecto, mientras que estos personajes con todas las posibilidades abiertas, con todas las ventajas de hacer algo útil sin nada más que un mínimo esfuerzo,° desperdician° todas sus fuerzas en frivolidades sin sentido, sólo para su propio deleite° y utilidad. ¡Cómo no van a poner cara de asombro y susto° cuando se habla delante de ellos de un poco de igualdad, o cuando se les trata de hacer ver que todos esos seres que giran a su alrededor,° que les sirven, que recogen todo lo que ellos dejan tirado, necesitan también vivir. Que son seres humanos a quienes también les gusta tomar baños de mar, o sentirse acariciados° por el sol! (pp. 20-21)

come across / interacted

unconcerned

share
nickname for Ernesto

nourished

effort
waste
enjoyment / poner... *look amazed and frightened*
giran... *revolve around them*

caressed

Necochea, enero 14 de 1952

Hoy continuamos camino. Estamos en la casa de Tamargo, con quien estudié la carrera... Me desespera° que un hombre joven, hasta hace unos pocos años progresista, esté completamente absorbido por la asquerosa° sociedad que lo rodea. Sabe que todo eso está mal; que cobra por los análisis° lo que no valen, pero lo hace y hasta parece que encontrara un morboso° placer en ir contra lo que su conciencia le dicta. Es ya un fósil con su linda casa y su señora esposa: una burguesa° de pueblo chico, quien sólo piensa en que cada cosa esté en su lugar, no haya una mota° de polvo sobre nada, y realmente todo está libre de suciedad,° pero también de ideas y deseos abiertos y desinteresados. (pp. 23-24)

Me... *It makes me lose hope*
disgusting

cobra... *charges for the lab tests*
morbid
bourgeois woman
speck
dirt

Chuquicamata, marzo 14 de 1952

Nos levantamos temprano y fuimos a ver a míster Mackeboy, el yanqui administrador de la mina. Su Exigentísima° Majestad, como le bautizamos,° nos hizo hacer una larga antesala.° En un español yanquinizado nos hizo ver que eso no es un centro turístico, ni una entidad de caridad° y nos endilgó° un guía para que nos hiciera conocer la mina.

Por supuesto, el viaje que hicimos hoy no hizo más que confirmar la opinión formada en el recorrido de ayer, es decir que todo esto es de una riqueza incalculable.... (p. 81)

taxing, exacting / baptized
nos... *made us wait a long time*
entidad... *charitable organization*
assigned (usually refers to something bad or unpleasant)

Cuzco, abril 2 de 1952

Un cholo°… nos contaba, con su lenguaje modesto, la forma en que es estafado° por los dueños de la tierra. Hace unos diez años se casó y fabricó una casita en plena selva, a unos 600 metros de altura. Estuvo tres años talando monte, quemando rastrojo° y preparando la tierra para hacerla cultivable. Durante todo ese tiempo el dueño de la tierra no le dijo nada, pero cuando estaba lista la cosecha° lo mandó a desalojar° con la policía. Se fue con su mujer y dos hijos que tenía ya, mucho más arriba. Estuvo tres o cuatro años talando la selva, y cuando pensaba disfrutar° del fruto de su trabajo el dueño volvió a desalojarlo. El Pelao y yo nos miramos entre asombrados° y violentos° de ver tanta mansedumbre° en la forma de contar esa tremenda injusticia sin castigo,° y tanta sumisión fatalista. (p. 111)

Indian or mestizo who speaks Spanish or who has adopted Spanish customs / swindled, ripped off

talando… cutting brush, burning stubble

harvest, crop / had him thrown out

enjoy

amazed / furious / docility
sin… unpunished

Preguntas

Notas de viaje

1. ¿En qué circunstancias vivía la mujer que Ernesto fue a ver, la clienta de La Gioconda? ¿Qué quería decir Ernesto cuando escribió que su «horizonte más lejano fue siempre el día de mañana»? ¿Pudo ayudarla? ¿Cómo se sentía él?

2. ¿A quiénes conocieron Ernesto y Alberto en Baquedano? ¿De qué partido político eran? ¿Qué les contó el señor? ¿Qué les dieron Ernesto y Alberto?

Con el Che por Sudamérica

1. Según Alberto, ¿cómo es la familia de Chichina? ¿Qué les interesa? ¿Cómo es su vida?

2. ¿Es de clase alta Alberto?

3. ¿Cómo reaccionan los familiares de Chichina cuando Alberto les habla de «un poco de igualdad»? (Es la primera vez que Alberto ve el mar y está muy contento; reconoce que los sirvientes de la casa de Chichina también disfrutarían de un paseo a la playa.)

4. ¿Quién es Tamargo? ¿Qué hace para ganarse la vida? ¿Cómo es su esposa? ¿su casa?

5. ¿Quién es míster Mackeboy? ¿Qué les dice a Ernesto y a Alberto? ¿A qué conclusión llegan Ernesto y Alberto?

6. ¿A quién conocieron Alberto y Ernesto en Cuzco? ¿Qué historia les cuenta? ¿Cómo reaccionan los dos jóvenes?

CAPÍTULO 8

De eso no se habla

Presentación de la película:

Leonor, una viuda rica, vive en San José de los Altares, un pueblo imaginario en la costa argentina en la década de 1930. Su hija Carlota cumple dos años. Leonor ve que Carlota no ha crecido mucho: es muy pequeña para su edad. Pero Leonor no quiere oír nada del asunto: simplemente dice «De eso no se habla».

* María Luisa Bemberg, la directora de la película, era sobrina de la famosa escritora argentina Victoria Ocampo; su familia pertenecía a la clase alta. Crió a cuatro hijos y fue abuela antes de empezar su carrera de cineasta a la edad de cincuenta y seis años. Escribió varios guiones antes de trasladarse a Nueva York durante la época de la dictadura en Argentina; allí escribió y produjo películas de cortometraje. Murió en 1995.

* Bemberg fue fundadora de la Unión de Feministas Argentinas y una de las co-fundadoras del Festival Internacional de Cine de Mar del Plata. Sus películas de largometraje son: *Momentos*; *Señora de nadie*; *Camila*; *Miss Mary*; *Yo, la peor de todas* y *De eso no se habla*. Dijo ella que sus películas «presentan imágenes de mujeres que son verticales, autónomas, independientes, consideradas, valientes y animosas».

◀ ✳ La película se basa en un cuento del mismo nombre de Julio Llinás, poeta y crítico de arte argentino. Fue filmada en Colonia, un pueblo histórico uruguayo sobre el Río de la Plata frente a Buenos Aires.

✳ El célebre actor italiano Marcelo Mastroianni interpreta el papel de Ludovico D'Andrea. La música es del famoso compositor italiano Nicola Piovani. ■

Preparación

Vocabulario preliminar

Note:

In Argentina the letters **ll** often sound like **j** in English: **llorar**, for instance, might be pronounced as if it began with an English **j**. See the information on the **vos** form on page 18. Notice, however, that in this film **usted** is used primarily since in the 1930s the level of formality was greater than it is today.

Cognados			
árabe	el concierto	el ornamento	el trópico
el cadáver	el duelo	el/la pianista	urgente
el circo	maravilloso(a)	raro(a)	

Otras palabras	
el alcalde (la alcaldesa)	*mayor*
el almacén	*store*
arreglar(se)	*to fix (oneself) up*
la boda	*wedding*
borracho(a)	*drunk*
la broma	*joke*
el caballo	*horse*
el cornudo	*cuckold*
crecer	*to grow*
el cumpleaños	*birthday*
despertarse (ie)	*to wake up*
el/la enano(a)	*dwarf*
el hecho	*event; fact*
jugar (ue)	*to bet; to play*
el negocio	*business*
raro(a)	*strange, rare*
saludar	*to greet; to bow*
la suerte	*luck*
tomar una copa (copita)	*to have a (little) drink*
el/la viudo(a)	*widower (widow)*

A.   Asociaciones. De la siguiente lista, escoja una palabra que se asocia con...

> *Modelo:*
>
> Macy's o El Corte Inglés
> **almacén**

alcalde	caballo	duelo	pianista
almacén	circo	enano	trópico
boda	cornudo	negocio	viuda
borracho			

1. los hermanos Ringling
2. el Amazonas
3. Burr vs. Hamilton
4. Willie Brown, de San Francisco, o Richard Daley, de Chicago
5. Mr. Ed, Trigger o Rocinante
6. McDonald's o IBM
7. Arthur Rubenstein, Isaac Albéniz o Alicia de Larrocha
8. Falstaff, de Shakespeare, o Richard Lewis en *Drunks*
9. el rey Arturo después de que Guinevere conoció a Lancelot
10. Pulgarcito o Tom Thumb
11. Coretta Scott King o Jacqueline Kennedy Onassis
12. el príncipe Felipe de España y Leticia Ortiz, en 2004

B.   Respuestas rápidas. Conteste las siguientes preguntas personales. No es necesario contestar con una oración completa.

1. ¿Cuándo es su cumpleaños?
2. ¿Dónde creció?
3. ¿A qué hora se despertó hoy?
4. ¿Cuándo se arregla bien?
5. ¿A quién saluda todos los días?
6. ¿Qué conciertos de rock le gustan?
7. ¿Le gusta jugar a las cartas?
8. En general, ¿tiene buena suerte cuando juega a las cartas?
9. ¿A veces toma una copa con sus amigos?
10. ¿Ha recibido alguna vez una llamada urgente?

C. Sinónimos. Dé un sinónimo para las palabras subrayadas.

1. Mohamed XI (Boabdil) fue el último rey <u>moro</u> de Granada.

2. ¡Qué <u>extraño</u>! Ya son las ocho y no están aquí.

3. ¿Qué tal el viaje? —<u>Fantástico</u>.

4. Tienen muchos <u>adornos</u> en el patio.

5. Fue <u>un chiste</u> cruel.

6. El detective inspeccionó <u>el cuerpo</u> de la víctima.

7. Fue <u>un acontecimiento</u> histórico.

Antes de ver la película

A. Las apariencias

1. ¿Conoce usted a alguien para quien las apariencias son muy importantes? Es decir, ¿una persona que se preocupa mucho por lo que diga otra gente? ¿Quién? Describa a esa persona.

2. ¿Conoce usted a alguien para quien no es importante lo que opinen los demás? ¿Quién? Describa a esa persona.

3. Compare a las dos personas que escogió. Por ejemplo, ¿cuál es más orgullosa (*proud*)? ¿más humilde? ¿más segura de sí misma? ¿más feliz?

B. Los personajes. Lea las descripciones y los nombres de los personajes. Después de ver la película, empareje cada personaje con su descripción.

____ 1. una enana	a. don Saturnino
____ 2. la madre de Carlota	b. Romilda
____ 3. un muchacho que trabaja para Leonor	c. Myrna
____ 4. una prostituta del pueblo	d. Mojamé
____ 5. una muchacha que no puede hablar	e. Leonor
____ 6. una mujer alemana, «amiga» del cura	f. Ludovico D'Andrea
____ 7. el alcalde del pueblo que se comunica con otros por medio de su sobrino	g. el doctor Blanes
____ 8. un hombre misterioso que aparece en el pueblo	h. la señora Blanes
____ 9. el sacerdote	i. la viuda Schmidt
____ 10. el médico del pueblo	el padre Aurelio
____ 11. la esposa del médico	Carlota

Investigación

Busque información sobre uno de los temas que siguen.[1]

1. el tango (¿Dónde se originó el tango? ¿Cómo es la letra *(lyrics)* de muchas de las canciones?)

2. el río de la Plata (¿Dónde está? ¿Por qué es importante en la historia de Argentina?)

3. Argentina en la década de 1930 (¿Qué gobiernos estaban en el poder? ¿Cómo era la economía?)

Exploración

Note:
Your instructor may ask you to read over the questions in the section **Exploración** before you see the film, in order to improve your understanding of it.

A. La historia

1. ¿Qué celebración se ve al principio de la película?

2. ¿Por qué dice la mamá de Romilda que ella y Leonor tienen mucho en común, que son «madres elegidas»? ¿Cómo reacciona Leonor?

3. ¿Por qué destruye Leonor los libros *Blancanieves y los siete enanitos, Pulgarcito* y *Los viajes de Gulliver*? ¿Qué otras cosas destruye?

4. ¿Por qué le habla el cura a Leonor? ¿Qué le dice Leonor a él?

5. ¿Cómo se llama el almacén de Leonor? ¿Qué clase de cosas se venden allí?

6. ¿Qué quiere decir el narrador cuando dice que doña Leonor «pretendía suplir *(tried to supplement)* la brevedad de su hija con el prestigio de las artes y las letras»? ¿Qué estudia Carlota?

7. ¿Qué regalo quiere Leonor comprarle a Carlota para su cumpleaños de quince? ¿A quién le pide ayuda para conseguirlo? ¿Por qué se enoja con él después?

8. Cuando las mujeres se reúnen con el cura para hablar del proyecto de juntar dinero para los huérfanos *(orphans)*, ¿qué sugiere Leonor? ¿Cómo reacciona la mamá de Romilda? ¿Qué deciden hacer, al final?

9. ¿Por qué lleva Leonor a Ludovico al galpón *(large shed)* para que vea a Carlota y el caballo? ¿Qué hace Ludovico después?

10. ¿Por qué insulta Ludovico al doctor Blanes? ¿Qué consecuencias trae eso? ¿Por qué le pide perdón?

11. ¿Por qué se va Ludovico del pueblo? ¿Qué hace cuando regresa?

12. ¿Cómo reacciona Leonor cuando Ludovico le pide la mano de Carlota? ¿Sabe él cómo se siente ella? ¿Es típica de ella esa reacción?

---

1 The **Investigación** sections suggest topics related to the movie that you may want to find out more about. Your instructor may assign these to individuals or groups and have them report the information to the class.

13. ¿Por qué quiere Leonor que don Saturnino, el alcalde que está en una silla de ruedas *(wheelchair)*, acompañe a Carlota al altar el día de la boda? ¿Qué le pasa a don Saturnino? ¿Qué hacen Leonor y Mojamé?

14. ¿Por qué lloran las prostitutas el día de la boda?

15. ¿Por qué dice Leonor al policía que el pueblo necesita un nuevo alcalde, alguien «que tenga un poco de mundo»? ¿Qué quiere ella para su hija?

16. ¿Qué hace Leonor en el cementerio? ¿Amaba mucho a su esposo? ¿Qué ve ella desde allí?

17. ¿Por qué va Leonor a la oficina de Ludovico? ¿Qué le pide que haga?

18. ¿Adónde va Carlota de noche? ¿A quiénes ve? ¿Qué decide hacer?

19. ¿Qué hace Leonor después de que Carlota se ha ido?

20. ¿Qué le pasa a Ludovico? ¿Qué rumores hay acerca de él?

21. ¿Quién es el narrador de la película?

B. **Problemas, problemas, problemas.** En esta película, casi todos los personajes tienen problemas (grandes o pequeños). Describa por lo menos un problema que tiene cada uno de los siguientes personajes.

> *Modelo:*
>
> Mojamé
>
> **Mojamé tiene un problema cuando muere el alcalde y Leonor no quiere que la gente se entere de su muerte. Tiene que tratar de conservar el cadáver con hielo.**

1. Carlota
2. Leonor
3. Ludovico
4. Romilda

5. Myrna
6. don Saturnino
7. el padre Aurelio

Análsis y contraste cultural

Vocabulario

La emoción		Otras palabras	
agradecer (zc)	*to be grateful to; to thank*	el acuerdo	*agreement*
		arriesgarse a	*to risk*
alegrarse de	*to be happy about*	buen(a) mozo(a)	*good-looking*
apasionado(a)	*passionate*	burlarse de	*to make fun of*
la concupiscencia	*lust*	conveniente	*fitting, proper*
confiar en	*to trust*	disponer (de)	*to have available*
conmovido(a)	*moved emotionally*	elegir (i)	*to choose, elect*
de mal gusto	*in bad taste*	escoger	*to choose*
desagradable	*unpleasant*	faltar, hacer falta	*to be missing or lacking*
la felicidad	*happiness*	la función	*show*
felicitar	*to congratulate*	ignorar	*to not know, be unaware*
molestar	*to bother, annoy*	merecer (zc)	*to deserve*
mortificar	*to mortify, embarrass*	sostener	*to maintain*
la sorpresa	*surprise*		

A. **Emociones y sentimientos.** Complete las oraciones con palabras apropiadas de la lista «La emoción». Habrá que conjugar los verbos **agradecer** y **alegrarse**.

1. Leonor está muy nerviosa antes del concierto de piano que Carlota va a dar, pero Mojamé le dice que debe _____ en Carlota.

2. Durante el concierto el padre Aurelio dice que está muy _____ .

3. La señora Blanes dice que muchas veces el amor se confunde con la _____ .

4. Leonor llega a la casa de Ludovico y le dice que no lo quiere _____ pero que le quiere pedir un favor.

5. Carlota no sabe que su mamá le va a regalar un caballo para su cumpleaños; Leonor quiere que sea una _____ .

6. Leonor le dice a Ludovico: «No sabe cuánto (yo) se lo _____ .»

7. Ludovico se siente mal cuando Leonor le quiere dar dinero; dice que lo va a _____ .

8. Ludovico le jura a Leonor que Carlota tendrá no solo un marido fiel sino _____ .

9. Cuando Leonor dice, «Lo único que quiero es estar segura de que sos feliz», Carlota le responde: «Sí, pero la _____ no lo es todo.»

10. El doctor Blanes es el primero en _____ a Ludovico cuando anuncia que se va a casar.

11. El hijo del policía hace una broma _____ .

12. Ese chico es una persona _____ .

13. En la boda de Ludovico y Carlota, Romilda _____ mucho cuando saca el anillo de la torta.

B.   En resumen. Complete las oraciones con los sinónimos de las palabras subrayadas. Escoja los sinónimos de la siguiente lista:

un acuerdo	conveniente	ignora
arriesgarse	dispone de	la función
buen mozo	escoger	se merece
burlando	falta	sostuvo

1. Leonor le dice al padre Aurelio que no <u>tiene</u> mucho tiempo libre.

2. El padre Aurelio dice que no sería <u>beneficioso</u> poner a Carlota en una «situación de prueba», que quizás no debe dar un concierto de piano delante de mucha gente.

3. Otras personas están de acuerdo con el cura de que no deben <u>correr un riesgo</u>.

4. Ludovico y el alcalde llegaron a <u>una decisión mutua</u> acerca de Myrna.

5. Leonor comenta que Ludovico es muy <u>guapo</u> y que es extraño que nunca se haya casado.

6. En el hospital, Leonor dice que Ludovico <u>debe recibir</u> un «reto» *(scolding [Argentina])* por haber salido de cacería *(hunting)* no sintiéndose bien.

7. Cuando regresa de su viaje, Ludovico no le dice a Carlota dónde estuvo; ella tiene que <u>elegir</u> un lugar y él lo describe.

8. Leonor <u>no sabe</u> que Ludovico la quiere ver para pedirle la mano de Carlota.

9. Leonor dice que espera que Ludovico no se esté <u>riendo</u> de ellas.

10. En la boda alguien dice que <u>no hay bastante</u> cerveza.

11. Cuando el circo llegó al pueblo, Carlota no fue a ver <u>el show</u>.

12. Mucha gente <u>opinó</u> que si Ludovico no hubiera comprado el caballo, la historia no habría pasado; otros dijeron que era la fatalidad del destino.

Notas culturales

En América Latina hay mucha gente de ascendencia "árabe", como Mojamé.
Muchos se han asimilado a la cultura hispana, mezclándose con las poblaciones
locales. Durante el Imperio Otomano muchos inmigrantes llegaron a América
Latina con pasaportes o documentos de Turquía *(Turkey)*, así que los llamaron
"turcos", pero en realidad eran de varias regiones del imperio; por ejemplo, lo que
es hoy Siria, Líbano *(Lebanon)*, Palestina, etc. Un número considerable de estos
inmigrantes se dedicaron al comercio ambulante *(traveling sales)* y, más tarde,
establecieron tiendas u otros negocios.

Cuando don Ludovico quiere insultar al doctor Blanes, lo llama **cornudo**. Esta
palabra quiere decir "con cuernos", *horns*, como ciertos animales. Es una manera
de decir que la esposa del doctor tiene amante. El doctor Blanes le dice a Ludovico
que es un **borracho de porquería** *("swinish drunk")*, otra manera de insultar muy
gravemente a una persona.

En Argentina durante la época de la película, mucha gente con recursos tenía
tutores en casa para sus hijas (aunque tal vez mandara a sus hijos varones a la
escuela). María Luisa Bemberg, por ejemplo, se educó en casa y no tenía ningún
título *(degree)* formal, ni siquiera de la escuela secundaria. La película *Miss Mary* de
Bemberg trata este tema.

Temas de conversación o composición

Discuta con sus compañeros los temas que siguen.[2]

1. el amor y el matrimonio (¿Por qué se enamora Ludovico de Carlota? ¿Por qué
   decide ella casarse con él? ¿Está contento él con el matrimonio? ¿Es un esposo
   fiel? ¿Viven bien?)

2. las relaciones fuera del matrimonio (¿Qué personajes tienen relaciones fuera del
   matrimonio? ¿Por qué discute Ludovico con el alcalde? ¿Por qué dice el cura
   que la concupiscencia es un pecado venial y que «La soberbia *(pride)* es mucho
   más grave»? En esta película, ¿tienen las mujeres los mismos derechos que los
   hombres o hay un «doble estándar»?)

3. la obediencia o falta de obediencia (En general, ¿es Carlota una hija obediente?
   ¿Es autoritaria su mamá con ella? ¿Qué cosas no le permite hacer? ¿En qué
   ocasiones desobedece Carlota a su mamá? ¿Por qué desobedece a su mamá? ¿Por
   qué le dice Ludovico «Sos libre de ir» [al circo]?)

4. el personaje de Leonor (¿Cómo es Leonor? ¿Tuvo un matrimonio feliz? ¿Cómo
   era su esposo? ¿Por qué dice que no quiere buscar a otro? ¿Está decepcionada
   cuando se entera de que Ludovico quiere casarse con su hija? ¿Cómo es su
   relación con la gente del pueblo, en general? ¿Por qué dice «No quiero circo en
   mi pueblo»? ¿Es una buena madre? ¿Por qué sí o por qué no?)

---

2   Your instructor may ask you to report back to the class
    or write a paragraph about one of the topics.

5. la negación de la realidad (Se dice que es malo no expresar las emociones, que hay que hablar de los problemas. ¿Qué pasa cuando uno nunca expresa sus preocupaciones o miedos? ¿Por qué no quiere Leonor que Carlota conozca a otra gente como ella? ¿Por qué destruye los ornamentos de la viuda Schmidt? ¿Por qué dice «De eso no se habla»?)

6. la autodestrucción (¿Qué personaje intenta matarse? ¿Por qué lo hace? ¿Qué otras formas de autodestrucción se ven en la película? ¿Por qué trata la gente de dañarse a sí misma? ¿Se ve en la película una falta de realización de sí misma—es decir, hay personajes que no se permiten vivir la vida plenamente (al máximo), realizar sus sueños o llegar a ser lo que realmente quieren ser? ¿Es la falta de realización personal una forma de autodestrucción?)

7. la dedicación de la película: «Esta película se dedica a los que tengan el coraje de ser diferentes para poder ser ellos mismos.» Se dice que muchos jóvenes de hoy tratan de ser «diferentes» o «únicos». ¿Qué clase de cosas hacen, llevan etc.? ¿Son de veras diferentes o imitan a otros de su grupo? En esta película, ¿qué personajes tienen el coraje, o valor, de ser diferentes y de realizarse a sí mismos? ¿Cuáles no lo tienen? ¿Quiénes son felices? ¿neuróticos o reprimidos? ¿liberados?)

Una escena memorable

¿Qué pasa en esta escena? ¿Están contentos Ludovico y Carlota? ¿Qué pasa después?

Hablan los personajes

Analice las siguientes citas, explique de quién son y póngalas en contexto. (Para una lista de los personajes, ver el ejercicio B en la sección «Antes de ver la película». También está la madre de Romilda.)

1. «Somos madres elegidas, Leonor, madres puestas a prueba. Tendríamos que estar más cerca la una de la otra, ayudarnos.»

2. «Dios nos envía cosas en su infinita sabiduría que debemos aceptar con resignación y hasta con júbilo *(joy)*. Un hijo... una hija... es siempre una bendición....»

3. «Nunca se supo con certeza cuándo fue que don Ludovico D'Andrea se instaló en San José de los Altares. Mucho se especuló sobre su origen. Según la época se lo consideró espía, noble veneciano, refugiado político o millonario melancólico.»

4. «Hay que tener mucho cuidado. A menudo se confunde concupiscencia con amor.»

5. «Como dice el tango, doña Leonor, en mi vida tuve muchas, muchas minas, pero nunca una mujer.» (NB: La palabra *mina* [chica], viene del lunfardo, un lenguaje asociado con los tangos.)

6. «Es la única persona que acepto totalmente.»

7. «Lo único que le pido es que no altere la paz de este pueblo. Quítese de la cabeza a la hija de doña Leonor.»

8. «Una mujer nunca se equivoca en estas cosas.»

9. «El amor es así. No avisa. Irrumpe.»

10. «Mañana es otro día.[3] Se le hace un gran entierro y todos en paz.»

11. «Como es sabido, la felicidad es un estado innegable, pero sólo se deja narrar cuando se ha desvanecido *(vanished)*.»

12. «Confíe en el corazón de una madre.»

Hablando de la cultura...

En la boda de Carlota y Ludovico, las muchachas que no están casadas tiran cintas *(ribbons)* que salen de la torta y una de ellas saca un anillo. ¿Quién saca el anillo de la torta? ¿Por qué está tan contenta? ¿Cuál es la costumbre equivalente aquí? Describa la boda de Carlota y Ludovico. ¿En qué se parece a una boda de Estados Unidos o Canadá? ¿En qué es distinta?

---

3   ¿En qué película estadounidense está esta oración, en inglés?

Hablan los críticos y los directores

> "Cinematographer Felix Monti chooses his shots effectively, suggesting a sense of magic-realism (the scenes outside on the benighted streets of San José de los Altares, photographed through a blue lens, are stunning). *I Don't Want to Talk About It* has a lot of heart, and that's why its themes come across so clearly. As director Bemberg has admitted, this is not a story to be viewed from a logical perspective. Its mystical quality makes it a fairytale for adults, complete with a moral that each individual can interpret as it applies to him- or herself."
> — "*I Don't Want To Talk About It*, A Film Review by James Berardinelli,"
> James Berardinelli, 1994.

Bemberg misma comparó la película a un cuento de hadas. ¿Por qué se podría hacer esta comparación? (Ideas: el espejo, Mojamé, una muchacha joven y bonita, un hombre misterioso, el vals sin fin de Ludovico y Carlota....)

> «En *El segundo sexo*, de Simone de Beauvoir, [Bemberg] había leído que la liberación de las mujeres acarreaba *(entails)* inexorablemente la liberación de los hombres. María Luisa adhería a esa postura. No planteaba *(propose)* el feminismo como una lucha entre sexos, sino como una batalla contra el machismo impuesto *(imposed)* históricamente por los hombres y aceptado complacientemente, aun ahora, por muchas mujeres.»
> –Fernando López, «María Luisa Bemberg, desde la cámara»,
> *La Nación Line*, 27 de abril de 1997, p. 7.

¿Es *De eso no se habla* una película feminista? Si es así, ¿en qué sentido?

Más allá de la película

Entrevista con María Luisa Bemberg: «Bemberg sobre Bemberg»

Es un guión improbable que pocos directores creerían: una mujer argentina se atreve a° entrar en el mundo cinematográfico dominado por los hombres. Proviene° de la clase alta privilegiada de Buenos Aires, no tiene un diploma de la escuela secundaria ni una educación universitaria, sólo la instrucción privada de una institutriz°... Es divorciada con cuatro hijos, pero de alguna manera ha escrito varios guiones cinematográficos y ha dirigido dos breves documentales. Aparte de ello,° esta novata autodidacta° no tiene experiencia en cinematografía. Lo más increíble es que comienza a los cincuenta y seis años de edad, ya siendo abuela. Pero después de doce años, dirige seis películas de largo metraje que en sus propias palabras «presentan imágenes de mujeres que son verticales, autónomas, independientes, consideradas,° valientes y animosas.»° ...Es

se... *dares*
She comes

governess

that
novata... *self-taught beginner*

thoughtful / spirited

la historia de María Luisa Bemberg y de su esfuerzo por representar a las mujeres, sobre todo las que tuvieron el coraje de ser independientes.

¿Qué fue lo que le dio el impulso, el coraje para hacer películas? Al fin y al cabo,° se crió como miembro de una de las familias más ricas de la Argentina, beneficiaria de frecuentes viajes a Europa, una vida protegida en enormes estancias.° Pero con la «maldición° de la riqueza y la maldición de una mente inquisitiva» (frase utilizada por Waldo Frank para referirse a la famosa tía de Bemberg, Victoria Ocampo) vinieron severas limitaciones de lo que era apropiado para las mujeres de la alta sociedad: sofocantes° convenciones, vacías vidas de apariencias y no de sustancia, la creatividad y el intelecto permitidos solamente dentro de las más estrechas° limitaciones. «Yo entré al mundo cinematográfico por razones ideológicas», explica Bemberg. «Desde mi niñez experimenté° una sensación de frustración y un doble estándar entre mis hermanos y yo. Ésta fue una rebelión que he tenido desde chica, y que se manifestó especialmente después de leer *El segundo sexo* de Simone de Beauvoir, que fue como una explosión en la mente de la mayoría de las mujeres de mi edad. Nunca podré expresar adecuadamente mi agradecimiento° a ese libro.» …

Hasta ese punto el camino había sido bastante difícil, no sólo su casamiento a los veinte años de edad que terminó en un divorcio diez años después, sino también sus esfuerzos° para formar grupos feministas, que fueron efectivamente acallados° por el régimen militar que reemplazó a Perón [el general Juan Domingo Perón] a mediados de los años cincuenta ['50]. Después de que sus hijos crecieron, comenzó a escribir guiones cinematográficos, y luego, en escala limitada, a producir y dirigir películas....

En mayo de 1993, después de haber trabajado durante seis meses con un presupuesto° de menos de tres millones de dólares, Bemberg completó *De eso no se habla*, con Marcelo Mastroianni, Luisina Brando y Alejandra Podesta. Sintiéndose «un poco sin aliento° sobre el tema del feminismo», decidió evitar° su propio programa personal a favor de un cuento escrito por el poeta y crítico de arte argentino Julio Llinás. Lita Stanic, su socia° de películas anteriores, había comenzado su propio debut como directora (*Un muro de silencio*, una película sobre los desaparecidos,° con Vanessa Redgrave), entonces Bemberg comenzó una nueva asociación con otro productor local, Óscar Kramer. *De eso* trata un tema peligroso:° un amor condenado° entre un solterón, Ludovico d'Andrea, y una decidida° e imaginativa enana adolescente llamada Charlotte. «Acudí° a varios productores, pero sin éxito», recuerda Bemberg. «Un productor inglés me dijo ‹me gusta el guión pero soy un cobarde. No quiero arriesgar° el dinero porque es una película muy audaz.›° Al final, decidí invertir° yo misma, y naturalmente espero recuperar la inversión.»

Bemberg se acercó a Mastroianni para el papel del solterón y él aceptó. «Hablé con él desde París. Él estaba en un balneario.° Le dije que no quería hablar demasiado sobre su personaje y se puso muy contento. ‹Así me gusta, no como hacen en los Estados Unidos, tres semanas alrededor de

---

Al... *After all*

ranches / curse

suffocating

narrow
I experienced

gratitude

efforts
silenced

budget

sin... *out of breath, without words*
avoid
partner

disappeared or murdered people

dangerous
doomed to fail / determined
I approached

risk

bold, audacious / invest

resort, spa

una mesa en Nueva York analizando su juventud, su madre y su primera experiencia sexual.› » Jorge Goldenberg colaboró nuevamente en el guión. «Vimos el cuento como una fábula, un cuento de hadas. Sabía que si la hacíamos psicológica, estábamos perdidos. Nadie pregunta por qué la madrastra° está celosa de Blancanieves.° ¡A nadie le importa!» Y en cuanto a trabajar con Mastroianni, «cuando uno tiene el privilegio de trabajar con un gran artista, todo se facilita.° No hay nada que explicar. Es un hombre tan grande y bello en todo el sentido de la palabra. Es generoso, cálido,° divertido, sonríe y es un poco melancólico. Se está poniendo viejo y un poco cansado. Algunas veces se irrita un poco,° pero resulta más atractivo porque era perfecto para el papel.»

stepmother / Snow White

se... becomes easy
warm

se... he gets a bit irritable

De eso tiene lugar en los años treinta en un pueblo imaginario llamado San Pedro de los Altares. «En su mente, Llinás se imaginó el pueblo cerca de Córdoba», señala Bemberg, «pero cuando leí el cuento de veinte páginas, sentí la necesidad de grandes y anchos° horizontes, la pampa, porque tiene una dimensión metafísica.» Los cables de electricidad, las antenas de televisión y las otras conveniencias modernas de la Argentina rural destruían esa ilusión, y entonces Bemberg fue al histórico pueblo de Colonia, situado sobre la costa uruguaya cerca de Buenos Aires.

wide

«Decidimos que el río—las aguas barrosas°—podrían desempeñar° el mismo papel que la inmensa llanura.° Ahí es donde descubrimos el dramático fin, que no está en el cuento original de Llinás. Me gustó mucho trabajar en Colonia. Es muy argentina, pero al mismo tiempo podría ser Checoslovaquia o Omaha, Nebraska.»

muddy / play
plain, open space

La original e inquietante película de Bemberg ha logrado la aclamación de la crítica y el público, y varios críticos (por ejemplo Nestor Tirri de *Clarín*) han sostenido que es su mejor película.

Bemberg admite sentirse vacía° cuando termina una película. «Es como una droga, muy excitante. Es tan fuerte que cuando se termina uno se pregunta '¿Cómo vivo ahora?' Pero, la verdad es que no tengo mucho tiempo. Estoy luchando contra reloj. Cuando se hace una película de época se pierde mucho más tiempo…

empty, drained

«Me gustaría hacer una película sobre los problemas de la juventud. Les estamos dejando un mundo terrible. Las mujeres no tienen la culpa pero son cómplices. Los monstruos son los hombres enloquecidos° por el poder, el sexo, el dinero, el status y la publicidad. No se hace un planeta con violencia, guerrillas, mafia y prostitución. Es horrible, una pesadilla,° miseria, países plenos de caviar y otros muriéndose de hambre. No quiero parecer ingenua,° pero ahí es donde pienso que necesitamos mujeres sentadas alrededor de la mesa hablando sobre el desarme.° Nosotras tenemos un programa diferente. Quizá es porque sabemos cuán difícil es criar a un niño.»

made crazy

nightmare

naive, ingenuous
disarmament

Entre todas las protagonistas que Bemberg ha llevado a la pantalla, se esperaría que se identificara más con Sor Juana [en *Yo, la peor de todas*] o Camila, o posiblemente con una de las hijas criadas por Miss Mary [de sus películas *Camila* y *Miss Mary*]. Sin embargo confiesa: «No, no, yo soy Charlotte. Charlotte es una metáfora para cualquiera que es diferente, una enana, una persona de color, un joven homosexual, hasta una mujer grande, gorda y fea que, como cualquier otro, tiene derecho a un lugar bajo el sol. Yo era diferente a mis hermanos y hermanas. Yo era subversiva, una soñadora° y probablemente directora desde que era niña. Lo que me sorprendió es que nunca sospeché° que tendría una disposición artística. Pero… con cada película, cada película es un ejercicio formidable de autoconocimiento.° Esto es lo que he descubierto… y después de hacer Sor Juana, después de haber contado la dramática historia de esta extraordinaria mujer—no creo que en todo el mundo haya existido una mujer con la competencia y con la riqueza mental de Sor Juana—le dije a mi propio sexo, a mis queridas hermanas, aquí tienen cinco películas, cada una con mujeres inquisitivas. Aquí tienen ejemplos para moldear sus propias identidades.»

dreamer

suspected

self-knowledge

Preguntas

1. ¿De qué clase social era Bemberg? ¿Por qué dice Bach que era «autodidacta»?

2. ¿Cómo era la vida de Bemberg de niña?

3. ¿Qué libro tuvo una gran influencia sobre Bemberg?

4. ¿A qué edad comenzó su carrera? ¿De qué tratan muchas de sus películas?

5. ¿Qué pasó en Argentina en los años cincuenta?

6. ¿Quién escribió el cuento en que se basó *De eso no se habla*?

7. ¿Qué dijo un productor inglés en cuanto a *De eso no se habla*?

8. ¿Cómo se puso Marcelo Mastroianni cuando Bemberg le dijo que no quería hablar mucho sobre su personaje antes de hacer la película?

9. Según Bemberg, ¿cómo era Mastroianni? ¿Por qué era perfecto para el papel de Ludovico d'Andrea?

10. ¿Dónde se imaginó Llinás el pueblo de San José de los Altares? ¿Por qué no la filmaron allí?

11. ¿Cómo se siente Bemberg al terminar una película?

12. Según Bemberg, ¿sería mejor el mundo si las mujeres participaran más en la política? ¿Por qué sí o por qué no?

13. ¿Con cuál de los personajes de sus películas se identifica más Bemberg? ¿Por qué?

14. ¿Qué dice Bemberg de los cinco largometrajes que había hecho cuando la entrevistaron?

15. ¿En qué aspectos sería distinta la película si Charlotte hubiera sido una lesbiana, una persona de color en una sociedad blanca en los años treinta (o una persona blanca en una sociedad de gente de color), por ejemplo?

CAPÍTULO 9

La historia oficial

Presentación de la película:
Alicia lleva una vida feliz, próspera y protegida, hasta que una vieja amiga vuelve después de una larga y misteriosa ausencia. Poco a poco, Alicia se da cuenta de los abusos contra los derechos humanos que se cometen en su país. Le nace una sospecha terrible, e inicia una búsqueda que podría destruir su felicidad.

✳ La acción de *La historia oficial* ocurre en Argentina durante los momentos finales de un gobierno represivo de derechas *(right-wing)* (1976-1983). Miles de personas fueron secuestradas *(kidnapped)*, torturadas y asesinadas por razones políticas. La mayor parte de las víctimas eran jóvenes de 21 a 35 años. Además, desaparecieron unos cuatrocientos niños que nacieron mientras sus madres estaban detenidas. Esta campaña de terror se llama «la guerra sucia».

✳ Durante esta época, Argentina sufrió una desastrosa guerra con Inglaterra por las Islas Malvinas *(Falkland Islands).* La economía era un caos. Las madres y las abuelas de los «desaparecidos» (la gente que había desaparecido) empezaron a hacer protestas públicas. Por fin en ▶

◀ 1983 la dictadura terminó y se celebraron elecciones democráticas. El gobierno del nuevo presidente Raúl Alfonsín devolvió la democracia al país y reorganizó las fuerzas armadas. Llevó a muchos de los líderes políticos y militares de la dictadura ante los tribunales de justicia.

✳ *La historia oficial* es la primera película de largometraje *(feature-length)* de Luis Puenzo. El filme ganó diecisiete premios internacionales, entre ellos un Oscar y un Golden Globe a la Mejor Película Extranjera en 1986. El guión, escrito por Puenzo y la conocida autora teatral y guionista Aída Bortnik, fue seleccionado para el Oscar en la categoría de Mejor Guión Original. Otras

películas de Puenzo son *Gringo Viejo (Old Gringo)* (1989, Gregory Peck, Jane Fonda), *La peste (The Plague)* (1992, William Hurt, Robert Duvall, Raúl Juliá) y *La puta y la ballena (The Whore and the Whale)* (2004, Aitana Sánchez-Gijón).

✳ Norma Aleandro, una de las actrices más importantes de Argentina, tuvo que irse al exilio por sus opiniones políticas a fines de la década de los setenta y no volvió a su país hasta 1982. Ganó el premio a la mejor actriz en el Festival Internacional de Cine de Cannes en 1985 por su interpretación de Alicia en *La historia oficial*. En 1987 fue seleccionada para el Oscar por su trabajo en *Gaby, a True Story*. ▪

Preparación

Vocabulario preliminar

Note:

In Argentina the letters **ll** often sound like **j** in English: **llorar**, for instance, might be pronounced as if it began with an English **j**. See the information on the **vos** form on page 18. Notice, however, that in this film **usted** is used primarily since in the 1930s the level of formality was greater than it is today.

Cognados			
adoptado(a)	la disciplina	la memoria	tranquilo(a)
anticuado(a)	imbécil	subversivo(a)	

Otras palabras	
acordarse de, recordar (ue)	*to remember*
asustarse (el susto)	*to be frightened (fright)*
cuidar(se)	*to take care (of oneself)*
culpable (la culpa)	*guilty (guilt)*
cumplir (cinco) años	*to turn (five) years old*
denunciar	*to inform on, denounce, report (e.g., to the police)*
el/la desaparecido(a)	*person who has been "disappeared" or eliminated*
el escándalo (armar escándalo)	*(literally, "scandal") upheaval (to raise a big fuss)*

Otras palabras (continuación)	
flaco(a)	*thin, skinny*
gordo(a)	*fat, heavy (also, a term of affection)*
llorar	*to cry*
los negocios	*business*
no tener (haber) remedio	*to have no alternative*
la nota	*grade (which go from 1-10 in Argentina, where 10 is highest)*
peligroso(a) (el peligro)	*dangerous (danger)*
sobrevivir	*to survive*
solidario(a)	*steadfast, mutually responsible (e.g., a friend)*
solitario(a)	*single, alone*
tener miedo (dar miedo)	*to be afraid (make afraid)*

A. **Antónimos.** Para cada palabra subrayada, dé un antónimo de la lista de cognados u otras palabras.

> *Modelo:*
>
> <u>Se olvidó</u> de que era su aniversario de boda.
> **Se acordó de que era su aniversario de boda.**

1. Sus ideas son muy <u>modernas</u>.

2. Ese señor es <u>inocente</u>.

3. Es una situación muy <u>segura</u>.

4. Dijo que soy un <u>genio</u> total.

5. Ni una sola persona <u>murió</u>.

B. **¡Es lógico!** Escoja la respuesta más lógica.

1. ¡Ay! ¿Qué pasó? Ese ruido, ¿qué fue?
   a. No te asustes.
   b. No tengo remedio.
   c. No te acuerdes.

2. Silvia ha perdido varios kilos últimamente.
   a. Sí, está peligrosa.
   b. Sí, está gorda.
   c. Sí, está flaca.

3. Y esa señora, ¿por qué armó un escándalo en la escuela?
   a. Porque su hijo sacó una mala nota en matemáticas.
   b. Porque su hijo cumplió años.
   c. Porque su hijo es adoptado.

4. ¡Qué falta de disciplina en esa clase!

   a. Los alumnos son unos desaparecidos incorregibles.
   b. Los alumnos tienen miedo, ¿no?
   c. Los alumnos no escuchan al profesor.

5. Pedro es muy buena gente y siempre me ayuda.

   a. Sí, es un amigo muy secreto.
   b. Sí, es un amigo muy solidario.
   c. Sí, es un amigo muy solitario.

6. A mi esposo no le interesa la política, sólo los negocios.

   a. ¿Trabaja para alguna compañía?
   b. ¿Estudia medicina?
   c. Así son los subversivos.

7. Miguelito está llorando, pobrecito.

   a. ¿Supo cuidarse?
   b. ¿Cuál es el problema?
   c. Vamos a denunciarlo.

Antes de ver la película

A. Verdades y mentiras

1. ¿De dónde saca usted información sobre lo que pasa en este país o en el mundo?

2. ¿Cree todo lo que lee en los periódicos, oye por la radio o ve en las noticias de televisión? ¿Por qué sí o por qué no? Si no, dé un ejemplo de algo que leyó, oyó o vio, y que no era verdad.

3. ¿Ha estado en una situación en la cual creyó a alguien que le estaba mintiendo? Describa la situación. ¿Por qué le mintieron? ¿Cómo se sintió cuando descubrió la verdad?

B. Los personajes. Lea las descripciones y los nombres de los personajes. Después de ver la película, empareje cada personaje con su descripción.

_____ 1. profesora de historia y madre adoptiva de Gaby   a. Benítez

_____ 2. hombre de negocios, esposo de Alicia y padre adoptivo de Gaby   b. Ana

_____ 3. vieja amiga de Alicia que vuelve del exilio   c. Gaby

_____ 4. probable abuela biológica de Gaby   d. Alicia

_____ 5. colega de Alicia   e. Costa

_____ 6. alumno de Alicia   f. Enrique

_____ 7. padre de Roberto   g. Roberto

_____ 8. hermano de Roberto   h. Sara

_____ 9. hija adoptiva de Alicia y Roberto   i. José

Investigación

Busque información sobre uno de los temas que siguen.[1]

1. Isabel Perón, tercera esposa de Juan Perón
2. la guerra de las Malvinas
3. Raúl Alfonsín
4. la Comisión Nacional sobre la Desaparición de Personas (CONADEP)
5. lo que les pasó a los generales que estaban en el poder durante la dictadura

Note:

Your instructor may ask you to read over the questions in the section **Exploración** before you see the film, in order to improve your understanding of it.

Exploración

A. **¿Cierto o falso?** Lea las siguientes oraciones. Indique **C** (cierto) o **F** (falso). Corrija las oraciones falsas.

_____ 1. Los alumnos de Alicia creen que sus libros de historia cuentan la verdad.

_____ 2. Gaby fue abandonada por su madre biológica.

_____ 3. De niña, Alicia fue abandonada por sus padres.

_____ 4. Roberto y sus asociados son enemigos de la junta militar.

_____ 5. El gobierno militar está desintegrándose.

_____ 6. Roberto y sus asociados tienen miedo de ser procesados (*put on trial*) por sus crímenes.

B. **La historia**

1. ¿A qué clase social pertenece Alicia? ¿Cuál es su profesión?
2. ¿Quiénes son las personas asociadas con Roberto?
3. ¿Cuál es la historia de Ana?
4. ¿Cómo ayudan los alumnos de Alicia para que ella abra los ojos?
5. ¿Cuál es la historia de Benítez? ¿Por qué le devuelve a Alicia el expediente (*file*) de Costa?
6. ¿Por qué tiene miedo Macci? ¿Cuál es la reacción de Roberto y sus otros asociados?
7. ¿Cuál es el objetivo de la búsqueda de Alicia? ¿Cómo reacciona Roberto cuando ella le pide información?

---

1 The **Investigación** sections suggest topics related to the movie that you may want to find out more about. Your instructor may assign these to individuals or groups and have them report the information to the class.

8. ¿A quién le pide Alicia ayuda en su búsqueda? ¿La ayuda o no esta persona?

9. ¿Quién es Sara? ¿De qué clase social es? ¿Cómo se conocen ella y Alicia?

10. ¿Por qué hay tensiones entre Roberto, su padre y su hermano?

11. ¿Por qué está tan agitado Roberto después de la fiesta en su casa?

12. ¿Qué les pasó a los parientes de Sara? ¿A quiénes busca ella?

13. ¿Cuál es la relación probable entre Sara y Gaby?

14. ¿Por qué saca cajas de su oficina Roberto?

15. ¿Cuál es el conflicto entre Roberto y Ana?

16. ¿Cómo reacciona Roberto cuando le presentan a Sara?

17. ¿Cómo termina la película?

Análisis y contraste cultural

Vocabulario

La tortura	
castigar	*to punish*
el golpe	*blow, hit*
el grito	*cry, shout*
la picana	*electric shock treatment*
el submarino	*dunking, holding under water*
la violación	*rape*

Otras palabras	
apurado(a)	*in a hurry, rushed*
el asado	*barbecued meat*
la broma	*joke*
el/la cobarde	*coward*
lleno(a)	*full*
el/la perdedor(a)	*loser*
rechazar	*to reject*

Expresiones regionales[2]	
che	*term of address used for a friend* [3]
el chiquitín, la chiquitina	*little one, child*
el despelote	*mess, fuss*
la macana	*lie*
la mucama	*maid*
la nena	*girl*
el pibe (la piba)	*kid, child*
el subte	*short for subterráneo, subway in Buenos Aires*
viejo(a)	*(literally, "old one") term of affection used for a parent; in many places this term can refer to a spouse*

---

2   These terms are not used exclusively in Argentina—some are heard elsewhere as well.

3   The use of **che** is very common and explains how Ernesto «Che» Guevara, an Argentinian who was part of the Cuban Revolution, received his nickname.

A. **¡Falta algo!** Escoja la palabra adecuada para completar la frase.

1. Ese hombre no quiso defender a su mujer. ¡Qué...
   a. despelote!
   b. cobarde!
   c. golpe!

2. Había mucha gente allí. El lugar estaba totalmente...
   a. apurado.
   b. submarino.
   c. lleno.

3. Esta oferta es ridícula. Seguramente la van a...
   a. aceptar.
   b. querer.
   c. rechazar.

4. En la cárcel, la amenazaban con la violación y...
   a. la comida.
   b. la picana.
   c. la mentira.

5. Esa nena es tremenda. Cuando su mamá sepa que robó ese dinero, la va a...
   a. celebrar.
   b. entender.
   c. castigar.

6. No te enojes con ella. Es solamente una...
   a. criatura.
   b. perdedor.
   c. santa.

B. **En otras palabras...** Para cada oración a la izquierda, busque un equivalente a la derecha.

_____ 1. ¿Qué edad tiene la nena?	a.	Está muy apurado.
_____ 2. Lo único que sé hacer es el asado.	b.	Fue un chiste, eso es todo.
_____ 3. Es un despelote total.	c.	Es un gran lío.
_____ 4. Tiene mucha prisa.	d.	Sólo puedo preparar carne a la parrilla.
_____ 5. Sólo fue una broma.	e.	¿Cuántos años tiene la piba?

C. **¿Y en Argentina?** Para cada palabra subrayada, busque una palabra que se podría oír en Argentina. (Consulte la sección «**Expresiones regionales**».)

> *Modelo:*
>
> ¿Dónde están los <u>niños</u>? ¿En la escuela?
>
> **¿Dónde están los pibes (chiquitines)? ¿En la escuela?**

1. ¿Qué tal, <u>amigo</u>?
2. Estoy cansada de tantas <u>mentiras</u>.
3. ¿Caminamos o tomamos el <u>metro</u>?
4. Mi <u>papá</u> nunca me deja hacer nada. Es demasiado estricto.
5. ¿Cómo se llama la <u>chica</u>? ¡Qué linda!
6. La <u>criada</u> no trabaja los domingos.

> ### Nota cultural
>
> Los estudiantes de Alicia hablan del patriota argentino Mariano Moreno. Moreno participó en la Revolución de Mayo, el movimiento de independencia argentino. Fundador de la Biblioteca Nacional y editor del periódico *La Gaceta de Buenos Aires*, Moreno quería una separación definitiva de España, pero los conservadores estaban en contra. En 1810 aceptó un puesto diplomático en Brasil e Inglaterra pero murió misteriosamente en el viaje a Londres. En 1816, Argentina declaró la independencia.

Temas de conversación o composición

Discuta con sus compañeros los temas que siguen.[4]

1. el título de la película (¿Hay alguna diferencia entre la versión oficial y la verdadera historia argentina? ¿y la verdadera historia de Gaby? ¿y la verdadera historia de los padres de Alicia? Explique.)
2. el colegio (¿Qué palabra se repite en el himno nacional argentino? ¿Hay alguna ironía en esto? ¿Con qué se compara el colegio? ¿Puede decirse que el colegio representa la sociedad argentina?)

---

4   Your instructor may ask you to report back to the class
    or write a paragraph about one of the topics.

3. la canción que canta Gaby:

    «*En el país de Nomeacuerdo*   *Ay, qué miedo que me da.*
    Doy un paso y me pierdo.   *Un pasito para atrás*
    Un pasito por allí   *Y no doy ninguno más*
    No recuerdo si lo di.   *Porque ya yo me olvidé*
    Un pasito por allá   *Dónde puse el otro pie.*» [5]

    (¿Cuál es «el país de Nomeacuerdo»? ¿Hay alguna relación entre esta canción y
    los hechos de la película?)

    4. la violencia (¿Cómo se manifiesta en la película? ¿Qué representa la
        violencia en los juegos de los niños? ¿Hay otras referencias indirectas a
        la violencia y la tortura?)

    5. los factores que contribuyen a la caída de la dictadura (¿Cuál es el
        papel de las madres y las abuelas de los desaparecidos? ¿de la crisis
        económica? ¿de la guerra de las Malvinas?)

    6. la denuncia social y política (¿Cómo se benefician Roberto y su familia
        de su asociación con la dictadura militar? ¿Qué clase social y opiniones
        políticas representa Roberto? ¿El padre y el hermano de Roberto?
        ¿Benítez? ¿Sara? ¿Qué clase social y qué institución apoya el sacerdote?
        ¿Puede verse la familia extensa de Roberto como microcosmos de la
        sociedad argentina?)

    7. el personaje de José (¿De dónde es José? ¿A qué guerra se refiere
        Roberto al decirle, «Ustedes perdieron»? ¿Por qué habrá inmigrado a
        Argentina? ¿Por qué se llevan (*get along*) mal él y Roberto? ¿Tienen José
        y Ana algo en común?)

8. el personaje de Benítez (¿Dónde enseñaba antes? ¿Por qué ya no
    enseña allí? ¿Cómo contribuye a la toma de conciencia de Alicia?
    ¿Prefiere usted su manera de enseñar o la de Alicia? ¿Conoce usted a
    algún profesor o profesora como él?)

9. el personaje de Roberto (¿Cuál es su defecto, según su padre? ¿De
    qué lo acusa su hermano Enrique? ¿Por qué tiene miedo de perderlo
    todo? ¿Se manifiestan sus tendencias violentas en la última parte de
    la película? ¿Es, en algún sentido, un torturador?)

10. el personaje de Alicia (¿Es, en algún sentido, cómplice de la
    dictadura? ¿Cómo cambia durante la película? ¿En qué se parecen la
    historia de Alicia y la de Gaby? ¿Por qué abraza Alicia a Roberto al
    final de la película? ¿Por qué deja las llaves en la cerradura cuando se
    va de su casa? ¿Cuál es su dilema al final de la película? ¿Qué haría
    usted si estuviera en la misma situación?)

---

5   María Elena Walsh, «En el país de Nomeacuerdo»,
    Canciones infantiles, Volume II.

Una escena memorable

¿Qué pasa en esta escena? ¿De qué se entera Alicia? ¿Cómo es Ana?

Hablan los personajes

Analice las siguientes citas, explique de quién son y póngalas en contexto. (Para una lista de los personajes, ver el ejercicio B en la sección «**Antes de ver la película**».)

1. «Comprender la historia es prepararse para comprender el mundo. Ningún pueblo puede sobrevivir sin memoria. La historia es la memoria de los pueblos.»

2. «No hay pruebas porque la historia la escriben los asesinos.»

3. «Siempre es más fácil creer que no es posible, ¿no? Sobre todo porque, para que sea posible, se necesitaría mucha complicidad.»

4. «Ser pobre no es ninguna vergüenza, como ser rico no es ningún honor.» «Los únicos ladrones (*thieves*) no son los que aparecen en la tele, ¿eh?»

5. «Llorar no sirve para nada. Yo sé lo que le digo. Llorar no sirve.»

Hablando de la cultura

Comente la distancia que mantienen las personas mientras hablan en esta película. Por ejemplo, cuando Ana y Alicia están hablando de lo que le pasó a Ana durante su «ausencia», ¿cómo están sentadas? ¿Sería diferente si fuera una película con personajes de habla inglesa?

Hablan los críticos y los directores

Según Aída Bortnik, *La historia oficial* es "a story of a consciousness that awakens. It is also a tragedy in the Greek sense of the word. Alicia is an Oedipus, conscious that knowledge of her destiny can destroy her, but who is unable to stop. From this point of view she is a tragic being."

¿Cómo se despierta la conciencia de Alicia? ¿Es ella un ser trágico, en su opinión?

En una crítica feminista de *La historia oficial*, Cynthia Ramsey dice: "The critical viewer must work out the problems posed by the film on the personal and political levels which operate in a parallel manner ... *The Official Story* links the fascist within to the fascist without."
—**Cynthia Ramsey, "The Official Story: Feminist Re-visioning as Spectator Response",** *Studies in Latin-American Popular Culture*, **Volume 11, 1992.**

En su opinión, ¿se presta *(lend itself)* la película a una intepretación feminista? Comente el paralelismo de los niveles personal y político en la película.

Más allá de la película

La historia oficial, Argentina, Luis Puenzo, 1983

Producción comenzada los últimos meses del régimen militar y estrenada al comienzo de la democracia, tuvo un singular éxito° de audiencia y fue galardonada con° un premio Oscar. Esto demuestra la capacidad de convocatoria popular° que la película ejerce° por medio de un lenguaje cinematográfico aparentemente hegemónico,° «mainstream», hollywoodense, pero subversivamente alegórico y simbólico. El director Puenzo trabajó anteriormente en publicidad televisiva, por lo que se hace patente° en algunas escenas una «estética publicitaria» que hace hincapié en° la composición, el uso de los decorados y el color.

La película cuenta el proceso de toma de conciencia° de Alicia, cuarentona° profesora de historia que aprende de sus alumnos las verdades no relatadas en los libros del discurso hegemónico. El personaje es una clara alusión intertextual a *Alicia en el país del espejo* de Lewis Carroll. En la banda de sonido° se incluye una canción infantil° de la poetisa María Elena Walsh—perseguida por la dictadura—, motivo° musical que plantea° a Argentina como una sociedad tenebrosa° y amenazante. La heroína comprende que ni la historia ni el presente son lo que había sido inducida a pensar,° y se derrumba° su pequeño y sólido mundo burgués.

success
fue... *was awarded*
capacidad... *mass appeal / exerts*
dominant

obvious
hace... *emphasizes*
toma... *consciousness raising*
fortyish

banda... *sound track / children's*
theme
presents / sinister

inducida... *led to believe /* se...
collapses

Roberto, el marido de Alicia, es un oportunista que ha usufructuado° *profited*
haciendo negocios con miembros de la élite militar. Llegado el momento
crítico, ejerce sobre Alicia una sorprendente habilidad de torturador... La
hija que el marido trajo a casa una noche, y que ha sido adoptada sin ningún
inconveniente° burocrático-legal, resulta ser el bebé de una «desaparecida» *problem*
posteriormente eliminada. Al final de la película, la heroína abandona a
Roberto, representante de una Argentina dictatorial y violenta, justificada
por el engaño° y la mentira° histórica, para salir a enfrentarse a° un futuro *deceit / lie / enfrentarse... confront*
incierto a partir de° la dolorosa verdad recién descubierta. *a... given*

La narrativa es construida sobre convenciones genéricas del
melodrama familiar. La vida de Alicia gira en torno a su hogar,° su hija, su *gira... revolves around her home*
marido, sus alumnos, su amiga de la juventud. La trama° comienza con la *plot*
ceremonia que da comienzo al año lectivo,° cuya puesta en escena recalca° *año... academic year / cuya... whose staging stresses /*
ostensivamente la iconografía del Holocausto: trenes, alambres de púa,° *alambres... barbed wire /*
seres humanos en formación bajo la lluvia, altavoces° que hacen escuchar *loudspeakers*
una versión disonante del himno nacional argentino. Esta escena, filmada
en un auténtico colegio secundario en Buenos Aires, crea una sensación
de «verdad histórica», corporizando la idea de que los argentinos han
sobrevivido a un genocidio. Simultáneamente, evoca también la imagen
mitológica de los habitantes de Buenos Aires reunidos° el 25 de mayo *gathered*
de 1810 bajo la lluvia para reclamar° el fin del virreinato° español, acto *demand / viceroyalty*
constitutivo de la voluntad política independiente° en la versión oficial de *constitutivo... representative of independent political will*
la historia.

El desarrollo° de la trama durante el año lectivo es paralelo a los *development*
sucesos° de 1983 en Argentina, durante los cuales aprenderá la profesora *events*
de sus alumnos que la historia oficial la escribieron los asesinos eliminando
a sus opositores. La película inserta en la narrativa la realidad histórica
de la protesta popular y el derrumbe del régimen militar por medios° *means*
estéticos diversos: filmación testimonial de Alicia con las Madres de Plaza
de Mayo en la manifestación semanal° frente al palacio presidencial, otra *manifestación... weekly demonstration*
manifestación escenificada para enfrentar a Alicia con verdades que no
quería ver, pasando por carteles° y panfletos enfocados en forma tal que el *posters*
espectador no los puede ignorar.

De acuerdo con la tradición melodramática, Alicia se ve llevada de crisis
en crisis, y puede percibirse el momento exacto de su cambio, casi como si
la película cumpliera° los preceptos de un manual para argumentistas° de *fulfilled / script writers*
cine. Alicia libera su cabello° hasta entonces permanentemente recogido,° *hair / gathered in a bun*
se permite flirtear con el profesor de literatura y «putear»,° en un estilo *swear*
coloquial porteño.° Simultáneamente, califica con sobresaliente° al alumno *of Buenos Aires / califica... gives a high grade*
que anteriormente quiso sancionar por haber propuesto una interpretación
revisionista de hechos° históricos pasados, donde mutilación y asesinato° *events / murder*
son parte indivisible de la versión presentada. El esquematismo genérico
no logra neutralizar momentos estremecedores,° como el relato° verbal de *horrifying / account*
las torturas que sufrió una amiga que regresa del exilio, puesto en escena
con un minimalismo que lo transforma en un testimonio histórico, no
falto de° acompañamiento musical melodrámatico. *no... not without*

Los vínculos° del marido de Alicia con el régimen militar son claros al espectador y a la protagonista desde un principio.° Es el carácter terrorista del régimen lo que Alicia «no veía». Uno de los socios° es denominado «el General»; los negocios son oscuros y conectados con norteamericanos; la fidelidad mutua y el silencio son una condición básica para el éxito. Todos los socios demuestran solvencia° cuando se trata de° hacer callar a quien° el próximo cambio de gobierno le hace perder el control sobre sí mismo°; viajan en automóviles del modelo usado por los «servicios»° y los grupos de exterminio°... Esta representación no deja lugar a dudas: el marido de Alicia ha participado en acciones de exterminio junto con sus socios, y así ha conseguido el bebé que han adoptado. La esterilidad fisiológica del matrimonio° es alegórica a lo que la unión entre el Pueblo,° que Alicia simboliza, y la dictadura corrupta, que su marido simboliza, pueden producir.

La aparentemente convencional estética de la película es de-construida no sólo por esos mismos «momentos» de discurso opositor, sino también por la inclusión de actores que volvieron del exilio político en esa época. Ana, la amiga que cuenta las torturas sufridas, es «Chunchuna» Villafañe, conocida modelo y actriz que había salido al exilio con su marido, el director Fernando Solanas. Héctor Alterio, que actúa como el marido, había estado exilado en España, donde actuó en diversas películas. El profesor de literatura «adorado por sus alumnos» y que intermedia entre Alicia y la verdad histórica —convención genérica hollywoodense—es el actor chileno exilado Patricio Contreras.

La película logra intercalar° lo fictivo con lo auténtico construyendo una representación altamente estetizada° y aparentemente «realista» de la que han desaparecido militares con uniforme. Un tabú discursivo permite mostrarlos vestidos de civil, hablar sobre ellos, sugerir, metaforizar, pero no representarlos visualmente con sus atributos identificatorios. La amenazante presencia militar en la sociedad argentina, que se manifestó en rebeliones durante los primeros años del gobierno democrático, crea una limitación que *La historia oficial* no se atreve a desafiar°...

El padre de Roberto es un viejo español a quien su acento denuncia° sin lugar a dudas... Su persona no tiene ninguna función narrativa propia, salvo° establecer la contradicción entre los valores éticos de los que es portador° y el pragmatismo oportunista y egocéntrico que caracterizan a Roberto. En Argentina logró levantar° una carpintería y pequeña fábrica° de muebles que en el presente (1983) funciona a manos de otro hijo, viudo° con tres hijos, a quien el coste de la vida ha hecho volver a vivir con los padres. Roberto es el hijo que ha logrado salir de la humildad° y enriquecerse.° Los interiores de las casas manifiestan claramente las diferencias socioeconómicas...

El conflicto entre Roberto y su padre explota en medio de un almuerzo familiar organizado para pacificar las relaciones entre ambos,° que no se encuentran desde hace tiempo, indudablemente desde que el viejo revolucionario desaprueba la vida que lleva Roberto. En medio del acontecimiento° familiar, donde participan tres generaciones, Roberto es

ties

desde... from the beginning
partners

demuestran... can be relied upon / se... it is a matter of / those who / si... themselves / secret service
grupos... death squads

married couple / people

logra... manages to intersperse
aestheticized

no... doesn't dare to challenge
gives away

propia... of its own, except
de... that he holds
to build / factory

a widower

poverty
get rich

the two

event

un elemento disonante que se entretiene acosando° al perro de la casa. Su forma de abrazar a la madre es sorprendente y desagradable: la «ataca» por la espalda. Bajo la mirada despectiva° de Roberto, el viejo enseña a sus nietos que es preferible ser humilde con la conciencia tranquila, y que «ladrones° no son sólo como los de la televisión», frase portadora de° la máxima anarquista «la propiedad privada es robo». El viejo hace reír a los presentes diciendo que Roberto mira hacia el cielo sólo para ver si llueven dólares. Ante la explosión de ira° de su hijo, el viejo condena dolorosamente a Roberto por contarse° entre los pocos que se han enriquecido de la miseria popular° causada por el régimen militar. La respuesta no es menos hiriente°: las tesis° anarquistas del viejo han fracasado° en la guerra civil española... y la historia le ha pasado por encima. El hermano acusa a Roberto de difundir la versión engañosa de los acontecimientos.° La deuda externa e interna,° en dinero y en sangre humana, la pagarán las generaciones futuras. La escena concluye sin desembocar° en otra. Ha servido para establecer que la «familia argentina» sufre de contradicciones° internas insalvables°...

[E]l viejo español... ha quedado fiel° a principios de ética igualitarista anti-estatista en un momento en que el estado argentino fue transformado en herramienta° de enriquecimiento por una minoría... Frente a la actitud acomodaticia° de la clase media que usufructúa la situación, el viejo representa la herencia histórica de quienes estuvieron dispuestos a luchar° por los ideales de república y socialismo. «Patria socialista» había sido el proyecto que la izquierda peronista intentó concretar° y fue aplastado° por la dictadura militar que llega a su fin. El film sugiere así una tímida reivindicación° de los grupos clandestinos que intentaron° resistir al golpe° militar, y recuerda que también ellos fueron aplastados por la represión. Desapareciendo el viejo del resto de la película, la opción que representa queda descartada,° mero recuerdo en la memoria popular pero falto de relevancia actual.° La actitud de las guerrillas urbanas durante el gobierno constitucional entre 1973 y 1976 carga° también su parte de responsabilidad por el desencadenamiento° de la «guerra sucia», hecho° que no justifica la estrategia genocida de los militares. La imagen del viejo republicano anarquista es utilizada como construcción estética mitológica que encubre° la contradicción entre el ideal revolucionario pasado y el pragmatismo presente necesario.

---

harassing

contemptuous

thieves / portadora... *that carries*

anger
being
miseria... *poverty of the people*
hurtful / ideas / failed

difundir... *spreading a deceptive version of events* / deuda... *foreign and domestic debt / culminating*

conflicts

unsurmountable
faithful

tool

accommodating

quienes... *those who were willing to fight / to bring about*

crushed

recognition / tried

coup

discarded
falto... *no longer relevant*
bears
triggering / a fact

masks

Preguntas

1. ¿Cuándo se comenzó la producción de *La historia oficial*? ¿Cree usted que fue peligroso hacer la película en Argentina en esa época? Explique.

2. ¿Cómo es el lenguaje cinematográfico de la película?

3. ¿Está usted de acuerdo en que el personaje de Alicia es una alusión a *Alicia en el país del espejo* de Lewis Carroll? Explique.

4. ¿Qué aprende Alicia de sus alumnos? ¿Qué comprende ella después de su toma de conciencia?

5. ¿Cómo se hizo rico Roberto? ¿Qué representa este personaje, según el artículo?

6. ¿Sobre qué convenciones se construye la narrativa? ¿Qué recalca la puesta en escena de la ceremonia que da comienzo al año lectivo?

7. ¿Qué sucesos históricos (de 1983 en Argentina) se insertan en la trama de la película?

8. ¿Cómo se manifiesta el cambio de Alicia?

9. ¿En qué ha participado Roberto, según el artículo? ¿Qué representa la esterilidad fisiológica del matrimonio?

10. ¿De dónde es el padre de Roberto? ¿Cuál es la función narrativa de este personaje?

11. En *La historia oficial* los personajes militares van vestidos siempre de civil. ¿Por qué no visten nunca uniforme, según el artículo?

12. ¿Por qué el padre de Roberto condena a su hijo? ¿Cuál es la respuesta de Roberto? ¿De qué lo acusa su hermano? ¿Qué establece esta escena?

13. ¿Qué representa el viejo español?

Caballos salvajes

Presentación de la película:

José, un hombre de unos setenta años, entra en una compañía financiera de Buenos Aires con un revólver. Le dice a Pedro, un joven ejecutivo, que si no le da 15.344 pesos, se va a matar. El joven no sabe qué hacer pero no quiere que los guardias maten al hombre. Su decisión cambiará su vida para siempre.

✻ Marcelo Piñeyro, el director de la película, estudió cine en la Facultad de Bellas Artes de La Plata. En 1980 se asoció con Luis Puenzo y en 1984 trabajó con él en *La historia oficial*. En 1992 hizo *Tango feroz* y en 1995 *Caballos salvajes*. Aída Bortnik, la guionista (con Piñeyro), también trabajó en *La historia oficial* y *Tango feroz*. Otras películas de Piñeyro son *Cenizas del paraíso* (1997), *Plata quemada* (2000), *Kamchatka* (2002) y *El método* (2005).

✻ Héctor Alterio, que interpreta a José, ha trabajado en muchas películas en Argentina y España; algunas de ellas son *La historia oficial*, *La tregua* (de Sergio Renán) y *Cría cuervos* (de Carlos Saura). Leonardo Sbaraglia, el joven actor que ➤

◀ interpreta a Pedro, colaboró con Piñeyro en *Tango feroz* y recibió varios premios por su actuación en *Caballos salvajes*.

✱ La película recibió muchos premios internacionales y fue seleccionada para representar a Argentina en Hollywood en la categoría Mejor Película Extranjera, 1995. ▪

Preparación

Vocabulario preliminar

Note:

In Argentina the letters **ll** often sound like **j** in English: **llorar**, for instance, might be pronounced as if it began with an English **j**. See the information on the **vos** form on page 18.

Cognados		
el/la anarquista	el dilema	el revólver
el asalto	la justicia	el sistema
el cadáver	la injusticia	la víctima
el depósito		

El dinero	
apostar (ue) (la apuesta)	*to bet (bet)*
la recompensa	*reward*
devolver (ue)	*to return, give back*
la empresa	*company, large business*
estafar (la estafa)	*to swindle, cheat (swindle, trick)*
la financiera	*financial or loan company*
negociar (el negocio)	*to negotiate (business)*
la plata	*(colloquial, Latin America) money*

El mundo criminal	
amenazar (la amenaza)	*to threaten (threat)*
apuntar (con)	*to aim (with - e.g., a gun)*
asustar	*to frighten*
denunciar (la denuncia)	*to report, denounce (report, denouncement)*
desesperado(a)	*desperate, without hope*
el/la cómplice	*accomplice*
el escudo	*shield*
el/la indomable	*untameable one, indomitable one*
el ladrón (la ladrona)	*thief*
el matón	*(colloquial) thug*
obligar	*to force*
pegar un tiro	*to fire a shot, shoot*
el/la rehén	*hostage*

A. **Un asalto.** Complete los párrafos con palabras de las listas.

amenazar	cómplices	revólver
apuntó	desesperado	tiro
asustar	ladrón	

Un hombre (1) _____ entró en un banco con un (2) _____ y empezó

a (3) _____ a los empleados. (4) Los _____ con el revólver y pegó

un (5) _____ , pero sólo quería (6) _____ los. Resultó que

el (7) _____ tenía dos (8) _____ que ya estaban en el banco.

cadáver	obligaron	rehenes
denunció	recompensa	víctima
escudo		

Los tres (9) _____ a un empleado a darles todo el dinero que había en la caja

(cash register). Después salieron del banco usando a unos (10) _____ como

(11) _____ . Uno de los rehenes murió en el fuego cruzado con la policía;

el (12) _____ de la (13) _____ fue llevado a la morgue. Al día siguiente

el banco (14) _____ el robo de un millón de pesos. Para cualquier persona que ayude

a encontrar a los asaltantes, hay una (15) _____ de diez mil pesos.

B. **Usted y el dinero.** Conteste rápidamente estas preguntas. No es necesario contestar con una oración completa.

1. ¿Tiene usted dinero en un banco o en una financiera?
2. ¿Hace un depósito todos los meses?
3. En que gasta más plata: ¿en ropa o en comida?
4. ¿Ha trabajado alguna vez en una empresa grande?
5. ¿Le gusta hacer apuestas?
6. Cuando sus amigos le prestan dinero, ¿siempre se lo devuelve?

C. **Mi abuelo.** Escoja las palabras apropiadas para completar las oraciones.

1. Mi abuelo era _____ (comunista / anarquista); no le gustaba ninguna forma de gobierno.
2. Hace muchos años un banco lo _____ (estafó / asustó) y perdió todo el dinero que tenía.
3. Dijo que prefería morirse a tolerar todos los _____ (negocios / dólares) sucios del _____ (dilema / sistema).
4. Desde ese día empezó a luchar como una especie de _____ (indomable / matón) contra las _____ (justicias / injusticias) sociales.

Antes de ver la película

A. Pérdidas

1. ¿Ha perdido usted alguna vez un cheque o su billetera con dinero adentro? ¿Ha perdido dinero de otra forma? ¿Cuántos dólares perdió? ¿Cómo los perdió?

2. ¿Ha perdido otra cosa de valor, por ejemplo joyas, un pasaporte, un reloj? ¿Qué perdió? ¿Cómo lo perdió? ¿Qué sintió cuando descubrió que no lo tenía? ¿Qué hizo?

3. ¿Ha perdido algo en una apuesta? ¿Qué?

4. ¿Le han robado alguna vez? Si es así, ¿qué le robaron? ¿Recuperó lo robado?

B. Los animales

1. ¿Tiene o ha tenido un animal doméstico? ¿Qué clase de animal? ¿Cómo se llama o llamaba? ¿Cómo es o cómo era?

2. ¿Qué piensa de la costumbre de guardar pájaros en jaulas *(cages)* o peces en un acuario?

3. ¿Por qué motivos tiene la gente animales domésticos?

C. Los personajes. Lea las descripciones y los nombres de los personajes. Después de ver la película, empareje cada personaje con su descripción.

_____ 1. un hombre que ha perdido unos quince mil pesos   a. Martín

_____ 2. un joven ejecutivo   b. Eusebio

_____ 3. una muchacha que acompaña a los «indomables»   c. Natalia

_____ 4. un joven periodista   d. José

_____ 5. el director de un programa de noticias   e. Rodolfo

_____ 6. el vicepresidente de una compañía financiera   f. García del Campo

_____ 7. el amigo y cuñado *(brother-in-law)* de José   g. Pedro

_____ 8. la cuñada de José   h. Ana

Investigación

Busque información sobre uno de los temas que siguen.[1]

1. la época de la dictadura militar en Argentina (la película hace varias referencias a ese período)

2. la economía argentina en la década de los noventa

3. la gran diversidad de la geografía argentina: las montañas, la costa, las pampas (en la película se ven muchos paisajes distintos)

4. las grandes haciendas, o estancias, de Argentina y el gaucho, o *cowboy,* argentino

Note:

Your instructor may ask you to read over the questions in the section **Exploración** before you see the film, in order to improve your understanding of it.

Exploración

A. Las circunstancias. Ponga en orden cronológico los siguientes acontecimientos. Después explique las circunstancias de cada uno.

_____ a. El joven ejecutivo encuentra medio millón de dólares en el cajón *(drawer)* del vicepresidente de la financiera.

_____ b. El joven y el viejo viajan para el sur pero se les arruina el auto.

_____ c. Una muchacha roba el dinero pero lo devuelve en seguida.

_____ d. Los «indomables» devuelven casi medio millón de dólares a la gente del pueblo Cerros Azules.

_____ e. José compra los caballos con el dinero que recuperó de la financiera.

_____ f. Un hombre entra en una financiera con un revólver.

_____ g. El joven llama a su «amigo» Rodolfo y descubre que Rodolfo lo amenaza porque cree que sabe algo del dinero y de un hombre que se llama Pérez.

_____ h. Los «indomables» se separan, y Pedro y Ana escapan.

_____ i. Unos camioneros *(truck drivers)* protegen a los «indomables» de dos matones.

B. La historia

1. ¿Sobre qué tema está haciendo Martín un reportaje al principio de la película?

2. ¿Qué quiere decir Rodolfo cuando dice «Si dicen Pérez, le decís que lo suyo está aquí, que puede pasar a buscarlo»?

3. ¿Por qué le dice Pedro a José que le grite y que lo apunte con el revólver?

---

1   The **Investigación** sections suggest topics related to the movie that you may want to find out more about. Your instructor may assign these to individuals or groups and have them report the information to the class.

4. ¿Quién encuentra la nota que dice «Me devuelven lo que me estafaron o me mato aquí y ahora»?

5. ¿Qué piensa José de Pedro al principio? ¿Por qué cambia de opinión cuando Pedro llama a Rodrigo?

6. Cuando Pedro tiene miedo de llamar a su mamá porque teme que la gente de la financiera haya intervenido *(tapped)* el teléfono, ¿qué le dice José? Cuando la llama, ¿qué le dice ella? ¿Por qué está llorando?

7. ¿Adónde van Pedro y José?

8. ¿Por qué hacen un video?

9. En la financiera, ¿por qué no se puede encontrar ninguna información sobre el depósito inicial?

10. ¿Quién trata de robar el dinero? ¿Cómo es esta persona?

11. ¿Por qué ofrece la financiera una recompensa de quince mil pesos para «ayudar a Pedro»?

12. ¿Qué pasa en la planta de Petromak en Cerros Azules?

13. ¿Qué reacción tiene Pedro cuando lee su descripción en el periódico?

14. ¿Quiénes son los amigos de José en el sur?

15. ¿Qué les habría pasado a los caballos si José no los hubiera comprado?

16. ¿Qué pasa entre Ana y Pedro? ¿Adónde van al final de la película?

Análisis y contraste cultural

Vocabulario

Los medios de comunicación	
la cámara (de video)	*(video)camera*
el casete	*cassette*
convencer	*to convince*
grabar	*to tape*
investigar	*to investigate*
el noticiero	*news program*
el/la periodista	*reporter, journalist*

Expresiones regionales[2]	
la cana	*police*
la guita	*money, dough*
la luca	*thousand pesos*
medio palo verde	*half a million dollars*
el micro	*bus*
el/la muñeco(a)	*doll, good-looking person*
el/la nene(a)	*kid, child*
el/la pibe(a)	*kid*

---

2 These terms are not used exclusively in Argentina—
   some are heard elsewhere as well.

Otras palabras	
confiar en	*to trust*
elegir (i)	*to choose*
equivocar(se)	*to be wrong*
la frontera	*border*
gracioso(a)	*funny*
orgulloso(a)	*proud*
proteger	*to protect*
el riesgo	*risk*
salvar	*to save (e.g., a life)*
seguro(a)	*sure; safe*
solidarizar (la solidaridad)	*to side with (solidarity, sticking together)*
transformar(se) en	*to become, change into*

A. En las noticias. Complete las oraciones con palabras apropiadas de la lista «Los medios de comunicación». ¡Ojo! Hay que conjugar un verbo.

1. Pedro dice que Martin puede _____ lo que le dice por teléfono.

2. Rogelio le alquila *(rents)* una _____ para filmar un cumpleaños.

3. Mandan el _____ a Buenos Aires con Norberto, un camionero, para que llegue a tiempo para el programa de noticias de ese día.

4. Martín es un joven _____ .

5. Trabaja en un _____ de la capital.

6. Martín _____ la financiera y dice que el 80 por ciento de los nombres de FinanSur y Banco Alcázar coinciden.

7. Pedro y José tratan de _____ al público de que la financiera es corrupta.

B. En resumen. Complete las oraciones con palabras apropiadas de la lista «Otras palabras». ¡Ojo! Hay que conjugar algunos verbos.

1. José _____ a Pedro entre los empleados de la financiera porque parece simpático.

2. Pedro se _____ en el escudo de José.

3. "A mí la conciencia de la gente que _____ más el dinero que la vida no me preocupa", dice José.

4. José dice que lo único que corrió el _____ fue su vida, no la vida de Pedro, porque se apuntaba el revólver a sí mismo.

5. Rodolfo les dice a los periodistas que no sabe nada del dinero pero que _____ en la justicia.

6. Pedro dice que tienen que explicar que José y él sienten una gran _____ , que él nunca fue rehén.

7. El papá de José estaba muy _____ de su nieto y quería que fuera a Buenos Aires a estudiar.

8. «Muy _____», dice Ana cuando José sugiere pararla sobre cemento y tirarla al río.

9. Según José, «Lo _____ era dejar que me pegara un tiro ahí»; en la vida, no hay seguridad.

10. Rodolfo dice que se _____ , que cometió varios errores, como subestimar a Pedro, por ejemplo.

11. Pedro le dice a José que está bien, que pudieron _____ a los caballos.

12. Al final de la película, Pedro y Ana cruzan la _____ .

C. **¿Y en Argentina?** Para cada palabra subrayada, busque una palabra que se podría oír en Argentina. (Consulte la sección «Expresiones regionales».)

> *Modelo:*
>
> ¿Cómo te llamas, <u>niño</u>?
>
> **¿Cómo te llamas, nene?**

1. Regalaron <u>500.000 dólares</u> a Amnistía Internacional.

2. Hay una recompensa de quince <u>mil pesos</u>.

3. Quiere una parte <u>del dinero</u>.

4. Ya no pasan más <u>autobuses</u>. Es tarde.

5. A ver, <u>guapo</u>. Te ves muy distinto.

6. Me gusta esa <u>chica</u>.

7. No es la <u>policía</u>; son militares.

Nota cultural

En esta película se usan indistintamente las palabras *dólar* y *peso*. Durante mucho tiempo, un peso argentino equivalía más o menos un dólar americano. La palabra *palo* en Argentina se usa para indicar un millón de pesos, pero cuando se dice *palo verde* se refiere a dólares (porque son verdes). Algunas operaciones financieras se hacen sólo con billetes americanos.

Temas de conversación o composición

Discuta con sus compañeros los temas que siguen.[3]

1. los seres humanos y los animales (¿Quién crió los caballos de la película? ¿Tienen nombres? ¿Cómo habla José con ellos? ¿Cómo es la relación de José con ellos?)

2. el personaje de Pedro (¿Cómo es? ¿Cómo es su mamá? ¿En qué clase de marchas participaba ella cuando era joven? ¿Cómo es el papá de Pedro? ¿Qué dice de su hijo? Describa la vida de Pedro antes del día en que empieza la película. ¿Cómo habría sido su vida si José no hubiera entrado en la financiera con un revólver?)

3. el personaje de José (¿Cómo es? ¿Cómo era su papá? ¿Qué hizo su papá para su nieto? ¿Cómo perdió José a su hijo? ¿a su esposa? ¿Qué otra pérdida sufrió?)

4. la libertad (¿Qué personajes son más libres? ¿Por qué admira José a Ana? ¿Por qué cita José a Máximo Gorki, el escritor ruso: «El hombre arriesga su propia vida cada vez que elige, y eso lo hace libre»?)

5. el «sistema» y la política (¿Qué quiere decir José cuando pregunta, «¿No sería mejor que entendieras en qué clase de nido fuiste a meter la mano»? ¿Por qué dice Pedro que no quiere hablar de política? ¿Qué le contesta José? ¿Es comunista José?)

6. los medios de comunicación (¿Quién decide qué reportajes van a aparecer en el noticiero?¿Por qué dice Rodolfo «Debí manejar a la prensa antes que todo esto creciera»? ¿Por qué le dice García del Campo a Martín que pare la investigación de la financiera? Al principio, el compañero que va con Martín al sur dice que Pedro es como el protagonista de una película que Martín realiza. ¿Por qué pregunta después «¿Te cambió la película, director?» ¿Qué quiere decir José cuando comenta que la televisión tiene que vender y que ellos no venden nada? ¿Es muy distinto el programa de la radio local en el sur?)

7. las apuestas (¿Qué apuesta hace José cuando elige a Pedro? Cuando se entera de la recompensa de quince mil pesos para cualquier persona que ayude a encontrar a Pedro, dice que la financiera apuesta «a lo peor de la gente». ¿A qué había apostado José toda su vida? ¿Qué opina usted de la última pregunta de José: «Los dos ganamos esta apuesta, ¿no es cierto, Pedro?» ¿Ganó José la apuesta?)

---

3   Your instructor may ask you to report back to the class
    or write a paragraph about one of the topics.

Una escena memorable

¿Qué pasa en esta escena? ¿Dónde está José? ¿Por qué está contento?

Hablan los personajes

Analice las siguientes citas, explicando de quién son y poniéndolas en contexto. (Para una lista de los personajes, ver el ejercicio B, «**Antes de ver la película**».)

1. «Se puede vivir una larga vida sin aprender nada. Se puede durar sobre la tierra sin agregar ni cambiar una pincelada del paisaje. Se puede simplemente no estar muerto sin estar tampoco vivo. Basta con no amar nunca nada, a nadie. Es la única receta infalible para no sufrir. Yo aposté mi vida a todo lo contrario y hacía muchos años que definitivamente había dejado de importarme si lo perdido era más que lo ganado. Creía que ya estábamos a mano (*even*) el mundo y yo ahora que ninguno de los dos respetaba demasiado al otro, pero un día descubrí que todavía podía hacer algo para estar completamente vivo antes de estar definitivamente muerto. Entonces me puse en movimiento.»

2. «No estoy hablando de la política. Hablo del mundo en el que estás viviendo… Los países se vacían, se rematan (*are being auctioned off*). Hay corporaciones que se reparten (*split up*) el mapa con la gente adentro. Ese Pérez puede ser un correo de la droga. Pero también puede ser un funcionario privatizador o el agente de una campaña de inteligencia. Todo el sistema funciona así, no solamente el narcotráfico.»

3. «Estoy harto de escuchar a los viejos decir que el mundo antes era mejor. ¿Acaso usted no usó un revólver al revés (*pointing the wrong way*) para convencerme?»

4. «Mi viejo era un bicho de ciudad. Nunca quiso moverse de Buenos Aires. Por eso nos veíamos poco. Yo no soportaba el ruido y a él lo volvía loco el silencio.»

5. «…hasta que la justicia no investigue su denuncia, no deseo seguir perteneciendo a una empresa que seguro [con seguridad] ha estafado a muchos otros, como a él.»

6. «Vos pará *(stop)* con eso. Para investigar a la financiera, vamos a poner a la flaquita… Laura. Y cuando tengamos un material irrefutable veremos cómo estalla *(goes off)* esta bomba. Por ahora, esto hay que mandarlo tal cual *(as it is)*. Con la réplica *(reply)* de la empresa, por supuesto.»

7. «Hasta la Biblia dice que se puede robar a los ladrones.»

8. «No empecemos con eso, por favor. No nos conocimos en el convento.»

9. «Saben todo. Están orquestando una jugada financiera o política, o con ambos objetivos, y no sabemos hasta qué nivel nos pueden incriminar.»

10. «Ésta es mi nota *(news item [colloquial])*. Yo la empecé y yo la voy a terminar.»

11. «Pero vos cambiaste todo. Empezamos a encontrar gente. Y la gente está allí si uno sale a buscarla. Y de eso me había olvidado.»

12. «Los salvamos a ellos. Y de paso también me salvó a mí.»

Hablando de la cultura...

En Argentina, hay grandes *estancias*, o haciendas. La cría de ganado *(cattle)* es muy importante para la economía del país; se exporta mucha carne de vaca y se producen muchos artículos de cuero *(leather)*. También hay muchos caballos; en Argentina, es muy popular montar a caballo, jugar al polo o ir a los hipódromos *(racetracks)*. El legendario gaucho, o *cowboy* argentino, experto en el manejo del caballo, es un símbolo nacional. En la literatura «gauchesca» es un ser independiente, indómito, hasta heroico. El gaucho nació en el siglo XVII cuando empezaba la industria ganadera y había muchos caballos salvajes en las pampas del país. ¿Por qué quiere José liberar a los caballos de la película? ¿Cómo se llama su caballo preferido? ¿Le va bien a José el nombre «El indomable»?

Hablan los críticos y los directores

Dice Marcelo Piñeyro, «La magia del cine, de la oscuridad… Las sombras proyectadas ahí. Y después, bueno, tengo el recuerdo de ir al cine, como un lugar donde uno sacaba el material para los juegos, ¿no? Ibas a ver una película de cowboys, y decías, bueno vos sos tal, vos sos tal… Y, bueno eso era, sobre ese momento de mi vida específico, o sea, esas muy primeras relaciones con el cine, de sacar material para los juegos, es lo que intenté, con lo que intenté jugar… haciendo *Caballos salvajes*.»
—**Marcelo Piñeyro, «Marcelo Piñeyro, un tipo como vos»,
una entrevista con Pablo Silva, el 19 de abril, 2000, © Fotograma.com**

¿Qué tiene en común *Caballos salvajes* con los «westerns» del pasado? ¿En qué son distintos?

(1) «Sobre la huella narrativa del road-movie americano, Piñeyro introduce una sensibilidad latina, profundizando la psicología de los personajes y dotando de lirismo la narración. Héctor Alterio es excelente. Sin dudas, Hollywood realizará una remake con Paul Newman y Antonio Banderas.» *La Reppublica* (de Italia) http://www.artear.com.ar/cine/caballos/index.html (2) «Una bella sorpresa inaugura la sección más espectacular de la Muestra. Piñeyro es un cineasta crecido a pan y cine de Hollywood. Alterio y Sbaraglia aportan una palpitante vitalidad latina. En dos años veremos la remake con George Scott y Keanu Reeves.»

—*L`Unità* (de Italia) http://www.artear.com.ar/cine/caballos/index.html

Si hay un «remake» de *Caballos salvajes* en Hollywood, ¿quiénes interpretarán a José y Pedro? Si ha visto ya la película *Shane*, con Alan Ladd, compárela con *Caballos salvajes*. (*Shane* es una de las películas de Hollywood que inspiró a Piñeyro.)

«Me enamoré del cine porque hay películas que me ayudaron a vivir. Desde aquellas de cowboys que me hablaban de un horizonte de aventura, hasta *Último tango en París*, en la que sentía que un tipo que había vivido más que yo se sentaba a mi lado y me decía: «Mirá, loco, bajá la expectativa de felicidad... todo es más chico de lo que imaginás.» En *Escenas de la vida conyugal* yo sentía que Bergman me decía todo lo que mi viejo no se atrevía a *(didn't dare)* contarme, que me estaba batiendo [contando] cómo seguía la vida. Y también hubo comedias livianas pero bien hechas que me ayudaron a vivir. La relación de cada espectador con una película es intransferible y única. Lo que para alguien es despreciable, a otro le ayuda a vivir. Eso es lo maravilloso del cine.»

—Marcelo Piñeyro, «Tras la plata filmada», *La Nación On Line*, 1998. http://www.lanacion.com.ar/98/02/20/s01.htm

¿Qué piensa usted de estas ideas? ¿Hay películas que nos «ayudan a vivir»? Dé un ejemplo.

«Es muy bueno hacer una película y que la gente se mate por entrar a verla. Pero mi deseo es que a la salida tenga ganas de discutirla, de seguir hablando de ella. Hay muchos éxitos de boletería *(box-office successes)* de los que el espectador se olvida antes de llegar a la puerta del cine. Siempre han existido películas que sin ser grandes éxitos de boletería despiertan emociones en el público y, tratándose de un hecho cultural, eso es muy valioso.»

—Marcelo Piñeyro, «Tras la plata filmada», *La Nación On Line*, 1998. http://www.lanacion.com.ar/98/02/20/s01.htm

¿Cree que Piñeyro logró su objetivo con *Caballos salvajes?* Dé ejemplos de películas que no fueron éxitos de boletería pero que dan mucho que hablar o pensar.

Más allá de la película

Marcelo Piñeyro, un tipo como vos°

tipo... *guy like you*

A pocos días de estrenarse su cuarto largometraje *Plata quemada*, basado en la novela de Ricardo Piglia, repasamos en una charla° abierta e informal sus primeros pasos° con el exitoso° director de *Tango feroz*, *Caballos salvajes* y *Cenizas del paraíso.*

conversation

steps / successful

Pablo Silva: ¿Cómo nace tu vocación por el cine?

Marcelo Piñeyro: Y... antes costaba mucho° ver cine... me acuerdo siendo muy muy chicos, las discusiones, las sobremesas° así que se hablaban de películas que yo no había visto ni podía entrar porque eran prohibidas. Seguramente ni hubiera entendido en ese momento, pero... me quedaba el deseo de verlas, ¿no? Me acuerdo así, de discusiones, sobremesas larguísimas sobre *La fuente de la doncella.* Me acuerdo muy particularmente de ésa porque yo me armaba una curiosidad,° me había armado° toda una película en base a... imaginar... y después cuando la vi, me gustó mucho menos. Pero, y por otro lado, fui siempre de ir mucho al cine. Yo pasé muchos años de mi infancia° en un pueblo, donde uno puede armar su vida como quiera porque no está el problema del tránsito, ni de nada. Y con la suerte aparte° de que el cine era de un tío mío.

costaba... *it was very difficult*

after-dinner conversations

me... *I was so curious*

put together

childhood

as well

PS   ¿Cómo?

MP   Sí... Mi tío era el dueño° del cine de Ayacucho y el cine se llamaba Nilo, pero no por el río, era porque los dueños eran dos, Nicolás y Lorenzo.... Y, entonces, obviamente, iba desde muy chico°... no sabía ni leer los cartelitos° de las películas....

owner

desde... *from a very young age*

posters

PS   Pero ya estaba esa cosa de entrar un rato° a mirar....

un... *a while*

MP   La magia del cine, de la oscuridad... las sombras° proyectadas ahí. Y después, bueno, tengo el recuerdo de ir al cine, como un lugar donde uno sacaba el material para los juegos, ¿no? Ibas a ver una película de cowboys, y decías, bueno vos sos tal,° vos sos tal.... Y bueno eso era, sobre ese momento de mi vida específico, o sea, esas muy primeras relaciones con el cine, de sacar material para los juegos, es lo que intenté, con lo que intenté jugar, no de lo que intenté hablar, con lo que intenté jugar haciendo *Caballos Salvajes....*

shadows

vos... *you're so-and-so*

PS   ¿Y después?

MP   Y después, bueno, obviamente uno va creciendo, va descubriendo que hay otro cine,... te das cuenta° que podés encontrar otras cosas en el cine que es material para otros juegos, juegos más adultos, pero ya, ya son otros.... Y, después me acuerdo que ya en el secundario,° yo ya vivía en La Plata en esa época,... estaba en tercer año y había que juntar plata° para el viaje de fin de curso°... Armamos un cineclub, que fue la principal

te... *you realize*

high school

juntar... *collect money*

school year

fuente de ingreso° que tuvimos, en el salón de actos° del colegio. El colegio estaba emplazado° justo en el medio de donde estaba la mayor parte de las facultades, en La Plata, entonces, empezabas a cazar° mucho público de las facultades, cobrábamos° baratísimo la entrada. Y bueno, nos fue muy bien. Me acuerdo que la primera película fue *El evangelio° según Mateo*…

PS   ¿Con debate… como se acostumbraba?

MP   Sí, sí… Nosotros hacíamos todo… El problema era que al principio el debate lo dirigíamos° nosotros, éramos unos pibes° de quince años y el público eran todos universitarios, dieciocho, diecinueve años, nos pasaban por encima°… Nos matábamos buscando material, revistas, libros de todo, para estudiar. Y nos lo cerraron al video club cuando pasamos° *La batalla de Argelia.*

PS   Fue demasiado…

MP   Y sí… Las autoridades del colegio dijeron que era muy insolente lo que estábamos haciendo….

PS   Ya era demasiado. Que después daría otro fruto probablemente, ¿no?

MP   Y sí… yo ya ahí estaba muy enganchado,° viendo; me acuerdo que había un cine en La Plata, que se llamaba el cine Select, que daba lunes, martes y miércoles algunas películas buenas… y otro sitio que se llamaba Cine Universitario que era una entrada muy, muy barata y pasaban tres películas por día. Que de pronto° veías el mismo día *La dolce vita, El Gatopardo* y alguna más… entrabas a las dos de la tarde, salías a las nueve de la noche y te quedaba la cabeza…. Pero, bueno, iba siempre.

PS   ¿Te queda gente de esa época?

MP   Sí, bueno, de la época del colegio° sí, me quedan bastantes amigos… [T]ambién en esta época yo empecé, hice mis primeros videos… Trataba de filmar, dos largos que empecé en super ocho, y que, evidentemente, no terminé ninguno, porque arrancaba° con mis amigos, que a todos les gustaba el cine posiblemente menos que a mí, pero como espectadores, el hecho de vamos a jugar a filmar les parecía bárbaro,° y el primer fin de semana era un éxito la convocatoria,° el segundo ya no, ahora el tercero estaba solo, inevitablemente… (Risas)°

PS   ¿Y cómo fue creciendo la pasión?

MP   Y lo que me pasó en la escuela de cine es que, justamente, encontré un grupo de gente que tenía la misma pasión por el cine que yo, que quería que el cine le cope° la vida entera, no solamente un sábado a la noche. Y yo entré en la escuela de cine de La Plata… Yo la agarré° en su último período, en los setenta, y la escuela estaba ya muy, muy deteriorada, muy sin presupuesto,° muy sin plantel docente,° muy sin nada. Pero, lo que sí encontré: un grupo de tipos que tenían la misma pasión por el cine que yo, y nosotros nos convertimos en un grupo muy autogestivo;° para mí realmente el pasaje° por la escuela de cine fue absolutamente clave° y si hay

fuente… *source of income /*
   salón… *auditorium / located*

get

we charged

gospel

conducted / kids

nos… *we were in over our heads*
we showed

hooked

Que… *for example*

high school

I got started

fantastic
gathering
Laughter

take up
caught

budget / plantel… teaching staff

self-managed
journey / essential

algo que a mí, cada vez que me preguntan por el tema de las escuelas... olvidate si la escuela es buena o es mala, porque generalmente la escuela de cine en Argentina, son muy muy incompletas, realmente los docentes son gente que mejor taparse los oídos° y no escucharlos, porque todo lo que pueden ponerte es quebradura espiritual°... Pero, bueno, te podés tapar los oídos, y si podés, la mejor escuela de cine es ver cine y hacer una reflexión sobre el cine...

PS ¿Te fue difícil convertirte en° director de cine?

MP Es verdad que el tema de ser director plantea° como un punto de, por lo menos de coordinación, de un equipo enorme de gente o de muchos esfuerzos,° ¿no? A lo mejor° un grupo tiene que ver con° eso, un grupo que se va armando, y bueno, generalmente hay uno que tiene más pasión o que tiene más ganas o por alguna razón alguien se convierte en director de cine, no sé si se puede saber muy bien por qué...

PS Bueno, tus tres primeras realizaciones° tuvieron un éxito importante de público que creo que es inusitado° y extraño° incluso para el medio, ¿no? ¿No sé si vos lo esperabas°...?

MP No, no, semejante°... como el caso de *Tango feroz,* semejante éxito no. Obviamente esperábamos tener una respuesta° del público cuando la hacíamos, y la película nos gustaba mucho y sentíamos que la gente se iba a enganchar, que no iba a pasar desapercibida,° pero me acuerdo que teníamos que hacer, para llegar al costo,° creo que eran 280.000 espectadores...

PS Las famosas cuentas°...

MP Y sí... y nos parecía realmente inalcanzable.° Y después, bueno, cuando llegamos a 1.700.000 y pico° de espectadores que tuvo la película, es una cifra° que es increíble. Te dicen 300.000, 1.700.000, son un montón de° gente, ¿no? Pero lo cierto es que, lo que veíamos, yo andaba mucho por las salas,° y yo veía lo que se producía° en la sala y veía el fenómeno de relación que se establecía entre la película y el público y era tan poderoso,° tan poderoso que eso sí no me lo hubiera atrevido a° soñarlo nunca, nunca. Yo me acuerdo la primer trasnoche° que fui de *Tango feroz,* que fue en el cine Ambassador, recuerdo, y la película fue una maravilla cómo se iba dando, viste que uno siente° en la sala y de pronto° cuando llega esa imagen en blanco y negro del final alguien hace chac° y prende un encendedor°... y chac, chac, chac, se empiezan a prender un encendedor por toda la sala como si fuera un recital.° Ante lo que era la clara comprensión muy muy cabal° y muy honda° de lo que habíamos querido hacer en la película, ante eso, ¿no?... yo me puse a llorar, ¿viste? Y ahora que te lo cuento, Pablo, ya me estoy emocionando como un pavo°... Me puse a llorar y no podía parar, no podía parar. Y ahí dije, bueno, realmente a mí, *Tango* me había costado un esfuerzo brutal. Habíamos tenido seis años de lucha° en tratar de conseguir la financiación, proyecto que se ponía la producción en marcha° y se caía, los inversores° desaparecían, tenía que salir a dar

taparse... *to cover your ears*
ponerte... *do is disillusion you*

convertirte... *to become*
presents
muchos... *a lot of effort* / A... *Maybe* / tiene... *has to do with*

productions
unusual / strange
expected
such
response
pasar... *go unnoticed*
llegar... *cover our expenses*
calculations
unattainable
y... *and something*
figure
un... *loads of*
movie theaters / happened
powerful
atrevido... *dared to*
late show
uno... *people are moved* / de... *suddenly / click* / prende... *lights a cigarette lighter*
concert
complete / deep
dope
struggle
se... *the production got started / investors*

la cara,° decir... fue difícil... Ésas son las situaciones que lo único que querías era meterte debajo de la cama y no salir nunca. Eso sucedió y yo dije, bueno, vale la pena° pasar por todo el dolor que hemos pasado para hacer esto... pero te lo digo con sinceridad total, pero yo tenía sueños maravillosos con la película, pero eso no se me hubiera ocurrido jamás... y ahí dije, bueno,... no hay nada más bello que hacer cine, realmente, nada...

PS   Te parece que el cine comunica más allá del realizador,° ¿no?

MP   Totalmente, totalmente. Y es comunicar, porque yo creo que la relación que se establece entre una película y un espectador, cuando pasan estas cosas, no pasa por un fenómeno de comunicación, ¿no? La comunicación es más racional... Son como experiencias más hondas, por lo menos, qué sé yo, lo que yo siento que me ha pasado como espectador ante algunas películas, ¿no? Que de pronto, la relación que he establecido es otra, ¿no? Yo recuerdo, y hay tantos tipos de cine, no estoy haciendo comparaciones de ningún tipo, ¿no? pero recuerdo cuando fui a ver al cine *Escenas de la vida conyugal* ¿no? Yo tenía dieciocho, diecinueve años, y la sensación que me agarró°... había un tipo que ocupaba el lugar de mi viejo° y me contaba cosas y me decía Marce, te bato la justa,° así viene la vida, preparate. (Risas) Cosa que mi viejo jamás se hubiera atrevido a contarme y que sin duda las tenía en el alma° y no sabía cómo contármelas, y este tipo se me sentaba al lado de la butaca° y me la batía, ¿viste? Esto que me ha pasado muchas veces con el cine, sentir que de algún modo vos hacés una película, que a alguien, obviamente, no a 1.700.000 personas, pero a alguien, ¿viste?, cinco, tres, uno...

PS   El destinatario°...

MP   Pero que con alguien estableciste esa onda°... que para el tipo fuiste necesario, fuiste útil...

PS   Igual la gente te lo dice°...

MP   Sííí, te lo dice... a mí todavía, me paran por la calle... todavía... por *Tango...* o por *Caballos Salvajes...*

PS   ¿Qué pensás de la pasión por el cine en la Argentina?

MP   Yo tengo la sensación de que la gente aquí en la Argentina, le gusta ir al cine, o le gusta ver películas, ¿no? Ahora está por suerte yendo de nuevo° al cine, si no se ven películas en video o por cable, o por televisión. Pero yo creo que a la gente le gusta ir al cine. Aunque creo también que se están viviendo malos momentos en lo que se refiere al cine...

PS   ¿Por qué?

MP   En general en el mundo, no en Argentina. Donde de pronto, hay como una globalización, que nos está haciendo pagar un precio de una homogeneización que creo que es malo. Creo que realmente, no hay nada más hermoso que lo diverso, ¿no? Que poder encontrar otras culturas,

---

dar... *take the responsibility*

vale... *it's worth it*

más... *beyond the director*

la... *I had the feeling*
old man, father / te... *I'm telling you the truth*

soul

seat

recipient

thing, connection

Igual... *People even tell you*

de... *again*

otras voces, otras miradas,° otros pensamientos. Sin duda los mecanismos de identificación funcionan diferentes con una película china que una película argentina. Pero esto no quita, no te quita disfrutar° del cine chino y de acercarte a°... otras maneras de entenderse, ¿no es cierto? Entonces en ese sentido, yo creo que esta homogeneización, tiene una cosa un poco... no sé...

PS   De achatamiento,° en algún sentido.

MP   Claro, como nivelar para abajo,° ¿no es cierto? Creo que eso es muy empobrecedor° y lo que realmente creo es que hay que... darle la batalla que se pueda,° ¿no? Porque yo creo que en este momento, la gran preocupación de casi todos los cineastas del mundo, y no sólo de los que no son americanos, también algunos cineastas americanos, es la muerte de los cines nacionales.° Creo que lo que tenemos que defender nosotros es los cines nacionales, la batalla ésa se da en las pantallas, no se da en otro lado...

PS   ¿Cómo surge° lo de *Plata quemada*, tu proyecto actual?

MP   Me interesó mucho la novela, Piglia, lo policial°... yo leo muchas novelas argentinas. Por lo cercana,° porque están incursionando,° generalmente, en temas conocidos para nosotros los argentinos, por lo mismo que veníamos hablando... ¿no? Espero que esta costumbre de hacer cine nacional sobre historias nacionales pueda seguir, yo intento eso°... y creo que lo intenta todo el cine nacional, en su gran medida°...

points of view

no... doesn't prevent you from enjoying / *acercarte... approaching*

flattening

nivelar... downgrading
impoverishing
darle... combat it as much as possible

cines... national film industries

Cómo... How did...come up?

lo... the detective genre
Por... Because they're close to home / *making incursions*

yo... that's what I'm trying to do / *en... for the most part*

Preguntas

1.   ¿Cómo nació la vocación por el cine de Marcelo Piñeyro?

2.   ¿De dónde sacaba material para los juegos?

3.   ¿Qué armaron Piñeyro y sus compañeros de secundario para juntar dinero para el viaje de fin de curso?

4.   ¿Por qué se mataban Piñeyro y sus compañeros de secundario buscando material para estudiar?

5.   ¿Cuántas películas pasaban por día en el Cine Universitario de La Plata?

6.   ¿Por qué no terminó Piñeyro las películas que trataba de filmar cuando estudiaba en el secundario?

7.   ¿Cómo estaba la escuela de cine de La Plata cuando Piñeyro estudiaba allí?

8.   ¿Por qué fue absolutamente clave para Piñeyro el pasaje por la escuela de cine?

9.   ¿Cuál es la mejor escuela de cine, según Piñeyro?

10.   ¿Qué hicieron muchas personas en una ocasión cuando se terminó la proyección de *Tango feroz*? ¿Por qué lloró Piñeyro?

11. ¿Qué clase de cosas aprendió Piñeyro viendo *Escenas de la vida conyugal* (*Scenes from a Marriage*) de Ingmar Bergman?

12. ¿Por qué dice Piñeyro que se están viviendo malos momentos en lo que se refiere al cine? ¿Cuál es la gran preocupación de casi todos los cineastas del mundo, según Piñeyro?

13. ¿En qué se basa *Plata quemada*? ¿Qué clase de cine intenta hacer Piñeyro?

CAPÍTULO 11

Fresa y chocolate

Presentación de la película:
David sufre. Su problema es Vivian, el amor de su vida. Va a una heladería y pide un helado de chocolate. Allí conoce a Diego, un joven intelectual. David es «militante de la Juventud» en el partido comunista cubano y Diego es un homosexual apolítico. A partir de este día, la vida de los dos empieza a cambiar…

✶ Tomás Gutiérrez Alea (conocido como «Titón» en su Cuba natal) fue uno de los directores latinoamericanos más exitosos de todos los tiempos. Entre sus películas están: *La muerte de un burócrata* (1966), *Memorias del subdesarrollo* (1968), *La última cena* (1976), *Hasta cierto punto* (1983) y *Guantanamera* (1995). A pesar de la censura en Cuba, sus filmes satirizan la vida bajo el régimen de Fidel Castro. Juan Carlos Tabío co-dirigió la película; también co-dirigió *Hasta cierto punto* y *Guantanamera* con Gutiérrez Alea. Mirta Ibarra, la esposa de Titón, interpreta a Nancy. La película originó mucha polémica en Cuba. ➤

◀ ✳ *Fresa y chocolate* se basó en el cuento de Senel Paz «El bosque, el lobo y el hombre nuevo.» Paz también escribió el guión.

✳ La película ganó muchos premios, incluso el de la Oficina Católica Internacional de Cine a la mejor película de 1993. Fue el primer filme cubano seleccionado para el Oscar a la mejor película extranjera.

*Aunque la película es de 1993, la historia tiene lugar en 1979, cuando se perseguía *(persecuted)* más a los homosexuales en Cuba. ■

Preparación

Vocabulario preliminar

Note:

In Cuba, the **s** sound sometimes goes unpronounced, so that **Buenos días** may sound like **Bueno' día'** or **¿Cómo estás?** may sound like **¿Cómo está'?** Similarly, the **d** sound may not be heard: **usted** may sound like **uste'** (or **u'te'**) or **nada** like **na'a**.

Cognados		
afeminado(a)	exquisito(a)	maravilloso(a)
el escándalo	la foto	el talento
la escultura	el/la fotógrafo(a)	transmitir
la exposición	la galería	voluntario(a)

Otras palabras	
botar	*to throw out, throw away*
callado(a)	*quiet, not speaking*
captar	*(colloquial) to get it, understand; to recruit*
la cola (hacer cola)	*line (to line up)*
el corazón	*heart*
el/la creyente	*believer, person of faith*
la embajada	*embassy*
el/la enemigo(a)	*enemy*
el/la extranjero(a)	*foreigner*
la guardia (hacer guardia)	*watch, guard (to keep watch, guard)*
la isla	*island*
el maricón	*(pejorative) gay, homosexual*
la pieza	*piece (e.g., of art); room*

Otras palabras (continuación)	
el principio	*principle*
raro(a)	*weird, strange (also, possibly gay)*
la sangre	*blood*
soñar (ue)	*to dream; to sleep*
tener lástima	*to pity*
el/la vecino(a)	*neighbor*
la vigilancia	*vigilance*
vigilar	*to watch*

A. Sinónimos. Para cada palabra subrayada, dé un sinónimo de las listas «Cognados» u «Otras palabras».

> *Modelo:*
>
> Ahora sí, <u>entendí</u>. ¡Me trataban de engañar!
>
> **Ahora sí, capté. ¡Me trataban de engañar!**

1. Este helado es <u>delicioso</u>.
2. No me tengas <u>compasión</u>.
3. Mi mamá es <u>religiosa</u>, pero yo no.
4. No creas que me quedé <u>sin palabras</u>.
5. ¿Qué vas a hacer con los papeles que están en la mesa? ¿Los vas a <u>tirar</u>?

B. Fuera de lugar. Escoja la palabra que está fuera de lugar.

1. exposición / escultura / pieza / escándalo
2. maravilloso / talento / exquisito / fantástico
3. sangre / corazón / circular / transmitir
4. foto / principio / fotógrafo / galería
5. afeminado / homosexual / guardia / maricón

C. Un poco de historia. Complete los párrafos con palabras apropiadas de las listas.

cola	enemigo	isla
embajada	extranjeros	soñaban

Después de la Revolución Cubana de 1959, mucha gente (especialmente gente de la clase media o alta) salió de la (1) _____ . La mayor parte de ellos fueron a Miami, a sólo noventa millas de Cuba. Allí establecieron una comunidad muy próspera. Para muchos de ellos, Fidel Castro representaba al (2) _____ ; luchaban contra él y su gobierno comunista en Cuba. (3) _____ con derrocarlo *(overthrow him)* y volver a Cuba. A pesar de sus esfuerzos, incluso la invasión de la Bahía de Cochinos en 1961, sus sueños no se convirtieron en realidad.

Estados Unidos rompió las relaciones diplomáticas con el nuevo gobierno comunista y cerró su (4) _____ en La Habana. Cuando se estableció un bloqueo económico contra Cuba, empezó a ser muy difícil conseguir productos (5) _____. Con la escasez *(scarcity)* de productos, había que hacer (6) _____ para comprar hasta los productos de primera necesidad.

guardia	raro	vigilancia
principios	vecinos	voluntarios

Los cubanos hacían trabajos (7) _____, como, por ejemplo, cortar caña *(sugar cane)*. También muchos tenían que hacer (8) _____. Se estableció la (9) _____ para «vigilar» a la gente; i.e., una persona de cada barrio vigilaba a todos los (10) _____. Al ver algo (11) _____ o poco común, tenían que reportarlo a las autoridades. Mandaron a muchos de los «flojos» (la gente que se sospechaba de no tener firmes los (12) _____ revolucionarios) a la UMAP (campamentos de trabajo). Los homosexuales se consideraban «flojos», en general, y la persecución contra ellos era intensa en aquella época.

Antes de ver la película

A. **¿Cierto o falso?** Lea las siguientes oraciones. Indique **C** (cierto) o **F** (falso). Corrija las oraciones falsas.

En la época de la película, 1979, …

_____ 1.   Fidel Castro es el líder comunista de Cuba.

_____ 2.   El gobierno de Estados Unidos tiene muy buenas relaciones con el gobierno cubano.

_____ 3.   Hay muchos cubano-americanos en Miami y tienen una comunidad muy próspera allí.

_____ 4.   Los cubanos pueden salir de Cuba sin problemas.

_____ 5.   No hay discriminación contra los homosexuales en Cuba.

B. **La amistad**

1.   Describa a su mejor amigo. ¿Cómo es?

2.   Para usted, ¿cuáles son algunas características de un buen amigo o de una buena amiga?

3.   ¿Tiene amigos muy diferentes a usted? ¿Cómo son?

Investigación

Busque información sobre uno de los temas que siguen.[1]

1.   Fidel Castro

2.   Ernesto «Che» Guevara (cuya foto David pone en el «altar» de Diego)

3.   la santería (una religión afrocubana)

4.   Pablo Milanés («Pablito» en la película, el que fue mandado a la UMAP, o Unidades Militares de Ayuda a la Producción, es decir, un campamento de trabajo)

Note:

Your instructor may ask you to read over the questions in the section **Exploración** before you see the film, in order to improve your understanding of it.

---

1   The **Investigación** sections suggest topics related to the movie that you may want to find out more about. Your instructor may assign these to individuals or groups and have them report the information to the class.

Exploración

A. **¿Cierto o falso?** Lea las siguientes oraciones. Indique **C** (cierto) o **F** (falso). Corrija las oraciones falsas.

_____ 1.   Diego es escultor; por eso, su apartamento está lleno de esculturas.

_____ 2.   David le dice a Diego que la homosexualidad es un problema endocrino y que es culpa de la familia, especialmente del papá.

_____ 3.   Diego siempre habla con Rocco en la cocina. Rocco es su perro.

_____ 4.   Diego siempre tiene whisky importado porque tiene muchos amigos extranjeros.

_____ 5.   Nancy les reza a los santos católicos y a los dioses africanos para que la ayuden a conquistar a David.

_____ 6.   Nancy compra y vende cosas en el mercado negro.

B. **La historia**

1.   ¿Dónde están David y Vivian al principio de la película? ¿Cómo muestra esta escena el carácter de los dos?

2.   ¿Por qué perdió David a Vivian?

3.   ¿A quién conoce David en la heladería La Coppelia? ¿Le cae bien esta persona?

4.   ¿Por qué David acompaña a Diego a su casa?

5.   Según Diego, ¿qué tienen Óscar Wilde, Gide, Lorca y Alejandro Magno en común con él?

6.   ¿Por qué ponen música cuando hablan de política?

7.   David habla con Miguel, su compañero de cuarto, acerca de su encuentro con Diego. ¿Cómo es Miguel?

8.   ¿Quién trata de suicidarse? ¿Quién la salva?

9.   ¿Quién es Germán? ¿Qué clase de arte hace? ¿Por qué no tiene el apoyo del gobierno revolucionario?

10.   Germán tiene un amigo que lo va a ayudar a irse del país. Va a ayudarlo con la exposición de sus esculturas, pero pone una condición: que se quiten (*take away*) algunas piezas. ¿Cómo reacciona Diego cuando se entera de esto?

11.   Diego y David escuchan música de Ignacio Cervantes: «Adiós a Cuba» e «Ilusiones perdidas». ¿Qué tiene que ver esta música con los personajes de la película? ¿Qué ilusiones ha perdido Diego?

12.   ¿Qué le da David a Diego para leer?

13. ¿Qué piensa Diego de lo que David ha escrito? ¿Qué le recomienda? ¿Cómo lo ayuda?

14. ¿Por qué va Nancy a la casa del santero? ¿Qué les pide a los santos?

15. ¿Por qué va Miguel a la casa de Diego?

16. David piensa que Diego es espía cuando lo ve con los diplomáticos extranjeros. ¿Por qué está Diego con ellos? ¿Qué piensa hacer?

17. ¿Quiere Diego dejar Cuba? ¿Por qué se va?

18. ¿Qué hacen David y Diego el último día que Diego pasa en La Habana? ¿Qué le confiesa Diego a David? Se siente muy mal por lo que ha hecho y le pide perdón. ¿Por qué es irónico esto?

Análisis y contraste cultural

Vocabulario

Las bebidas y algunas comidas	
el agua tónica	tonic water
el azúcar	sugar
la botella	bottle
brindar	to toast
el brindis	toast, drink
¡Chin chin!	(imitating sound of glass clinking) Cheers!
la copa	wineglass, drink (usually alcoholic)
la fresa	strawberry
el helado	ice cream
el hielo	ice
la taza	cup

Otras palabras	
el abrazo	hug
la amistad	friendship
averiguar	to find out, determine
la caja	box
la camisa	shirt
los escritos	writings
hacer daño	to harm
la onda	(literally, sound wave, colloquial) thing
pasear	to take a walk, go on an outing
el peligro	danger
pesado(a)	(colloquial) boring, dull or annoying, a pain
probar (ue)	to try
la puta	slut, whore
¡Qué casualidad!	What a coincidence!
la sonrisa	smile
sufrir	to suffer

Expresiones regionales[2]	
el asere	*friend*
chico(a)	*often used as a term of address to a friend*
la guagua	*bus*
el/la guajiro(a)	*country person*
la loca	*effeminate man; also, queen (gay who flaunts himself)*
los orishas	*African deities, gods who play a part in the Afro-Cuban religion referred to as santería*

A. **En resumen.** Complete las oraciones con palabras de la lista «Otras palabras». ¡Ojo! Hay que conjugar un verbo.

1. «¡Qué _____ !», dice David cuando ve a Vivian, pero ella sabe que él la estaba siguiendo.

2. Diego dice que las fotos de David están en una _____ .

3. Diego dice que David tiene que _____ el té, que es de la India.

4. David tiene que quitarse la _____ porque está mojada.

5. David le cuenta a su amigo Miguel que Diego tiene cosas raras, como una « _____ religiosa», en su apartamento.

6. Después de hablar con Miguel, David empieza a _____ todo sobre Diego, la exposición de arte, etc.

7. Cuando David regresa a ver a Diego, le dice que se puso _____ porque tuvo un día malísimo.

8. Diego dice que cree en la _____ , que pueden ser amigos.

9. David le da sus _____ a Diego para que los lea.

10. Cuando Diego se enoja con Nancy y con los funcionarios del gobierno, le dice «¡Ahora las _____ son críticas de arte!» y Nancy se ofende mucho.

11. Nancy tiene miedo porque sabe que Diego está en _____ .

12. Nancy y David salen a _____ por La Habana.

13. David tiene una _____ muy linda.

14. Diego le pide a David que le dé un _____ porque se siente mal.

15. Diego dice que los revolucionarios están dejando caer a La Habana y que no les importa, que no _____ cuando la ven.

16. David le promete a Diego que nadie va a hacerle _____ a Nancy.

---

2   These terms are not used exclusively in Cuba—some are heard elsewhere as well. Note that in Cuba as in Spain the verb **coger** is often used to mean *to take,* and its use in this movie is not vulgar as it would be in many parts of Latin America.

B. **Comidas y bebidas.** Complete los párrafos con palabras de la lista «Las bebidas y algunas comidas».

David y Diego se conocen en «La Coppelia», donde Diego toma un (1) _____ de (2) _____ . Más tarde, cuando David va al apartamento de Diego, éste le ofrece té en una (3) _____ de porcelana delicada. David dice que no lo quiere y que no tiene dolor de estómago. Pero después, lo acepta. «Le falta (4) _____ », le dice a Diego después de probarlo. «¡No!», dice Diego, «¡sería un crimen!»

En otra ocasión, Diego saca una (5) _____ de whisky para (6) _____ por la amistad. También saca dos (7) _____ y va a la cocina por unos cubitos de (8) _____ . No le pone (9) _____ tónica al whisky. «(10) ¡ _____ !» le dice a David en un (11) _____ muy alegre.

C. **¿Y en Cuba?** Para cada palabra subrayada, dé una palabra que se podría oír en Cuba. (Consulte la sección «Expresiones regionales».)

> *Modelo:*
>
> Ya tú sabe', <u>amigo</u>, puedes contar conmigo.
>
> **Ya tú sabe', asere, puedes contar conmigo.**

1. Bueno, <u>amiga</u>, nos vemos otro día. Adiós.
2. Está muy lejos la casa de Tomás; vamos a ir en <u>autobús</u>.
3. Yo soy <u>campesino</u>; no conozco la ciudad.
4. Van a pensar que somos dos <u>maricones</u>.
5. Ochún y Babalú son dos <u>dioses africanos</u>.

Nota cultural

Diego invita a David y a Nancy a un almuerzo «lezamiano», un almuerzo muy caro que él mismo prepara. Lee la descripción de este almuerzo en la novela *Paradiso* de José Lezama Lima, un escritor cubano que era homosexual. La novela no había sido publicada en Cuba durante la época de la película por la orientación sexual del autor, pero ahora el gobierno ha cambiado su punto de vista y el libro está en circulación.

Temas de conversación o composición

Discuta con sus compañeros los temas que siguen.[3]

1. los puntos de vista de Diego y de David sobre la Revolución Cubana (¿Por qué son tan distintos? ¿Cómo cambió la revolución el destino de los dos? En general, ¿es positivo o negativo el «retrato» de la revolución en esta película?)

2. el «cubanismo» según David y según Diego (¿Qué valores son importantes para ellos? ¿Quiénes son sus héroes? ¿En qué aspectos cambia Diego durante la película? ¿En qué aspectos cambia David?)

3. las personalidades de Nancy y de David (¿Qué tienen en común? ¿Cómo era su vida sentimental antes de conocerse? ¿En qué se diferencian?)

4. los altares de Diego y de Nancy (Diego tiene un altar dedicado a la Virgen de la Caridad, la santa patrona de Cuba. Nancy tiene un altar dedicado a Santa Bárbara-Changó y a otros dioses y santos. ¿Qué cosas tienen en sus altares? ¿Son «creyentes» los dos? ¿En qué se diferencian sus altares?)

5. las comidas y bebidas en la película (¿En qué escenas hay comidas o bebidas? ¿Cómo hay que conseguir algunas cosas que no se pueden comprar en las tiendas? ¿Cómo se puede interpretar el título?)

6. la amistad (¿Qué clase de amistad existe entre David y Diego? ¿entre David y Miguel? ¿entre Diego y Nancy? Para usted, ¿qué factores son importantes para mantener una buena amistad?)

Hablando de la cultura

En español, abundan las palabras para expresar cariño. David se enoja cuando Diego lo llama «niño», «papito», «querido», «pequeña fiera», etc. y la gente del taxi se burla de Diego cuando usa la palabra «papito» hablando con David. Cuando Diego y Germán se hablan, usan la forma femenina de estas expresiones: «niña», «querida», etc. También se puede usar una forma diminutiva para indicar cariño; por ejemplo, Nancy usa la palabra «virgencita» en vez de «virgen». (Por otra parte, se ve en la película que los diminutivos se usan para expresar desprecio *[scorn]*; por ejemplo, cuando Miguel habla con David y se refiere a «tu mujercita» [Diego] o cuando Diego acusa a Germán de venderse «por un viajecito a México».) ¿Cómo se expresa el cariño en esta película? Dé ejemplos.

---

3 Your instructor may ask you to report back to the class or write a paragraph about the topic.

Una escena memorable

Describa el altar de Nancy. ¿A quiénes reza? ¿Hay una fusión de tradiciones religiosas en Cuba? Explique.

Hablan los personajes

Analice las siguientes citas, explique de quién son y póngalas en contexto.

1. «Todo el mundo se pasa la vida pensando en el sexo, como si fuera lo único importante. El sexo. Vivian igual. Se hacía la romántica, la muy espiritual, pero en el fondo lo único que quería era el sexo.»

2. «Formo parte de este país, aunque no les guste.»

3. «Pienso que uno tiene que estudiar algo que sea útil a la sociedad.»

4. «El arte no es para transmitir. Es para sentir y pensar. Que transmita la Radio Nacional.»

5. «Estudio en la universidad, ¿y quién soy? Un hijo de campesinos.»

6. «Él me va a comprender, va a saber que dentro de mí hay una cosa limpia que nadie ha podido ensuciar, y eso mío es lo que yo le ofrezco.»

7. «¿Cuándo van a comprender que una cosa es el arte y otra la propaganda? Para no pensar ya tienen la televisión, los periódicos, la radio y todo lo demás.»

8. «Eso no va a caer del cielo. Tenemos que luchar mucho, pero sobre todo con nosotros mismos.»

Hablan los críticos y los directores

"The movie reminded me of *Educating Rita* and, of course, of *Pygmalion* in the way young people, hungry for knowledge, absorb it from older ones who are in love with them; the love remains suspended while the ideas sink in. And all around are semi-documentary glimpses of today's Havana: the ancient Detroit cars in the streets, the way color and life penetrate even dismal slums, the gloominess of Marxist orthodoxy, the ambiguity of characters like Nancy (Mirta Ibarra)… The movie has real strength and charm, especially in the way it leads us to expect a romance, and then gives us a character whose very existence is a criticism of his society."

—**Roger Ebert, review of** *Fresa y chocolate*,
Chicago Sun-Times, **February 10, 1995.**

¿Qué elementos de las vistas de La Habana son memorables? ¿Qué impresión de la ciudad da la película? ¿Pensaba usted que habría un romance entre Diego y David? ¿Entre David y Nancy?

"Discrimination against gays in Cuba has been criticized before, notably by the late, great cinematographer Nestor Almendros. To what extent the film is manipulative, how much its criticism of the State and its plea for tolerance of minorities are 'safe,' has been debated by critics and Cuban exiles. I will not venture on this minefield except to say that the movie, like its protagonists, is a delight and that in his quest for freedom, Diego is the truest revolutionary of them all."

—**Edwin Jahiel, "Movie Reviews by Edwin Jahiel,"**
http://www.prairienet.org/ejahiel/strawcho.htm

¿Está usted de acuerdo: es Diego el revolucionario más auténtico de todos?

Más allá de la película

Fresa y chocolate: guión de Senel Paz, Selecciones

Aclaración: Éste no es el «guión de la película», que sólo podría ser tomado de ella, la cual° no existía en el momento en que decidimos publicar el texto. Es el guión entregado° por el guionista al director como versión última de su trabajo. Como sabemos, el guión es únicamente el punto de partida° para la película... Senel Paz

ser... be taken from it, which
submitted

departure

23. Guarida: Pasillo, salón. Int. Día.°

Pasillo... Hallway, room. Interior. Daytime.

Diego y David avanzan por el pasillo. Se trata de un viejo hotel devenido° edificio de vivienda. La mayoría de las puertas están abiertas y hay gran trajín° de vecinos y niños, cada uno en lo suyo.° Sobre la algarabía° propia del solar° cubano, predomina música tipo salsa. Diego llega ante su puerta y abre con llave.

turned into

hustle and bustle / en... doing their own thing / din, clamor / tenement

DIEGO   Adelante. Bienvenido a La Guarida, un lugar donde no se recibe a todo el mundo.

David entra, Diego prende la luz, y David queda de golpe frente° al decorado de La Guarida. Se trata de un espacio único, desordenado y extravagante en el juicio° de David, pero a la vez fascinante. Las paredes están cubiertas de anaqueles° con libros, cuadros, afiches,° fotos, máscaras y los objetos más disímiles° y atractivos. Del techo cuelgan sonajeros,° móviles y cosas. Hay montones de libros, revistas y montañas de papeles sobre el piso y los muebles. Pero todo es un aparente desorden, allí cada cosa tiene su lugar y su significado, y a pesar del abigarramiento,° la habitación resulta agradable y espaciosa para una persona. Una rústica escalera da acceso al dormitorio.

queda... is suddenly facing

judgment
shelves / posters
varied / cuelgan... hang baby rattles

clash of things with no apparent order

Al fondo se encuentra el Altar Cubano (para describir y detallar el cual tenemos toda la película). No está dedicado a dioses sino al Arte, a la Nacionalidad, a la Cubanía... Se aprecian desde zapatillas de ballet hasta cocos° «preparados», fotos de poetas y poetisas del siglo XIX, imágenes de San Lázaro y San Juan Bosco, y simples rostros° y figuras de hermosos ejemplares de criollos° y criollas recortados° de revistas y periódicos. En las paredes, pegados o fijados con alfileres,° hay páginas de libros, titulares de prensa,° poemas o frases copiadas a mano en simples papeles... Es un «altar» personal, exuberante... Sólo se ve una pared desnuda,° ocupada por una imagen de gran tamaño de la Virgen de la Caridad, patrona de Cuba, ante la cual hay ofrendas° y una vela encendida.° En esa parte está la escalera. En otra pared, o quizás contra la puerta de calle, hay un afiche de *Algunos prefieren quemarse°* ... que quedará al fondo de° los personajes en el trayecto de la película.

coconut (shells)
faces
Creoles / cut
pegados... pasted or pinned on
titulares... headlines
bare

offerings / vela... lit candle

Algunos... Some Like It Hot / al... behind

El lugar ejerce° un fuerte y contradictorio impacto sobre David. Lo primero que lo impresiona y asusta son unas esculturas de mediano

makes, exerts

tamaño° y vigorosas expresiones, la mayoría de ellas cubiertas por paños.° Son las piezas para la exposición de Germán que Diego almacena° por unos días. Luego serán los libros los que llamen la atención de David.

de… medium-sized / cloths
is storing

DIEGO   …Perdona el desorden. Estas esculturas son una maravilla. Germán, el autor, es un genio, aunque no lo parezca. Preparamos una exposición que va a ser un acontecimiento°. Mañana tenemos una entrevista con un corresponsal extranjero. Siéntate en esa butaca.°

event

armchair

DAVID   ¿Dónde está la gente de aquí?

DIEGO   *(Llamando hacia un supuesto interior.)* Mamá, papá, abuela, tía Chucha, Mellizos... (*Nadie responde.*) Salieron a hacer colas. *(Va a cerrar la puerta.)*

DAVID   ¡No!

DIEGO   Como quieras. Así le facilitamos la labor a los vecinos.

Desde que entra al apartamento, el amaneramiento° de Diego pierde la agresividad de Coppelia. Se torna natural y agradable.

mannerisms, affect

DIEGO   Voy a prepare té, para aliviar la tensión.

DAVID   No tomo té. Dame las fotos.

                    [...]

54. Guarida: Salón. Int. día.

Un disco en el tocadiscos.° Una danza de Cervantes. David escucha atentamente. Su rostro refleja el profundo gozo° que experimenta° con aquella música. Una sonrisa involuntaria asoma a sus labios. Cuando va en busca de la mirada de Diego para compartir la emoción que siente, encuentra los ojos fascinados de éste que a su vez lo contempla a él.° David se molesta por esa mirada, aparta° el rostro. La pieza concluye.

record-player
pleasure / experiences

de… of the latter, who in turn is contemplating him / turns away

DIEGO   Ésa se llama «Las ilusiones perdidas». (*Quita el disco.*)

DAVID   ¿Por qué tú eres así?

DIEGO   Así, ¿cómo?

DAVID   ¿Tú tienes familia?

DIEGO   ¿Voy a haber salido° de la nada?

haber… to have come out

DAVID   Pero seguro no quieren saber de ti.

DIEGO   ¿Quién dijo? Yo soy el niño lindo de mi mamá. Y mis sobrinos me adoran.

DAVID   Pero no tienes padre. No se ocupó de ti, abandonó la familia cuando eras chiquito.

DIEGO   Papá es un santo. Estos ojos los saqué a él.° Gracias a Dios porque mamá es buenísima pero tiene cara de sapo.°

Estos… I got these eyes from him
toad

DAVID   Entonces… ¿qué fue lo que a ti te pasó?, ¿por qué eres…?

DIEGO   ¿Maricón? ¡Porque sí, ya te lo he dicho! Mi familia lo sabe.

DAVID   Pero ellos tienen la culpa.

DIEGO   No, ¿por qué?

DAVID   Si te hubieran llevado al médico cuando chiquito... Eso es un problema endocrino.

DIEGO   ¿Qué teoría es esa, David? Parece mentira en un muchacho universitario. A ti te gustan las mujeres, a mí me gustan los hombres. Es perfectamente normal y no me impide° ser tan decente y patriota como tú. *impede, keep from*

DAVID   ¿Sí? Tú no eres revolucionario.

DIEGO   Porque ustedes no me dejan. Yo también tuve ilusiones. Me fui a alfabetizar° a los 14 años, porque yo quise porque mi mamá no se quería separar de mí. Y fui a las montañas a recoger café, y quise estudiar para maestro. ¿Pero qué pasó? Que vino la persecución de homosexuales, como si nosotros fuéramos los responsables de las cosas que no funcionan, y que ustedes al que no les dice que sí en todo o tiene ideas diferentes sobre algo ya lo quieren apartar.° Eso es lo que pasa. *teach literacy* ... *marginalize, set apart*

DAVID   ¿Y qué ideas diferentes defiendes tú? ¿Montar exposiciones con mamarrachos?° *scarecrows, useless junk*

DIEGO   ¿Y tú, qué defiendes? ¿Hacer guardias, cumplir metas tras metas aunque no les encuentres sentido?° *metas… do one thing after another although you see no point in it*

DAVID   Yo defiendo este país, su dignidad.

DIEGO   Y yo también. No quiero que vengan los americanos ni nadie a decirnos lo que tenemos que hacer. Yo sé muy bien lo que hay que defender aquí. Ve a la calle, enseñas una foto de Brezhnev y cualquiera lo reconoce; pero si es Lezama Lima lo confunden con mi padre.

DAVID   ¿Y tú crees que con esas monerías° alguien te puede tomar en serio? Has leído todos esos libros, pero sólo piensas en machos. *foolishness, affectation*

DIEGO   ¡Pienso en machos cuando hay que pensar en machos! Como tú en mujeres. Y no hago monerías. ¿Esto no es monería? *(Imita el habla y los gestos de un guapo.)*° «Asere, monina.»° Ustedes, para dejarme pasar, fingen° que soy un anormal. ¡Pero no lo soy, no lo soy! Ríanse de mí, no me importa, yo también me río de ustedes. Formo parte de este país aunque no les guste. Es mío, y tengo el mismo derecho que tú a hacer cosas por él… *he-man / Asere… Girlfriend, cutie! / pretend*

101. Casa del santero.° Int. día.

Nancy, feliz, arrodillada° frente al santero. Alrededor una habitación humilde con atributos de santería. Estatuas o imágenes de Santa Bárbara-Changó, la Virgen de la Caridad-Ochún, San Lázaro-Babalú,° Jesucristo. Nancy enciende velas, coloca° ofrendas.

NANCY   ¿Ves que tenía razón, Padrino? Siento una dulzura° por dentro, una pureza°… Yo soy así, yo soy así, sabía que yo estaba dentro de mí. Me lo llevaré a vivir conmigo. Lo voy a cuidar para que estudie, y si sale con una chiquita me hago de la vista gorda.° *(A la Santa Bárbara.)* Gracias, Shangó. Yo siempre te he querido, Padrino lo sabe. Las cosas que te digo no son de corazón,° ¿verdad, Padrino? *(El Padrino, serio, desvía la vista.° Nancy se alarma, mira la Santa Bárbara.)* ¿Mi pasado? ¿La edad? Eso no importa cuando hay amor. Hago gimnasia, me tiño° el pelo. Y le contaré mi vida con pelos y señales.° *(Al Padrino.)* Él me va a comprender, él va a saber que dentro de mi hay una cosa limpia que nadie, nadie ha podido ensuciar,° y eso mío es lo que le ofrezco. Él no es como los otros. *(Con angustia, a la Santa.)* No te opongas, Shango, no me lo quites. *(Al Padino.)* Que no me lo quite. *(Al crucifijo en la pared.)* No dejes que me lo quite. *(A Santa Bárbara.)* Aunque sea un año. *(A Jesucristo.)* ¿Tú me vas a ayudar? *(Mira suplicante a las demás deidades,° al Padrino.)* ¿Ochún me va a ayudar? ¿Usted me va a ayudar, Padrino? *(A todos.)* ¡Ayúdenme, cojones!°

119. Coppelia. Ext. día.

La mesa donde David y Diego se conocieron. Diego sentado. David de pie con las copas de helado, una de chocolate y otra de fresa. Va a darle a Diego la de fresa, pero cambia de idea y la toma para sí, dándole a él la de chocolate. Diego acepta el cambio y lo mira con infinita simpatía. David se sienta. Comienzan a tomar el helado.

DAVID   *(Amanerándose° un poco.)* ¡Ex-qui-si-to! Es lo único bueno que hacen en este país.

Diego sonríe. David le echa una miradita° que se supone es como mira Diego y vuelve al helado.

DAVID   ¡Uy, una fresa! Hoy es mi día de suerte. ¿Alguien quiere?

Diego se divierte. David ha encontrado realmente una fresa. Se la lleva a la boca con mucha ceremonia, como lo haría Diego. Éste sonríe con franca felicidad.

DIEGO   Qué bello eres, muchacho. El único defecto que tienes es que no eres maricón.

David abandona el juego. Lo mira con afecto, se encoge de hombros,° le dice:

Glosses (right margin):

faith-healer, who practices santería
kneeling

Changó, Ochún, Babalú African gods / places

sweetness
purity

me… I'll pretend not to notice

de… romantic, just heartthrobs
desvía… looks the other way

me… dye
con… in detail

sully, dirty

deities, gods

damn it

Acting affected

glance

se… he shrugs his shoulder

DAVID   Nadie es perfecto.

120. Guarida: Salón. Int. noche.

David y Diego en La Guarida, sentados en el suelo. Diego sirve en los vasos lo último que queda de una botella de ron. Toma su vaso.

DIEGO   *(Se quita la cadena° que le cuelga del cuello,° besa el crucifijo y se lo entrega a David.)* Dale esto a Nancy. Y en cuanto te diga° lo que quiero decirte, te vas. No quiero más despedidas.° Les prohibo que vayan al aeropuerto. *(Pausa.)* No soy tan noble como piensas, David. Aquel día cuando nos conocimos en Coppelia, yo andaba con Germán. Apostamos a que te levantaría° y te metería en la cama. La acepté porque si no, nunca me iba a atrever a hablarte. Cuando te derramé el café encima, era parte del plan. Tu camisa en el balcón era la señal de mi triunfo. Germán, naturalmente, lo ha regado° por ahí, y más ahora que me odia.° *(Pausa. Lo mira profundamente a los ojos.)* Muchas veces te dije una cosa por otra. Por eso te pedía un abrazo. Pensaba que un abrazo me iba a ayudar a olvidar que he sido doble hasta con una persona a la que quiero tanto. Creía que al abrazarte ibas a sentir que me arrepentía,° y me iba a sentir mejor. Yo te quiero mucho, David, ¿qué le voy a hacer? ¿Me perdonas?

chain / neck

en... as soon as I tell you / good-byes

Apostamos... We bet that I would pick you up

lo... spread it (the gossip) around
hates

me... I was sorry

Se miran en silencio. Comienza a escucharse *in crescendo* el sonido de un avión en despegue.° David se pone de pie. Diego comprende que desea abrazarlo, y también se pone de pie. Se abrazan fuerte.

take-off

Preguntas

Aclaración

1. ¿Cuándo se publicó el guión: antes o después de hacer la película?

2. Según Senel Paz, el autor del guión, ¿por qué es diferente la versión final de la película?

Escena 23

3. Antes de ser un edificio de apartamentos, ¿qué fue el edificio donde Diego vive? ¿Hay mucha gente allí? ¿Qué clase de música se escucha? ¿Quiénes probablemente se quedaban allí antes de la Revolución Cubana?

4. ¿Qué hay en las paredes de La Guarida? ¿en el techo? ¿en el altar?

5. ¿Cómo se llama la santa patrona de Cuba? ¿Qué tiene Diego ante la imagen de ella?

6. ¿Qué quiere decir *Algunos prefieren quemarse*? ¿Qué es?

7. ¿Qué cosas guarda Diego en La Guarida para su amigo Germán?

8. ¿Está nervioso David cuando está con Diego en esta escena?

Escena 54

9. ¿Cómo se llama la pieza musical que David y Diego escuchan?

10. ¿Qué dice David sobre la familia de Diego? ¿Tiene razón?

11. ¿Qué hizo Diego a la edad de catorce años? ¿Qué quería ser? ¿Qué pasó después?

12. ¿Por qué dice Diego «Yo sé muy bien lo que hay que defender aquí»? ¿Qué quiere decir?

Escena 101

13. ¿Qué clase de imágenes y estatuas hay en la casa del santero?

14. ¿Qué dudas tiene Nancy?

Escena 119

15. ¿Dónde están Diego y David?

16. ¿Cómo es diferente esta escena de la escena en el mismo lugar al principio de la película?

17. ¿Qué alusión cinematográfica hace Senel Paz cuando David dice «Nadie es perfecto»?

Escena 120

18. ¿Qué le da Diego a David para Nancy?

19. ¿Qué le confiesa Diego a David?

20. ¿Nota usted algunas diferencias entre lo que está en estas escenas del guión y lo que está en las escenas de la película? Si es así, ¿cuáles son?

CAPÍTULO 12

Guantanamera

Presentación de la película:

La vieja y famosa cantante Georgina «Yoyita» Travieso vuelve a Guantánamo, su ciudad natal. Visita a su sobrina Gina, asiste a una elegante recepción en su honor y muere en brazos de Cándido, enamorado de ella desde la adolescencia. Ahora hay que llevarla a La Habana, en el otro extremo de la isla, para su entierro *(funeral).*

✳ *Guantanamera* (1995) es el último filme del famoso director cubano Tomás Gutiérrez Alea (ver el Capítulo 11), que murió poco después de su estreno *(premiere).* Juan Carlos Tabío co-dirigió la película.

✳ Jorge Perugorría y Mirta Ibarra, que hacen el papel de Mariano y Gina en *Guantanamera,* también actuaron en *Fresa y chocolate.* ▪

Preparación

Vocabulario preliminar

See note on Cuban pronunciation (page 154).

Cognados	
la cafetería	la gasolina
el dólar	el kilómetro
la economía	la universidad

El entierro	
el ataúd	*coffin*
el cadáver	*corpse*
la caja	*coffin*
el coche (carro) fúnebre	*hearse*
el/la difunto(a)	*deceased*
el/la doliente	*mourner*
enterrar (el entierro)	*to bury (burial, funeral; funeral procession)*
el/la familiar	*relative*
la flor	*flower*
la funeraria	*undertaker's, funeral home*
la muerte	*death*
el/la muerto(a)	*dead person*

Las profesiones	
el/la cantante	*singer*
el/la chofer	*driver*
el/la economista	*economist*
el/la funerario(a)	*undertaker*
el/la ingeniero(a)	*engineer*
el/la músico(a)	*musician*
el/la profesor(a)	*professor*
el/la rastrero(a)	*tractor-trailer truck driver (Cuba)*

Otras palabras	
la brujería	*witchcraft; spell*
la casualidad	*coincidence*
la cinta	*ribbon*
dar clase	*to teach*
de parto	*in labor*
escotado(a)	*low-cut (blouse, dress)*
el homenaje	*tribute*
el lío	*problem, trouble*
la paladar	*small restaurant in a private home (Cuba)*
la rastra	*tractor-trailer truck (Cuba)*
el traslado	*transport*
tropezar (ie) con	*to bump into*
el viaje	*trip*

A. Las profesiones. Explique lo que hacen las personas que tienen las siguientes profesiones.

1. rastrero(a)   5. funerario(a)
2. cantante   6. ingeniero(a)
3. chofer   7. músico(a)
4. economista   8. profesor(a)

B. La muerte de la abuelita. Complete el párrafo con la forma apropiada de las palabras de la lista «El entierro».

La (1) _____ sorprendió a la abuelita cuando dormía. Yo era muy pequeño y me impresionó mucho ver su (2) _____ tan blanco y pequeño. Por la tarde fuimos a la (3) _____ para ver los (4) _____ y escogimos una (5) _____ de madera negra para la (6) _____ . Llevaron a la (7) _____ al cementerio en un gran coche (8) _____ . Asistieron muchos (9) _____ al (10) _____ y había muchas (11) _____ bonitas mandadas por los (12) _____ y los amigos.

C. ¡Es lógico! Escoja la palabra que completa lógicamente la oración.

1. ¡Hola, amiga! Es la tercera vez que tropiezo contigo hoy. ¡Qué...
    a. lío!
    b. homenaje!
    c. casualidad!

2. Me encanta esa blusa...
    a. cinta.
    b. escotada.
    c. doliente.

3. El dólar está fuerte ahora porque va muy bien...
    a. el kilómetro.
    b. la gasolina.
    c. la economía.

4. Ella es la profesora que daba clase de economía política en...
    a. la paladar.
    b. la universidad.
    c. el traslado.

5. Llevamos al hospital a Yamilé. Está...
    a. de parto.
    b. de viaje.
    c. de casualidad.

6. Salió de la cafetería y subió a la...
    a. brujería.
    b. tren.
    c. rastra.

Antes de ver la película

A. **Los sueños**

   1. ¿Ha perdido usted alguna vez la oportunidad de realizar *(fulfill)* un sueño?

   2. ¿Qué quiere hacer usted en la vida antes de que sea demasiado tarde?

   3. ¿Alguna vez tuvo que romper con el pasado para vivir plenamente *(fully)*?

B. **Los personajes.** Lea los nombres de los personajes y la lista de profesiones. Después de ver la película, empareje los personajes con la profesión o profesiones que se asocian con cada uno(a).

_____ 1. Adolfo	a. funerario(a)
_____ 2. Cándido	b. rastrero(a)
_____ 3. Gina	c. cantante
_____ 4. Mariano	d. chofer
_____ 5. Ramón	e. economista
_____ 6. Tony	f. ingeniero(a)
_____ 7. Yoyita	g. músico
	h. profesor(a)
	i. burócrata

Investigación

Busque información sobre uno de los temas que siguen.[1]

   1. Fidel Castro y la revolución cubana

   2. las recientes reformas económicas en Cuba

   3. el bloqueo económico contra Cuba por parte del gobierno de Estados Unidos

   4. la base naval norteamericana de Guantánamo

   5. la canción «Guantanamera»

   6. la santería y la brujería (religiones afro-cubanas)

   7. los logros de la revolución cubana en educación y salud

Note:

Your instructor may ask you to read over the questions in the section **Exploración** before you see the film, in order to improve your understanding of it.

---

1 The **Investigación** sections suggest topics related to the movie that you may want to find out more about. Your instructor may assign these to individuals or groups and have them report the information to the class.

Exploración

A. **Asociaciones.** Indique qué personaje o personajes se asocian con las siguientes cosas y explique por qué.

1. una cinta azul
2. la brujería
3. un vestido escotado
4. el contrabando

5. una niña misteriosa
6. los líos con mujeres
7. un plan ridículo
8. una carta

B. **¿Por qué?** Explique por qué pasan estas cosas.

1. Yoyita vuelve a Guantánamo después de cincuenta años.
2. Adolfo quiere reducir costos en el traslado de cadáveres.
3. Hay que cambiar de coche fúnebre en cada provincia.
4. Gina ya no da clases de economía política del socialismo en la universidad.
5. Es muy difícil comprar comida y bebida durante el viaje.
6. Cándido decide continuar el viaje por su cuenta *(on his own)*.
7. Cándido le dice a Gina que debe dejar a Adolfo.
8. Llegan a La Habana con el ataúd equivocado.
9. Cándido se muere en la funeraria de La Habana.

C. **¡Qué casualidad!** Gina y Mariano se encuentran seis veces durante el viaje. Resuma lo que pasa entre ellos en cada encuentro.

1. en el bar de carretera donde sólo aceptan dólares
2. en el hospital
3. en la paladar
4. en el cruce ferroviario *(railroad crossing)*
5. en Santa Clara, donde Gina compra el vestido
6. en el cementerio de La Habana

Análisis y contraste cultural

Vocabulario

El viaje		Otras palabras	
bajarse	*to get out (of a vehicle)*	acabar con	*to put an end to*
el camino	*road*	cargar con	*to take care of, take responsibility for*
(en camino)	*(on the way)*		
la carretera	*highway*	darle la gana	*to feel like*
la correa	*(fan) belt*	el fula (*diminutive:* fulita)	*(colloquial) dollar*
(del ventilador)			
de repuesto	*spare*	el/la guajiro(a)	*country person*
montarse	*to get in or on (a vehicle)*	el/la guantanamero(a)	*person from Guantánamo*
la ruta	*route*	hacer caso	*to pay attention*
el Volga	*Russian-made car*	la juventud	*youth*
		el marido	*husband*
		nacer (el nacimiento)	*to be born (birth)*
		la orientación	*guidance*
		ser capaz de	*to be capable of*
		tener que ver (con)	*to have to do (with)*

A. **Cosas que pasan.** Complete las oraciones con la forma apropiada de palabras de la lista «Otras palabras». ¡Ojo! Hay con conjugar algunos verbos.

1. Yoyita es _____ , pero hace cincuenta años que vive en La Habana.

2. En la película mueren dos viejos y _____ una niña.

3. La esposa de Ramón va a _____ con él cuando sea viejo.

4. Según Adolfo, no se puede permitir que la gente haga lo que le dé la _____ .

5. Gina le dice a Cándido que no le haga mucho _____ a Adolfo.

6. Cándido se enoja y no quiere tener nada que _____ con Adolfo.

7. Cándido espera que Gina sea _____ de dejar a su _____ .

8. Gina decide hacer el programa de radio de _____ de la _____ .

9. Según un mito (*myth*) yoruba, Ikú _____ con la inmortalidad.

B. **En camino.** Complete el párrafo con la forma apropiada de las palabras de las listas. ¡Ojo! Hay que conjugar algunos verbos.

Adolfo, Gina y Cándido van en el (1) _____ de Tony. Con frecuencia se encuentran

con Mariano y Ramón, que siguen la misma (2) _____ . En una de estas ocasiones, se

rompe la (3) _____ del ventilador del carro fúnebre y Ramón le regala a

Cándido una correa de (4) _____ . Por el (5) _____ los rastreros

visitan a sus amigas y recogen pasajeros (*passengers*) que se (6) _____ y se

(7) _____ continuamente. En los restaurantes y bares donde se paga con pesos no hay

casi nada que comprar y en los otros restaurantes sólo aceptan (8) _____ . Tony tiene

unos dólares y le compra unos plátanos a un (9) _____ que los vende al lado

de la (10) _____ .

Nota cultural

En años recientes se han hecho algunas reformas económicas en Cuba, como la legalización de las paladares y de otros negocios privados. Como consecuencia de la legalización del dólar hay dos economías en Cuba. Las personas que tienen acceso a dólares (mandados por familiares exiliados en Miami o conseguidos por servicios a los turistas) viven mucho mejor que las demás.

Yamilé, la mujer que está de parto, le pide ayuda a Santa Bárbara, identificada en la santería (una religión afrocubana) con Changó, el dios de los truenos (*thunder*).

Temas de conversación o composición

Discuta con sus compañeros los temas que siguen.[2]

1. la crítica política y social (¿Cuál es el estado de la economía y la infraestructura [los edificios, los servicios de transporte, de electricidad, etcétera] del país? ¿Por qué hay que hacer actividades clandestinas para sobrevivir? ¿Es flexible o rígida la ideología del gobierno? ¿Qué referencias se hacen a la gente que se va del país? ¿Se hace la crítica de manera explícita o implícita? ¿Por qué cree usted que es así?)

2. el guía turístico de Bayamo (¿Qué tiene que ver la historia de Bayamo con la situación de Cuba en 1995?)

   > *«Durante los siglos XVI, XVII y XVIII fue Bayamo el más importante centro de contrabando de la isla, con lo que burlaba las restricciones y el férreo monopolio comercial de la Corona española que frenaba la vida económica.»*

---

2   Your instructor may ask you to report back to the class
    or write a paragraph about one of the topics.

3. el humor y la ironía (¿Cómo se usan el humor y la ironía para hacer la crítica política y social? Dé algunos ejemplos. ¿Le parece que este recurso es más o menos eficaz que un enfoque serio? Explique.)

4. el humor negro (¿Cómo se combinan los elementos morbosos y cómicos en la película? Dé algunos ejemplos. ¿Le gusta, o no, este tipo de humor?)

5. los elementos simbólicos (¿Qué representa la niña que aparece de manera intermitente a lo largo de la película? ¿la flor violeta que ella le da a Cándido? ¿la lluvia? ¿la flor roja que toma Gina de la mesa donde se hacen las coronas (wreaths) fúnebres? ¿La niña que nace?)

6. la adaptabilidad de la gente cubana (¿Cómo se adapta la gente a condiciones muy adversas?)

7. la road movie (¿Qué acontecimientos y temas típicos de los filmes de este género hay en la película? ¿Le recuerda a alguna película de habla inglesa que haya visto?)

8. el «mensaje» de la película (¿Qué quieren decirnos los directores con respecto a los sueños frustrados (unfulfilled)? ¿a la vida y la muerte? ¿al socialismo en Cuba?)

9. la historia de Ikú (¿Qué tiene en común con la historia judeo-cristiana del Jardín del Edén? ¿del Arca de Noé? ¿Qué tiene que ver la historia de Ikú con el «mensaje» de la película?)

Una escena memorable

¿Cómo es Adolfo? ¿Cuál es su plan para recuperar (regain) el favor de sus jefes? ¿Qué le pasa al final de la pelicula?

Hablan los personajes

Analice las siguientes citas, explique de quién son y póngalas en contexto. (Para una lista de los personajes, ver el Ejercicio B en la sección «Antes de ver la película».)

1. «Ay, te queda precioso. Te lo voy a regalar.»

2. «Decídete por una, compadre. Te casas con ella, la llevas para La Habana....»

3. «Daba unas clases... Además, decía cosas que lo ponían a pensar a uno. Bastantes líos se buscó con eso.»

4. «Mira... tú sabes lo que esto puede significar para mí... para nosotros. Tú sabes lo importantes que son en este país los golpes de efecto (*dramatic effects*)... las cifras (*statistics*).»

5. «Cincuenta años posponiendo un viaje a La Habana.»

6. «Soy yo el que tiene una pena (*sorrow*) muy grande... muy grande al ver cómo tú desperdicias (*waste*) tu vida al lado de ese hombre.»

7. «Hermano, me hace falta que me haga un favor. Es que vengo del oriente (este) y tengo el maletero (*trunk*) del carro repleto (lleno) de cosas.»

8. «Niurka no se fue ni por las amistades (amigos), ni por las canciones ni por lo que leía. Se fue porque todo eso lo tenía que hacer a escondidas (en secreto) y estaba hasta aquí ya.»

9. «Sí, tú tienes razón. ¿Quién soy yo para orientar a nadie? Si yo alguna vez hago el programa ése, el que yo quiero, no es para decirle a nadie lo que tiene que pensar.»

10. «Ah, y el vestido... no me lo voy a cambiar.»

Hablando de la cultura...

¿En qué se parecen las prácticas funerarias de su país a las cubanas? ¿En qué se diferencian?

Hablan los críticos y los directores

"...Alea's last film, *Guantanamera*, is... a comedy that confronts unyielding ideology and a body that seems like it won't ever get buried... Each of the major characters is haunted by unfulfilled dreams, which mirror the larger dream of Marxist Cuba."

http://www.angelfire.com/ri/newlaff/tomas.html

¿Qué representa el cadáver que parece que no van a enterrar nunca? ¿Cuáles son los sueños frustrados de los protagonistas? ¿Cree que representan el sueño frustrado del marxismo cubano?

Según Fernando Méndez Leite, «*Guantanamera* divierte y hace pensar, expresa la alegría de un pueblo que nunca la pierde, aunque pase por coyunturas (situaciones) difíciles, por momentos inevitablemente tristes. *Guantanamera* es una película esperanzada *(hopeful)* sobre la decepción *(disappointment)*, una extraña combinación, sin duda, dialéctica.»

—*Guía del ocio,* **Madrid, 1995,**
http://clubcultura.com/clubcine/clubcineastas/titon/guanta/guanta4.htm

¿Ofrece la película alguna esperanza para el futuro de los protagonistas? ¿para el futuro de Cuba?

Edwin Jahiel escribe que "Alea is sending his viewers, especially the Cubans, a message about the necessity to clean house. This is colorfully, deviously, subtly recounted as the legend of Olofin, the God who created life but forgot to create death… All this is far more poetic than the American 'Time for a change,' or 'We need new blood.' "

www.prairienet.org/ejahiel/guantana.htm

¿Cuál es la leyenda de Olofin e Ikú? ¿Cree usted que los cineastas proponen una reforma del partido comunista o una ruptura *(break)* total con el pasado? Explique.

Más allá de la película

Jorge Perugorría

«Sigo viviendo en Cuba por amor»

El protagonista de la película *Fresa y chocolate* es uno de los actores cubanos más famosos de la actualidad.° En una entrevista a fondo° habla sobre Cuba, su carrera y el cine.

Jorge Perugorría (La Habana, Cuba, 1965) acaba de presentar al público la película *Roble de olor (Scent of an Oak)*, dirigida por Rigoberto López. El actor enseña sin complejo unos kilos de más,° que no le restan atractivo° a sus 39 años. En la entrevista muestra su lado más comprometido,° y la visión que tiene de sí mismo en el futuro. El protagonista de la película *Fresa y chocolate*, uno de los cubanos más famosos de su país en la actualidad, se ha dejado ver° en el Festival de cine iberoamericano de Huelva [España]. Apadrinando° a un grupo de jóvenes directores, llegó para mostrar su película *Tres veces dos*, que abrió la sección de «Cine en la cárcel°» como parte de la programación del festival dirigida a° los más de 1.500 presidiarios° que ocupan la prisión provincial de Huelva. Todos tienen que ver° con él, y el actor responde con una sonrisa sencilla° y una actitud humilde° ante los halagos° del público, cuando acaba de estrenar la

present time / a… in-depth

de… extra / no… don't detract from his appeal / committed

se… agreed to an interview
Sponsoring

jail / dirigida… meant for
prisoners
tienen… have dealings /
unassuming / humble / praise

película *Roble de olor,* primer largometraje de ficción de Rigoberto López después de treinta años realizando° documentales.

    Usted ha hecho todos los papeles en el cine, incluso de alemán como en esta película de Rigoberto López. ¿Cómo hace con el acento?

    Hay acentos que me cuestan un poco más° que otros, es verdad que en algunos ha sido tan difícil para mí impostarlo° que he preferido no tratar de hacerlo, sino que me he expresado con mi acento natural. Pero en el caso de *Roble de olor* me ha resultado fácil porque hago el papel de un alemán en Cuba, es una historia real del siglo XIX, que trata del amor entre una mujer negra y un alemán que habilitaron° una hacienda de café, convirtiéndola en una gran empresa.° Ellos se destacaron° por el trato noble y correcto que tuvieron con los esclavos° de la hacienda. Es decir, que el alemán se integra completamente, y se disuelve.°

¿Qué opinión le merece° Rigoberto López después de haber hecho su primer largometraje de ficción?

    Él está muy contento con los resultados de este trabajo, desde luego° yo también. Es una película muy compleja,° que además es de época.° Él ha aprovechado° un texto de Eugenio Hernández Espinoza en el que también participó Rigoberto para reivindicar° los elementos positivos del mestizaje, de la identidad cubana, de la mezcla° de razas y para lanzar° una metáfora del papel importante que han jugado los negros en la construcción de Cuba.

    Además, con todas las dificultades que hemos tenido para realizar la película, casi con las uñas° y sin dinero, se convirtió en una especie de reto,° y acabó por lograr° un buen trabajo utilizando todo tipo de elementos, lo que fuese, que le permitieran hacer la película con credibilidad.

¿Cree que la película tendrá éxito fuera de Cuba?

    Sí, desde luego que sí, es una película con una historia muy cercana,° que puede entenderse perfectamente en toda América Latina, e incluso en Estados Unidos. Creo [que] toca las fibras del mestizaje latino.

¿Usted como mestizo practica la santería?

    No, pero vivo en Cuba, y convivo con° esa historia permanentemente. Para nadie es ajena° la influencia que tiene la religión yoruba entre nosotros como sociedad. En estos años difíciles, la gente ha recurrido° más a la religión como una vía° para tener esperanza y poder resistir° las dificultades económicas.

    Por sincretismo° y tradición cultural, todo cubano tiene que ver° con eso, lo que significa que no hay cubano, y me incluyo, que no esté afectado por la santería.

Usted ha podido quedarse en otro país si hubiese querido, ¿por qué sigue viviendo en Cuba?

    Porque estoy muy orgulloso° de ser cubano, sigo viviendo en Cuba por amor, me debo° al cine cubano, sigo haciendo cine allá, quiero seguir

---

Glosas (columna lateral):

making

me... are a little more difficult for me / to mimic it

fitted out
company / se... stood out
slaves
se... assimilates

¿Qué... What is your opinion of

desde... of course
complex / de... a period piece
made use of
recognize
mixture / throw out

casi... almost out of nothing / challenge / acabó... ended up achieving

close to home

convivo... I live with
foreign
ha... has resorted
route / withstand

syncretism, combination of different forms of belief / todo... all Cubans have a connection

proud
me... I owe everything

trabajando con mi gente. A veces hay problemas, pero tenemos ese espíritu propio° de los cubanos que echamos adelante° con lo que nos salga.° Incluso ahora con el tema del cine que es tan complejo, estamos utilizando el cine digital para poder seguir contando historias. Para mí es maravilloso vivir en un país donde la gente tiene esos valores° que se han perdido en otros lugares, y simplemente quiero estar ahí.

characteristic / echamos... *we keep going* / *whatever comes along*

values

¿Cree usted que en los acuerdos de cooperación entre Cuba y Venezuela habrá un apartado° para el intercambio° cinematográfico?

section / *exchange*

Creo que sí, al menos eso espero. Sería maravilloso, porque mucha gente se queja° de la relación entre Fidel y Chávez, pero lo cierto es° que todos estamos saliendo beneficiados en esta alianza entre dos pueblos. La gente no debería cuestionarse tanto esa relación como a aquéllos que bloquean° a Cuba, y a quienes por esa política de aislamiento° son los responsables de que estemos pasando tantas dificultades económicas. En el sentido° del cine, es importantísimo que podamos hacer cosas en común, utilizar la experiencia de nuestra escuela de San Antonio de los Baños y de nuestra Escuela de Artes para enseñar a los jóvenes venezolanos a cambio de recursos.°

se... *complain* / lo... *the truth is*

aquéllos... *those who blockade* / política... *policy of isolation*

sense

a... *in exchange for resources*

¿Cree usted que su gobierno se ha dado cuenta de que criticarlo activamente no forma parte necesariamente de la disidencia?

Sí, creo que sí, desde hace tiempo además. No sé si lo ha comprendido o no, a lo mejor° queda por ahí algún funcionario obtuso que no ha llegado a entender lo beneficioso que es la crítica. Además ése es uno de los objetivos de la revolución, la crítica en busca de la mejora,° y el cine cubano que siempre ha estado representado por intelectuales, siempre ha tenido esa actitud ante la sociedad, la de hacer un cine comprometido, que critique la realidad en busca del bien.

a... *maybe*

en... *in pursuit of improvement*

Criticar por ejemplo desde un único° punto de vista. ¿No cree que esa actitud crítica se puede convertir en un corsé?°

single
se... *can turn into a straitjacket*

Al contrario, eso desarma todas las afirmaciones que se hacen desde el extranjero° sobre lo que pasa en nuestro país. El caso más ejemplar es *Fresa y chocolate*, la gente nos preguntaba si esa película se había hecho en Cuba. Nosotros no somos políticos,° sólo hablamos de la complejidad de una sociedad.

desde... *from abroad*

politicians

Desde su punto de vista, ¿cómo consigue sobrevivir° el cine latinoamericano al control de las distribuidoras?

consigue... *manage to survive*

Es cierto que el monopolio de las distribuidoras está en manos de Hollywood, y es implacable, y es imposible casi, luchar contra° eso. Las dificultades que se tienen para hacer una película se ven aumentadas° con la distribución. Si se consigue estrenar en Argentina, no se puede en México, y si se puede en México no se puede en Brasil, y todo por el control de las distribuidoras estadounidenses. El cine latinoamericano sobrevive en los festivales y en las salas de arte,° porque comercialmente

luchar... *combat*
se... *are increased*

salas... *art houses*

es casi imposible encontrar un espacio para mostrar las películas. Pero eso depende de las políticas° de los gobiernos sobre el tema. Si no hay voluntad° política para exhibir el cine nacional y latinoamericano cuyas historias están más cerca de nosotros, va a ser imposible luchar contra las distribuidoras porque simplemente son los dueños° de todo. Ésta es una cuestión que se debate en los festivales, y en congregaciones° de cineastas pero no se ha llegado a un acuerdo.

policies

will

owners

meetings

¿Cómo ve la evolución de su propia carrera como actor?

Siempre hay motivos diferentes para meterse° en un proyecto, a veces llega un papel importante del que hay que sacarle el jugo,° y otras veces es un director al que yo aprecio mucho.° La cuestión es que en cada trabajo me dejo la piel,° y como es natural, a veces sale maravilloso y otras no tanto. A mí me gusta mucho el cine cubano, y me honran° películas como *Fresa y chocolate, Guantanamera*, el ciego° de *Lista de espera*, son personajes que me han hecho sentir en mi salsa,° también películas españolas como *Bámbola, Volaverum* o *Cosas que dejé en La Habana*. Y la verdad es que es un privilegio, porque es tan difícil hacer cine y cuando cuentan contigo de tantas partes° yo siento que es el mejor reconocimiento° a mi trabajo. He tenido la suerte de hacer cine en Brasil, Costa Rica, pronto en El Salvador, en fin° en varios sitios y eso me hace feliz.

get involved

del... *that you have to make the most of /* aprecio... *think a lot of /* me... *I give my all*

me... *do me honor*

blind man

en... *in my element*

cuentan... *people from so many places count on you / recognition /* en... *in short*

¿Qué camino le ve usted° al cine iberoamericano?

Todas las coproducciones están permitiendo hacer cine en lugares donde antes ni se imaginaba, como Uruguay y Guatemala; e incluso potencia° el cine en países con mayor tradición, como Argentina, Brasil, o México, pero la cuestión es que los gobiernos hagan una mayor política de protección a su cine nacional.

¿Qué... *which way do you think...is going*

boosts

¿Eso no choca° con la realidad de la taquilla?°

Hay que apostar por° la gente joven, que quiere hacer un cine que se disfrute° y que llegue al gran público.° El talento depende de los jóvenes que tienen un criterio más comercial.

conflict / box office

apostar... *bet on*

se... *is enjoyable / wide audience*

¿Se imagina viejo en el cine?

Esta profesión no se acaba nunca, me encantaría ser un viejito y estar enrollado° con unos jóvenes para hacer una película en los Andes o en el Amazonas o donde sea que me llamen y seguir haciendo lo que siempre me ha gustado: actuar.

involved

Preguntas

1. ¿De qué trata la película *Roble de olor* del director Rigoberto López? ¿Qué papel hace Jorge Perugorría en esta película?

2. ¿Qué reivindica *Roble de olor,* según Jorge Perugorría? ¿Qué metáfora lanza la película?

3. ¿Por qué tienen que ver todos los cubanos con la santería, según Jorge Perugorría?

4. ¿Por qué sigue viviendo Jorge Perugorría en Cuba?

5. ¿A quiénes se debería cuestionar, según Jorge Perugorría?

6. ¿Qué opina Jorge Perugorría de los cineastas cubanos que critican el gobierno de su país?

7. ¿Cómo consigue sobrevivir el cine latinoamericano al control de las distribuidoras, según Jorge Perugorría?

8. ¿En qué países ha hecho cine Jorge Perugorría?

9. Según Jorge Perugorría, ¿qué están permitiendo las coproducciones?

10. ¿Qué clase de cine quiere hacer la gente joven, según Jorge Perugorría?

11. ¿Qué le gustaría hacer a Jorge Perugorría cuando sea viejo?

CAPÍTULO 13

Nueba Yol

Presentación de la película:
Durante muchos años Orodote
Balbuena, viudo dominicano, sueña
con ir a «Nueba Yol» (Nueva York).
Su amigo Fellito le dice que «llegar
a Nueba Yol es como llegar a la
gloria *(glory, heaven)*» y promete
conseguirle una visa. Por fin, el sueño
del inocente y simpático Balbuena va
a convertirse en realidad…

＊ *Nueba Yol* (1996), película ganadora del
Chicago Latino Film Festival, fue la primera de
las dos películas de Ángel Muñiz basadas en un
programa de televisión muy popular en República
Dominicana. La segunda se llama *Nueba Yol 3*
en broma porque, según Muñiz, una segunda
película sobre el mismo tema nunca es tan buena
como la primera.

＊ Luisito Martí interpreta el papel de Balbuena,
un personaje que él mismo creó y que también
interpretó en el programa de televisión. Con su ▸

◀ boina *(beret)*, su peine, su camisa roja y su «bluyín», es un personaje que todos los dominicanos conocen. Martí empezó como artista y músico en el «Combo Show» de Johnny Ventura y en el grupo de merengue «El sonido original». El humorista ha producido y protagonizado varios programas de televisión, entre ellos «De remate», que salía diariamente, y «El Show de Luisito y Anthony», un programa semanal. Hizo *Los locos también piensan* en 2005. En República Dominicana se llama «balbuena» a la persona que quiere irse a Estados Unidos.

✳ Ángel Muñiz, el guionista y director de la película, tuvo un éxito instantáneo en su país natal con *Nueba Yol* y *Nueba Yol 3*. En *Nueba Yol 3*, hay una escena cómica en la que Balbuena regaña *(scolds)* a alguien que vende casetes ilegales, una broma basada en el hecho de que se producían y se vendían muchos casetes ilegales de *Nueba Yol*. En 2003 hizo *Perico ripiao*, una sátira del sistema político y militar de República Dominicana. ▪

Preparación

Vocabulario preliminar

Note:

In the Dominican Republic, as in Cuba, the **s** sound sometimes goes unpronounced, so that **Buenos días** may sound like **Bueno' día'** or **¿Cómo estás?** may sound like **¿Cómo está'?** Similarly, the **d** sound may not be heard: **usted** may sound like **uste'** (or **u'te'**) or **nada** like **na'a**. Other sounds may be dropped as well; for instance, **echar para adelante** can sound something like **echá' p'alante**.

Cognados		
el chef	tranquilo(a)	la visa
el crac	el/la turista	

El dinero	
el billete (de a cinco)	*(five-dollar) bill*
los chavos	*(colloquial, Dom. Rep.) pesos or dollars*
los cuartos	*(colloquial, Dom. Rep.) money, dough*
hipotecar	*to mortgage*
la lana	*(colloquial, Mexico) money, dough*
prestar	*to loan*

Otras palabras	
agradecido(a)	*grateful, appreciative*
arreglar	*to fix, fix up*
arreglar los papeles	*to get one's paperwork in order (e.g., for citizenship)*
el barrio	*neighborhood*
la basura	*garbage*
caer preso(a)	*(literally, "fall prisoner") to end up in jail*
conseguir (i)	*to get, obtain*
las costumbres	*manners; habits*
echar para adelante (p'alante)	*(colloquial) to go forward, keep going*
fijo(a)	*fixed, permanent (e.g., work)*
la gloria	*glory, heaven*
el inodoro	*toilet*
lavar	*to wash*
limpiar	*to clean*
limpio(a)	*clean*
la nieve	*snow*
el piso	*floor*
recuperar (recuperarse)	*to get back, regain (to get better, recuperate)*
salir adelante	*to go forward, progress*
el seguro	*insurance*
el sueño	*dream*
trabajador(a)	*hard-working*
el/la viudo(a)	*widower (widow)*

A. **Los inmigrantes a Nueva York.** Complete las oraciones con la forma apropiada de una expresión de la lista «Otras palabras».

1. Para mucha gente, irse para Nueva York es un _____ .

2. Para poder viajar a Estados Unidos, hay que _____ una visa.

3. Después de llegar, hay que buscar una casa o un apartamento; desafortunadamente *(unfortunately)*, muchos inmigrantes tienen que vivir en los _____ más pobres de la ciudad.

4. Después, hay que buscar trabajo _____ .

5. Para muchas personas de países sureños, el frío y la _____ del invierno son muy desagradables.

6. Hay gente que acepta cualquier trabajo; por ejemplo, _____ pisos o _____ .

7. Es difícil para los inmigrantes enseñarles a sus hijos las _____ de sus países natales.

8. A veces sus hijos les compran crac a los narcotraficantes *(drug dealers)* y caen _____ en la cárcel *(jail)*.

9. Si se compra un carro, hay que comprar _____ por si acaso hay un accidente.

10. Para salir _____ en este país, hay que perseverar a pesar de los problemas.

11. Afortunadamente, muchos inmigrantes son muy _____ y hacen un gran esfuerzo para «echar para adelante».

12. Para hacerse (become) ciudadano, hay que _____ .

13. Debemos ser _____ del trabajo que hacen los inmigrantes, porque muchas veces son trabajos que los ciudadanos no quieren hacer, como recoger la _____ de la calle o trabajar en el campo.

B.   ¡Es lógico! Escoja la respuesta más lógica.

1. ¿Está casado Julio?

    a. No, está sin chavos.
    b. Sí, está en la gloria aquí, muy contento.
    c. No, es viudo.

2. ¿Qué pasa en este restaurante? ¿Por qué no nos sirven?

    a. Es que todo está demasiado limpio hoy.
    b. Es que el chef no ha llegado.
    c. Es que hay mucha gente trabajando aquí lavando platos.

3. Le presté cinco mil pesos a Ramón.

    a. ¿A ese irresponsable? Estás loco.
    b. No tenemos billetes, sólo monedas.
    c. Tranquilo, tranquilo. Algún día te pago.

4. Se encontró sin cuartos y tuvo que hipotecar la casa.

    a. Tenía mucha lana, ¿verdad?
    b. ¿Y ahora anda de turista?
    c. ¡Qué lástima! Ojalá la recupere algún día.

Antes de ver la película

A.   Nueva York, la «gran manzana»

1. ¿Ha estado usted en la ciudad de Nueva York? Si es así, ¿qué piensa del estilo de vida allí? ¿del clima?

2. ¿Por qué cosas (edificios, monumentos, etc.) es famosa esa ciudad?

3. ¿Es la ciudad (o pueblo) donde usted vive similar a Nueva York? ¿En qué se parecen y en qué se diferencian?

4. ¿Qué problemas hay en las grandes ciudades del mundo hoy en día?

B. **Los personajes.** Lea las descripciones y los nombres de los personajes. Después de ver la película, empareje cada personaje con su descripción.

_____ 1. un hombre muy inocente que va a Nueva York   a. Pedro

_____ 2. una dominicana que se enamora de Balbuena   b. Flaco

_____ 3. el primo de Balbuena   c. Fellito

_____ 4. la esposa del primo de Balbuena   d. Balbuena

_____ 5. la hija mayor de Pedro y Matilde   e. Matilde

_____ 6. un narcotraficante *(drug dealer)* dominicano   f. Xiomara

_____ 7. el dueño de un restaurante mexicano   g. Pancho

_____ 8. el amigo que le consigue una visa a Balbuena   h. Nancy

Investigación

Busque información sobre uno de los temas que siguen.[1]

1. la comunidad dominicana de Washington Heights, Nueva York

2. la economía de República Dominicana

3. los hispanos de Estados Unidos según la Oficina del Censo, 2000 (desde 2001, los hispanos son el grupo minoritario más grande del país)

Note:

Your instructor may ask you to read over the questions in the section **Exploración** before you see the film, in order to improve your understanding of it.

Exploración

A. **Ventajas y desventajas.** ¿Cuáles son las mayores ventajas y desventajas de la vida de Balbuena en República Dominicana?

Ventajas: Desventajas:

_____   _____

_____   _____

_____   _____

---

1   The **Investigación** sections suggest topics related to the movie that you may want to find out more about. Your instructor may assign these to individuals or groups and have them report the information to the class.

¿Y en Nueva York?

Ventajas: Desventajas:

_____   _____

_____   _____

_____   _____

B. La historia

1. ¿Por qué va Balbuena al cementerio? ¿Con quién habla allí?

2. ¿Qué hace su amigo Fellito allí? ¿Dónde vivía el niño que se murió?

3. ¿Por qué llega Fellito a la casa de Balbuena? ¿Qué le sugiere? ¿Cómo se puede conseguir el dinero?

4. ¿Qué pasa en la casa del «cónsul»? ¿Qué consigue Balbuena allí?

5. ¿A quién llama Balbuena para darle las buenas noticias? ¿Cuál es la reacción de la esposa de esta persona?

6. ¿Qué lleva Balbuena en la maleta? ¿Tiene miedo de viajar en avión?

7. ¿Qué pasa cuando Felli y Balbuena llegan a la aduana (customs) en Nueva York?

8. ¿A quién ve Felli en el aeropuerto? ¿Cómo es ese amigo?

9. ¿Quién atropella a (runs over) Balbuena en el aeropuerto en un accidente automovilístico? ¿Dónde lo visita ella? ¿Tiene seguro ella?

10. ¿Cómo es el apartamento de Pedro y su familia? ¿Dónde va a dormir Balbuena?

11. ¿Están contentos los hijos de Pedro de tener a Balbuena en casa? ¿Se portan (Do they behave) bien con él?

12. ¿Por qué llama Balbuena a Nancy? ¿Adónde lo invita ella?

13. ¿Qué hace Balbuena cuando ve la nieve?

14. ¿Qué clase de trabajo fijo consigue Balbuena? Cuando Balbuena llega a la casa para darle a Pedro las buenas noticias, ¿qué le dice Pedro?

15. ¿Dónde consigue Balbuena un cuarto? ¿Cómo es la dueña? ¿De dónde es y qué problemas ha tenido?

16. ¿Qué problema tiene Pancho con el restaurante? ¿Cómo lo ayuda Balbuena?

17. ¿A quién ve Balbuena pidiendo dinero en el parque?

18. ¿Quién compra el restaurante? ¿Por qué está enojado con Fellito?

19. ¿Quién trata de robarle a Balbuena? ¿Por qué?

20. ¿Cómo termina la película?

Análisis y contraste cultural

Vocabulario

Mano a mano

conocer como la palma de la mano	*to know like the back of one's hand*
dar/echar una mano a alguien	*to help someone out, give someone a hand (also, in Dom.Rep., meter la mano)*
¡Manos a la obra!	*Let's get to work!*
mano(a)	*short for* hermano(a), *used for a close friend*
meter mano	*to get going, get active*
(no) poner una mano encima	*to (not) lay a finger on*

Expresiones regionales [2]

la bodega	*(in most places, storeroom or wine cellar) small grocery store*
chévere, cheverón (cheverona)	*great, fantastic, super*
mi pana	*my friend (from* panal, *honeycomb)*
relajar	*to joke around*
la vaina	*(literally, "husk"; slightly vulgar) thing, situation, mess*
viejo(a)	*(literally, "old one") term of affection used for a parent; in many places this term can refer to a spouse*

Otras palabras

bendito(a)	*blessed, often used ironically instead of* maldito(a), *damned*
botar	*to throw out*
el cariño	*affection*
caer del cielo	*(literally, "to fall from heaven") to come out of the blue*
la cocina	*kitchen*
cocinar	*to cook*
el compadre (la comadre)	*close friend, often a godparent of one's child*
el cuarto	*room*
defraudar	*to cheat; to disappoint, let (someone) down*
enamorarse	*to fall in love*
la habitación	*room*
hacer caso	*to pay attention*
el letrero	*sign*
la migra	*(colloquial) U.S. immigration*
la nevera	*refrigerator*
preocuparse	*to worry*
el/la ratero(a)	*thief*
realizar	*to realize, make (something) come true*
respetar	*to respect, treat with respect*
robar	*to rob, steal*
el/la socio(a)	*partner; member*
tener la culpa	*to be at fault*

---

2 These terms are not used exclusively in the Dominican Republic—some are heard elsewhere as well.

A.   **En resumen.** Complete las oraciones con palabras de las listas.

bendita	del cielo	nevera
bota	hace caso	realizar
culpa	letreros	respeten
defraudar		

1. Según Fellito, hay tantos pesos rodando por las calles de Nueba Yol que la gente ni _____ .

2. «Confía en mí y nunca te voy a _____ », le dice Balbuena a Natalia en el cementerio.

3. Al principio, Balbuena piensa que va a _____ sus sueños en Nueba Yol.

4. Pedro le da un plano *(map)* a Balbuena y todas las indicaciones para abrir la « _____ » puerta.

5. Como Balbuena no puede leer los _____ , se pierde y llama a Nancy para que lo ayude.

6. En casa de Nancy, Balbuena saca un pollo de la _____ y todo lo que encuentra en el gabinete, y prepara «pollo al gabinete».

7. Nancy _____ la foto de su compañero y la botella de vino a la basura.

8. Nancy se enamora de Balbuena y le cuenta a su amiga que Balbuena le cayó _____ , como un ángel.

9. Cuando sus hijos se portan mal, Pedro dice que Matilde y él tienen la _____ .

10. Pedro quiere que sus hijos lo _____ .

cariño	compadre	preocupar
cocina	habitación	ratero
cocinar	migra	socio

11. Balbuena les da mucho _____ a los hijos de Pedro y Matilde.

12. Pancho le da trabajo a Balbuena aunque dice que hay muchos problemas con la _____ .

13. Balbuena ofrece esconderse *(to hide)* en la _____ del restaurante y no salir hasta la noche si hay problemas con inmigración.

14. El chef le enseña a Balbuena a _____ .

15. Cuando Balbuena le presta dinero a Pancho para ayudarlo con el restaurante, Pancho sólo acepta a condición de que Balbuena sea su _____ .

16. Pancho y Balbuena se dicen « _____ » el uno al otro porque son muy buenos amigos.

17. Balbuena tiene una _____ en casa de una mujer cubana.

18. Flaco le dice a Balbuena que no se debe _____ , que no le guarda rencor *(hold a grudge)* a Fellito; al contrario, quiere que se cure.

19. La cubana mata al _____ que trata de robarle el dinero a Balbuena.

B. **¡Manos a la obra!** Empareje cada frase a la izquierda con una frase a la derecha que la termine.

_____ 1. Fellito dice que conoce Nueba Yol…

_____ 2. Flaco le pregunta a Felli si cree que Balbuena…

_____ 3. Matilde lamenta que en Nueva York, cuando los jóvenes no se portan bien, uno no puede…

_____ 4. Para animar a alguien a trabajar, se dice…

_____ 5. Fellito recuerda que cuando Flaco llegó a Nueva York, él…

_____ 6. Para pedir ayuda a un amigo se puede decir…

a. le dio una mano

b. como la palma de la mano

c. ¡Manos a la obra!

d. ponerles una mano encima

e. Oye, mano, ¿me ayudas?

f. mete mano en el negocio (de vender drogas)

C. **¿Y en República Dominicana?** Para cada palabra subrayada, dé una palabra que se pudiera oír en República Dominicana. (Consulte la sección «Expresiones regionales».)

> *Modelo:*
>
> No estoy <u>bromeando</u>. Hablo en serio.
>
> **No estoy relajando. Hablo en serio.**

1. Voy <u>al mercado</u> a comprar leche.
2. ¿Qué tal?, <u>mi amigo</u>, ¿cómo estás?
3. Mueve esa <u>cosa</u> de allí.
4. Mi <u>mamá</u> nunca me deja solo en casa.
5. Dicen que Sammy Sosa es un tipo <u>buenísimo</u>.

Notas culturales

Haití y República Dominicana comparten *(share)* la Isla Española. Cristóbal Colón llegó a la isla en su primer viaje a las Américas en 1492, y ya en 1496 Santo Domingo era la capital de España en las Antillas *(Antilles)*. La Universidad Autónoma de Santo Domingo, fundada en 1538, es la universidad más antigua de las Américas.

Balbuena, como muchos inmigrantes, tiene que trabajar muy duro para ganar dinero. Cada año los inmigrantes hispanos que viven en Estados Unidos mandan unos 40 mil millones *(billion)* de dólares a Latinoamérica. Muchos, como Balbuena, son jóvenes pero tienen familiares o amigos que dependen de ellos.

En la película, se ve que Balbuena tiene valores religiosos. Visita mucho el cementerio y cuida bien la tumba de Natalia. Cuando hace el viaje a Nueva York, ▶

◀ se persigna *(he crosses himself)* antes de que el avión despegue. Le regala a Nancy una medallita de la Virgen de Altagracia, santa patrona de República Dominicana. Y al final, se casa por la iglesia.

La población hispana de Estados Unidos aumentó el 58 por ciento entre 1990 y 2000. De los 40 millones de hispanos que viven legalmente en este país, el 2.2 por ciento es de ascendencia dominicana. (El 58.5 por ciento es de ascendencia mexicana, así que Pancho y el chef pertenecen a la mayoría de los hispanos.) ∎

Temas de conversación o composición

Discuta con sus compañeros los temas que siguen.[3]

1. el personaje de Balbuena (¿Cómo es? ¿Es honesto? ¿trabajador? ¿honrado? ¿Trata de ayudar a otra gente? ¿De qué manera?)

2. la familia latina (¿Qué pasa cuando Matilde dice que no quiere que Balbuena se quede con ellos? ¿Qué le dice Pedro? Según Pedro, Balbuena tiene mucho que ofrecerles a sus hijos, pero parece que al principio no valoran lo que tiene que ofrecer. ¿Por qué? ¿Cómo cambian después?)

3. la educación de los niños (¿Cómo explica Pedro el hecho de que él y Matilde no pueden pasar mucho tiempo con sus hijos? ¿Dónde pasan el día los adultos? ¿y los niños? ¿Qué le cuentan Pedro y Matilde a Balbuena sobre la disciplina de los niños en Estados Unidos? ¿Qué es lo que no puede creer Balbuena? ¿Por qué habla Pedro tanto de «respeto»? ¿En qué tipo de barrio viven muchos inmigrantes? ¿Por qué tendrán miedo de perder el control de sus hijos?)

4. el problema de las drogas y de los narcotraficantes (¿Qué pasa enfrente del edificio de apartamentos de Pedro y Matilde? Según Pedro, uno de los misterios más grandes de Nueva York es que los policías ponen a los narcotraficantes en la cárcel pero «la justicia los suelta» *(the justice system lets them out)*. ¿Qué problemas le causan los narcotraficantes a la gente del barrio? ¿Qué le pasa a Fellito? ¿Por qué lo quiere matar Flaco? ¿Adónde lo lleva Balbuena para recuperarse?)

5. el problema del trabajo (¿Por qué Balbuena no puede conseguir trabajo al principio? ¿Qué cosas le faltan? ¿Cómo se aprovecha de él el dominicano que tiene la «bodega»? ¿Por qué es irónico que le diga que lo está tratando de ayudar? ¿Por qué le da trabajo Pancho? ¿Cómo lo trata Pancho?)

---

3   Your instructor may ask you to report back to the class
    or write a paragraph about one of the topics.

6. la vivienda (¿Por qué dice Pedro que en Nueva York, de noche, «todas las salas se convierten en dormitorios *(bedrooms)*»? ¿Por qué hay tantas cerraduras *(locks)* en las puertas? Cuando Matilde dice que viven «como sardinas en lata *(in a can)*», Pedro dice que era peor cuando vinieron, cuando su tío los ayudaba. ¿Qué imagen nos da de la gente recién llegada a Estados Unidos?)

7. los problemas en República Dominicana (¿Por qué dice Balbuena que en ese país «si se quiere un huevo hay que ponerlo»? ¿Qué problemas tiene allí? ¿Por qué Pedro y su familia no regresan a Santo Domingo?)

8. el dinero (Hay muchas palabras para hablar de dinero en la película. ¿En qué escenas se habla del dinero? ¿Es importante el tema del dinero? ¿Qué personajes tienen mucho dinero? ¿Qué personajes no valoran el dinero?)

Una escena memorable

¿Quiénes son estos personajes? ¿Por qué están en Nueva York?
¿Por qué deciden volver a República Domincana?

Hablan los personajes

Analice las siguientes citas, explique de quién son y póngalas en contexto. (Para una lista de los personajes, ver el ejercicio B en la sección «Antes de ver la película».)

1. «Dando una residencia a ese muchacho le estaba dando una visa para el cementerio.»

2. «Los billetes de a cinco y de a uno están volando por la calle y la gente no hace ni caso.»

3. «Nosotros tenemos que ser agradecidos. La gente debe ser agradecida…. Porque no es posible que una gente cambie simplemente porque se monte en un avión.»

4. «Yo hago lo que sea, yo lavo platos, te limpio pisos, limpio inodoros….»

5. «Bueno, yo espero que no pierda ese buen humor porque aquí en Nueba Yol se pasan muy malos ratos.»

6. «El que inventó esto no ha visto un plátano ni de lejos.»

7. «Sí, claro, pero primero tienes que conseguir trabajo.»

8. «Es el problema de los muchachos aquí, que no saben bien el español y las cosas les salen directas, no como ellos sienten realmente.»

9. «Tú no sabes lo que es cariño… En esta casa lo primero que tiene que haber es el amor.»

10. «Nueba Yol es una gran ciudad llena de oportunidades. Si tú luchas fuerte y trabajas, vas a lograr lo que quieres.»

11. «Yo he decidido recuperarme… No me hagas daño. Dame un chance.»

12. «Los sueños no se realizan cuando uno llega aquí; los sueños se realizan cuando uno regresa a la patria. Se puede llegar triunfante con dinero y sin dinero.»

13. «Fellito tenía razón: llegar a Nueba Yol es como llegar a la gloria. Allí todo el mundo es rico; en Nueva Yol los cuartos están rodando por la calle, pero eso era el Nueba Yol de mi fantasía… porque New York es otro.»

Hablando de la cultura...

Cuando Balbuena por fin consigue trabajo, compra hamburguesas para la familia y entra alegremente en el cuarto de las muchachas, contento de poder darles algo. Pero hay una explosión emocional. Matilde dice que su hija tiene derecho a la «privacidad». Para Balbuena, ¿existe el concepto de «privacidad»? ¿Qué dice Pedro acerca de este concepto? ¿Qué contraste cultural muestra esta escena?

Hablan los críticos y los directores

«*Nueba Yol* no debe su éxito comercial a la mano de Ángel Muñiz solamente, ni al talento cómico de Luisito Martí únicamente, ni siquiera a la feliz combinación de ambos talentos, sino más bien a Balbuena. Balbuena es el cebo *(lure),* Balbuena es el imán *(magnet),* Balbuena es el formidable hipnotizador de multitudes. Porque en [República] Dominicana, el que más o el que menos *(everyone)* es o quiere ser un Balbuena. La inmensa mayoría vive soñando con vivir en Nueva York, con triunfar en Nueva York, con amar en Nueva York, y Balbuena significó la visible concreción de esos deseos insatisfechos de años y años en millones de seres humanos.»
— **Armando Almánzar, «El cine dominicano… una ilusión»,** *El siglo,*
http://www.elsiglo.net/dominical/1f/2.htm

¿Está usted de acuerdo en que *Nueba Yol* tiene básicamente un solo «imán»? ¿Cree que los otros personajes también ayudan a desarrollar los temas de la película?

"The movie, which was produced, written and directed by Angel Muñiz, is a crude but engaging combination of humorous star vehicle, social-realist commentary and light-hearted farce. For more than a decade, Balbuena has been one of the most popular characters on Dominican television… Unlike his Pollyannaish counterparts on American television who would be ridiculed as naive chumps, Balbuena is someone whose genuine friendliness and trust in others are huge assets."

— **"Nueba Yol,"** *New York Times,* **February 14, 1996.**

¿Cómo sería un personaje como Balbuena en una película de Hollywood o en un programa de televisión, aquí? ¿Sería un «chump»?

«Todos llevamos un Balbuena por dentro.»

—**anuncio para el video.**

¿Está usted de acuerdo? Explique.

"Warm and funny, *Nueba Yol* is also honest and real, recalling the best cinema can be: full of life in all its joyfulness and sorrow. Like Renoir or Ozu, director Muñiz lets the camera quietly eavesdrop on people too genuine to be giving performances, a rarity these days when too much of world cinema looks to emulate the latest from a Hollywood grown out of touch."

– **"Nueba Yol",**
http://www.recentmovie.com/h/n28.html

¿Qué piensa usted: parecen «genuinos» los personajes? ¿Por qué sí o por qué no?

"In its disarming way, drawing upon sitcom humor as well as soap opera melodrama, *Nueba Yol* is a potent work of popular entertainment. Yet it can move swiftly from the sentimental to the very real pain Pedro expresses when he explodes at the lack of respect on the part of his eldest daughter. Pedro realizes all too well that all the struggling he and his wife have done to give their children a better life has exacted its toll in precious time needed to be as good a parent as he would like to be. Muñiz ends with an epilogue that he surely intends for us to decide whether it is fantasy or reality (sic). Intentionally or not, it's an effectively ironic way to bring to a close a bittersweet Candide-like fable."

—**Kevin Thomas,** *New York Times,* **October 18, 1996.**

¿Qué piensa usted del final de la película?

Más allá de la película

Nueba Yol/Nueva York

En la película *Nueba Yol*, Balbuena es de República Dominicana, Pancho es de México y la dueña de la casa donde Balbuena alquila un cuarto es cubana. Son tres personas «hispanas» que viven en la ciudad de Nueva York. De los 8 millones de residentes de esa ciudad, más de 2 millones son de ascendencia° española o latinoamericana. Hay tantos puertorriqueños (unos 800.000) que se inventó la palabra «nuyorriqueños» para referirse a ellos; son ciudadanos de Estados Unidos y no necesitan visa para entrar en el país. Como se ve en la película, muchos dominicanos viven en Nueva York (unos 400.000), especialmente en Washington Heights. En Queens hay una gran comunidad colombiana. Hay más ecuatorianos que en cualquier ciudad del mundo salvo° Quito o Guayaquil. Unos 200.000 mexicanos viven en «la gran manzana»; muchos son de la ciudad de Puebla, los «pobloquinos». (Muchos de los «pobloquinos» trabajan en restaurantes, como Pancho; en Nueva York se venden más tortillas que pizza o bagels y se dice que allí se come el mejor mole poblano° fuera de Puebla.)

Se usa la palabra «hispana» o «latina» para describir a todas estas personas, pero tienen culturas y tradiciones distintas. Son ricos y pobres, blancos y negros; algunos son de familias que están aquí desde hace siglos y otros cruzaron la frontera ayer sin pasaporte y viven sin documentos legales. Vinieron por una gran variedad de motivos: algunos por razones económicas, otros por razones políticas, otros para asistir a la universidad o para poner un negocio. Algunos son de familias cuyos antepasados° ya vivían en San Agustín, Florida en 1539; otros son de comunidades que existían en el suroeste cuando era territorio mexicano, antes de 1848 (cuando se firmó el Tratado de Guadalupe y ese territorio pasó a manos de Estados Unidos).

Un artículo de un periódico estadounidense de hace muchos años hizo las siguientes preguntas y observaciones sobre los «hispanos»:

«Aquí en estos lugares se entiende mejor *greencard* que tarjeta de residencia... Para quienes usan los beneficios del *welfare*, el *Medicaid* o el *unemployment* es mucho más sencillo referirse a una palabra que a una larga y virtualmente incomprensible explicación. *Hacer lobby* es tan usado como cabildear.° *Surfear* es más fácil que correr tabla... ¿Qué es lo correcto, o lo políticamente correcto: moreno, negro, persona de color, afroamericano o afronorteamericano? ¿Homosexual o gay? ¿Qué medida° utilizar: metros, yardas o pies? ¿Kilos o libras?° ¿Qué somos: latinos, hispanos, chicanos, mexico-americanos, cubano-americanos, guatemalteco-americanos? ... Seguramente usted no ha conocido a nadie que se presente y diga: 'Hola, me llamo Enrique y soy hispano'? Usted seguramente conoce a un Luis puertorriqueño y Juana la hondureña, a Francisco el colombiano y a Diana la argentina, pero nunca a Pedro o Juan

descent

except

mole... dish with chocolate and chilis

ancestors

to lobby

measurement / pounds

el hispano… El concepto de *Hispanic* o *Latino* sirve al menos para unir°   *unite*
cuando no hay muchos puntos en común en una cultura tan diversa.»[1]

Tienen culturas y costumbres distintas, pero los «hispanos» de Nueva
York tienen algo en común: todos se adaptan como pueden y, como
observa el autor del artículo previamente citado, todos utilizan un nuevo
vocabulario. El título de la película *Nueba Yol* ilustra el concepto; se oyen
otras palabras de origen inglés a lo largo de la película: e.g., «la migra»,
«el crac», el «shock» psicológico. Jorge Ramos, periodista que nació en
México y trabaja en Estados Unidos, dice: «En Estados Unidos el inglés
está invadiendo al español y el español está invadiendo al inglés. A veces
ninguno de los dos idiomas domina y el resultado—lo que sale de nuestras
bocas—es la fusión del espanglish.»[2]

Según Ilan Stavans, profesor de Amherst College y autor de varios
libros sobre los hispanos de Estados Unidos, incluso *Spanglish: The Making
of a New American Language*:

«¿Qué simboliza la situación de los latinos de todos los orígenes?: Una
rosa con muchos pétalos. Los latinos son una compleja minoría no fácil
de categorizar. Son multirraciales, transnacionales, plurilingües,°   *speaking more than one language*
tienen
puntos de vista distintos con respecto a la política, están afiliados a todo
un cúmulo° de religiones institucionalizadas, etc. De hecho° el spanglish   *mass / De… In fact*
sirve de puente para unirlos a todos… Estados Unidos es una sociedad
abierta en la que los inmigrantes juegan un papel crucial. Este papel incluye
una constante renovación de la lengua nacional. El spanglish ha sido una
fuerza importante en aquella renovación desde hace mucho, pero sólo
ahora recibe la atención que merece… Su diversificación es asombrosa:°   *amazing*
de una jerga callejera de escasa estimación,° ha pasado a convertirse en la   *jerga… street slang of little esteem*
última década en un fenómeno cultural decisivo. Las variantes nacionales
empiezan a confluir° en el spanglish mediático° que apunta a° una especie   *converge / media / apunta… is moving toward*
de estandarización verbal. Hay programas de TV que emplean spanglish,
anuncios publicitarios, estaciones radiales,° revistas femeninas… Las   *radio*
corporaciones no ignoran su valor comercial. Hallmark Cards, por
ejemplo, lanzó hace poco una línea de tarjetas en spanglish destinada a un
público consumidor° de entre 10 y 30 años de edad.»[3]   *consumer*

Otra vez, Jorge Ramos: «El español que se habla en los Estados Unidos
es un idioma vivo, cambiante, dinámico, sujeto a las influencias del medio°   *environment*
y es una batalla perdida el tratar de resistirse o rechazarlo.° Los latinos de   *reject it*
Estados Unidos, en estos días, pueden aportar° más al crecimiento° del   *contribute / growth*
idioma español que la mayoría de los grupos de habla hispana.»[4]

Y es cierto, como se ve en *Nueba Yol*, que este nuevo idioma va más
allá de Estados Unidos. También se usa en España y América Latina.

---

1   «El idioma que hablamos» (*Miami Herald*, 3 abril 1988), p. 12.

2   Jorge Ramos, *La ola latina* (New York: HarperCollins Publishers, 2004) p. 197.

3   http://www.barcelonareview.com/40/s_is_ent.htm. *The Barcelona Review: Revista internacional de narrativa breve contemporánea*, Entrevista: Ilan Stavans, enero-febrero No. 40.

4   Jorge Ramos, *La ola latina* (New York: HarperCollins Publishers, 2004) p. 199.

Los hispanos que regresan a sus países, como Balbuena o Pancho en la película, lo llevan con ellos; además, se usa en los medios de comunicación globales. Haga usted esta prueba. Mire la siguiente lista de palabras que se escuchan no sólo en Estados Unidos sino también en otros países de habla española y adivine su significado. Todas tienen raíces° inglesas. ¿Qué quieren decir? (Las respuestas están abajo.)

roots

1. mitin: Ayer asistí a un mitin electoral.
2. clinex: Dame un clinex, por favor. ¡Atchú!
3. rosbif: Vamos a almorzar rosbif con papas fritas.
4. márquetin: Mi padre trabaja en el departamento de márquetin de Iberia.
5. beicon: A los ingleses les gusta desayunar huevos con beicon.
6. suéter: ¿Dónde está mi suéter? Hace un poco de frío, ¿no?
7. comics: Siempre leo los comics del periódico de los domingos.
8. coctel: Mis padres van a un coctel el sábado por la tarde.
9. tenis: Me puse los tenis para salir a correr.
10. hacer un forward: Te voy a hacer un forward del e-mail que recibí de Juana.

Y ahora, para los expertos:
11. vips: Vinieron muchos vips a la fiesta.
12. rocanrol: A mi hermano le gusta el rocanrol y el jazz.
13. faxear: Voy a faxear una carta a mi amiga en Madrid.
14. tapergüer: Metí la comida en un tapergüer y la llevé al trabajo.
15. Bibaporrú: Abuela se puso Bibaporrú y dijo que se sentía mejor.
16. compacs: Tengo varios compacs de Enrique Iglesias.
17. hacer zapping: No me gusta ver televisión con mi novio porque hace zapping.
18. hacerse un lifting: Mi mamá se hizo un lifting y se ve más joven.

Calcule sus puntos: ¿es usted experto en spanglish? Y, si quiere más ejemplos, prenda la radio o el televisor o, si usted vive en un lugar donde hay comunidades hispanas, salga a la calle a pasear.

Puntos: 1-6 Usted tiene mucho que aprender. 7-12. Ya sabe bastante. 13-18 ¡Experto(a)! Ya entiende muy bien el spanglish.

Respuestas: 1. meeting 2. Kleenex 3. roast beef 4. marketing 5. bacon 6. sweater 7. comics 8. cocktail party 9. tennis shoes 10. to forward 11. V.I.P.s (Very Important Persons) 12. rock and roll 13. to fax 14. Tupperware 15. Vicks VapoRub 16. compact discs 17. to channel surf 18. to have a face lift

Preguntas

1. ¿Cuántos hispanos hay en Nueva York?

2. ¿Quiénes son los «nuyorriqueños»? ¿Cuántos hay?

3. ¿De qué ciudad vienen muchos de los mexicanos que viven en Nueva York?

4. Según el artículo del *Miami Herald*, ¿para qué sirven los conceptos *Hispanic* o *Latino*?

5. ¿Qué es el spanglish?

6. ¿Quién es Ilan Stavans? ¿A qué compara a los latinos? ¿Por qué?

7. Según Stavans, ¿en qué se diferencian los latinos? ¿Qué los une?

8. ¿Qué dice Jorge Ramos del español que se habla en Estados Unidos?

9. En la película *Nueba Yol* se oyen una variedad de palabras de origen inglés. ¿Podría usted nombrar algunas?

10. En general, ¿qué palabras de origen español se usan en inglés? (Su profesor[a] le dará algunas ideas; piense, por ejemplo, en la música, la comida, el suroeste de Estados Unidos....)

CAPÍTULO 14

Belle Epoque

Presentación de la película:
Fernando, un joven que acaba de desertar del ejército, es acogido *(taken in)* por don Manolo, un viejo pintor que vive aislado de la dura realidad de España y que le ofrece su casa, su ayuda y su amistad. La llegada de las cuatro hijas del artista hará que el joven desertor se embarque en una aventura en la que enamora a una hermana tras otra...

✳ La película ocurre en algún lugar del campo español durante el invierno de 1931, en vísperas *(on the eve)* de la proclamación de la República, una época de liberación social y sexual en la, hasta entonces, oprimida y reprimida España. Su director, Fernando Trueba, fantasea sobre un momento maravilloso, una «bella época» que hubiera podido ser *(could have been).* (En Francia «Belle époque» se refiere a la época antes de la Primera Guerra Mundial, una era de progreso social y cultural pero también de gran turbulencia política.)

✳ Fernando Trueba nació en Madrid en 1955. Estudió en la Facultad de Ciencias de la Información de la Universidad de Madrid. Fue crítico cinematográfico del diario *El País* y ▶

◀ fundador de la revista de cine *Casablanca*. Debutó como director con *Ópera prima* (1980), uno de los pilares de la llamada «comedia madrileña», y más tarde tuvo mucho éxito con *Sé infiel y no mires con quién* (1985) y *El año de las luces* (1986). Consiguió el Oscar a la mejor película en lengua extranjera con *Belle Epoque* en 1993. Ha realizado también la película *Two Much* (1995) en Estados Unidos, con actores norteamericanos, y *Calle 54* (2000).

✳ Fernando Fernán Gómez—don Manolo en *Belle Epoque*—debutó como actor de cine en 1943; ha actuado en más de 150 películas, algunas de gran popularidad como, por ejemplo, *El Espíritu de la Colmena* (Víctor Erice, 1973) y *La mitad del cielo* (Manuel Gutiérrez Aragón, 1986), *La lengua de las mariposas* (J.L.Cuerda, 1999), *En la ciudad sin límites* (A.Hernández, 2002), y *Para que no me olvides* (Patricia Ferreira, 2005).

✳ Penélope Cruz—Luz en la película—estudió ballet y arte dramático desde muy joven. En 1992 se dio a conocer en *Belle Epoque* y en *Jamón, jamón* (Bigas Luna). Desde entonces ha protagonizado películas en España, Italia y en Estados Unidos (*Blow* y *All the Pretty Horses, Vanilla Sky (acompañada por Tom Cruise), Sahara, Bandidas,Volver, etc.*).

✳ Jorge Sanz—Fernando en la película— empezó su carrera a la edad de diez años. Interpretó a varios protagonistas niños o adolescentes en *Valentina* (Antonio Betancor, 1982), *El año de las luces* (Trueba, 1986) y *Conan the Barbarian* (John Milius, 1982). Alcanzó su madurez en *Amantes* (Vicente Aranda,1992). Desde entonces ha actuado en *Libertarias* (Aranda, (1996), *La niña de tus ojos* (Trueba, (1998), *Cosa de brujas* (Suárez, 2003), *Sinfín* (Sanabria, 2005) y *Bienvenido a casa* (David Trueba, hermano de Fernando, 2006). ∎

Preparación

Vocabulario preliminar

Note:

In Spain the plural **tú** form is **vosotros(as)**. The **vosotros** command form ends in **-ad**, **-ed**, or **-id** in the affirmative and in **-áis** or **-éis** in the negative. Also, note that **marido y mujer** is more commonly used in Spain than **esposo y esposa**.

Cognados			
la Biblia	el/la desertor(a)	el/la esposo(a)	el suicidio
el carnaval	el divorcio	la república	

La familia	
el/la cuñado(a)	*brother-in-law (sister-in-law)*
el/la hermano(a)	*brother (sister)*
el/la hijo(a)	*son (daughter) (pl. children)*
la madre	*mother*
el marido	*husband*
la mujer	*wife, woman*
la novia	*bride*
el novio	*groom*
el padre	*father*
el/la suegro(a)	*father-in-law (mother-in-law)*
el/la viudo(a)	*widower (widow)*
el yerno	*son-in-law*

Otras palabras	
la boda	*wedding*
el disfraz	*costume*
la maleta	*suitcase*
la risa	*laughter*
la rondalla	*group of serenaders*

Expresiones	
casarse con	*to get married to*
desertar del ejército	*to desert from the army*
enamorarse de	*to fall in love with*
perder (ie) el tren	*to miss the train*

A. **Relaciones familiares.** Conteste las siguientes preguntas.

1. ¿Cómo se llama al hombre y a la mujer antes de la boda? ¿después de la boda?

2. ¿De qué otra manera se llaman las personas que forman parte de un matrimonio?

3. ¿Qué es el padre de la esposa en relación al esposo?

4. ¿Qué es el esposo en relación al padre de su mujer?

5. ¿Qué es el hermano del esposo en relación a la esposa?

6. ¿En qué se convierte una mujer casada cuando se muere su marido?

7. ¿Quiénes son los descendientes de un matrimonio?

B.   ¡Claro que lo sabe!   Escoja la respuesta más apropiada.

1. Un país gobernado por un presidente es…

    a.   una monarquía.
    b.   una república.
    c.   una presidencia.

2. Una persona que escapa del ejército es…

    a.   un veterano.
    b.   un republicano.
    c.   un desertor.

3. Una persona se pone un disfraz para ir a…

    a.   un concierto de música clásica.
    b.   un carnaval.
    c.   un cementerio.

4. Una persona que llega tarde a la estación…

    a.   pierde el tren.
    b.   toma el tren a tiempo.
    c.   pierde la maleta.

5. Un protestante generalmente lee…

    a.   la Biblia.
    b.   una autobiografía de Jesús.
    c.   el Corán.

6. Tradicionalmente los jóvenes que se enamoran…

    a.   se casan.
    b.   se compran un coche.
    c.   se van de viaje.

7. Lo mejor para un matrimonio que no es feliz es…

    a.   tener muchos hijos.
    b.   el suicidio.
    c.   el divorcio.

8. Un grupo de personas que cantan y tocan la guitarra forman…

    a.   una risa.
    b.   una rondalla.
    c.   un disfraz.

Antes de ver la película

A   **Relaciones y roles familiares**

1. En la vida real, ¿cuáles son los roles tradicionales de los diferentes miembros de una familia? ¿Qué tipo de relaciones suele haber *(are customary)* entre padre e hijas? ¿madre e hijas? ¿esposos?

2. ¿Conoce usted alguna familia en la que las relaciones y roles típicos han cambiado? ¿Por qué son diferentes? ¿Los acepta la sociedad?

B. **Los personajes.** Mire las siguientes listas. Después de ver la película, diga con qué personaje o personajes se asocia cada cosa y explique por qué.

_____ 1.	muchas risas y mucha alegría	a.	Juanito
_____ 2.	una Biblia dentro de una maleta	b.	don Luis y un guardia civil
_____ 3.	la canción «Las mañanitas»	c.	la rondalla
_____ 4.	el disfraz de soldado	d.	don Manolo
_____ 5.	el viaje a América	e.	las hermanas
_____ 6.	la escena del río	f.	Fernando
_____ 7.	el uniforme de militar carlista (Carlist)	g.	Fernando y Luz
_____ 8.	los cuadros no acabados	h.	doña Amalia y su amante
_____ 9.	el suicidio trágico	i.	Violeta
_____ 10.	el viaje a Sudamérica	j.	Clara y Fernando

Investigación

Busque información sobre uno de los temas que siguen.[1]

1. la época de la República española (1931-1936): cambios socio-políticos
2. el carlismo: orígenes e ideología
3. el escritor y filósofo Miguel de Unamuno y la fe religiosa
4. la Guardia Civil

> **Note:**
> Your instructor may ask you to read over the questions in the section **Exploración** before you see the film, in order to improve your understanding of it.

Exploración

A. **Las circunstancias.** Ponga en orden cronológico los siguientes eventos. Después, explique las circunstancias de cada uno.

_____ a. Luz y Fernando se van a América.

_____ b. Don Manolo lleva a Fernando a su casa.

_____ c. La Guardia Civil encuentra a Fernando en el campo.

_____ d. Rocío anuncia que ha triunfado la República.

_____ e. Fernando le dice a Luz que la quiere a ella.

_____ f. Clara echa a Fernando al río.

_____ g. Doña Asun pide la mano de Rocío para su hijo.

---

1 The **Investigación** sections suggest topics related to the movie that you may want to find out more about. Your instructor may assign these to individuals or groups and have them report the information to the class.

_____ h.   Las hijas de don Manolo llegan de Madrid.

_____ i.   Fernando le dice a don Manolo que se ha enamorado de Violeta.

_____ j.   Juanito reniega de *(renounces)* la religión católica.

B.   ¿Por qué? Explique por qué pasan estas cosas.

1.   ¿Por qué deserta Fernando del ejército?

2.   ¿Por qué mata un guardia civil al otro?

3.   ¿Por qué dice don Manolo que tiene tres frustraciones en la vida? ¿Cuáles son?

4.   ¿Por qué llegan de Madrid las hijas de don Manolo? ¿Qué está ocurriendo en la capital?

5.   ¿Por qué hace el amor Fernando con todas las hijas? ¿Está enamorado de ellas? ¿ellas de él?

6.   ¿Por qué quiere Juanito renegar de su religión? ¿Hay más de una razón? ¿Por qué vuelve a ser «carlista hasta la muerte»?

7.   ¿Por qué don Manolo le dice a Fernando que el amor que siente por Violeta es imposible?

8.   ¿Por qué es extraña la relación entre don Manolo, su mujer y el señor Danglard?

9.   ¿Por qué se consideran casados Fernando y Luz aunque el cura no los casa?

10.   ¿Por qué deciden irse a América los recién casados?

Análisis y contraste cultural

Vocabulario

Ideología		Otras palabras	
el/la agnóstico(a)	*agnostic*	el arrebato	*fit, outburst*
anticlerical	*anticlerical, against the church*	el/la criado(a)	*servant*
		el/la infiel	*unfaithful (person)*
el/la apóstata	*apostate*	la Iglesia	*the (Catholic) Church*
el/la carlista	*Carlist (don Carlos de Borbón's supporter, royalist)*	matar	*to kill*
		el/la mayor	*the eldest*
		el/la menor	*the youngest*
el/la católico(a)	*Catholic*	el/la pequeño(a)	*the little one, the youngest*
el/la liberal	*liberal*		
el/la libertino(a)	*libertine*	rondar	*to serenade*
el/la monárquico(a)	*monarchist*	suicidarse	*to kill oneself, commit suicide*
el/la reaccionario(a)	*reactionary*		
el/la renegado(a)	*one who has renounced the faith*		
el/la republicano(a)	*Republican*		

Expresiones

darle pena (a alguien)	*to feel sorry*
portarse como un tío	*(colloquial) to act like a man*
¡Que tengáis suerte!	*Good luck to you! (vosotros form)*
ser un buen partido	*to be a good match*
tratar mal	*to treat (someone) badly*

A. ¿Cierto o falso? Indique si las siguientes oraciones son ciertas (**C**) o falsas (**F**).

_____ 1. Fernando llevaba una Biblia en la maleta.

_____ 2. El suegro del guardia civil lo mata en un arrebato y después se suicida.

_____ 3. Don Manolo le coge cariño a Fernando.

_____ 4. Luz es la más pequeña y la única que no está enamorada de Fernando.

_____ 5. Una rondalla ronda a Clara el día del pedido de mano.

_____ 6. A Luz le da pena que Rocío trate mal a Juanito.

_____ 7. Rocío cree que Juanito es un buen partido.

_____ 8. Violeta se porta como un tío cuando lleva el disfraz de criada.

_____ 9. Luz y Fernando se casan por la Iglesia.

_____ 10. Don Manolo se despide de sus hijos diciendo «¡Que tengáis suerte!»

B. Los personajes. Descríbalos con los dos adjetivos que mejor los caracterizan.

1. Don Manolo es _____ y _____ .
2. Doña Amalia es _____ y _____ .
3. Fernando es _____ y _____ .
4. Juanito es _____ y _____ .
5. Doña Asun es _____ y _____ .
6. Las hermanas son _____ y _____ .
7. Clara es la hermana _____ y Luz es la _____ .

Nota cultural

Para entender el significado y mensaje de la película, es importante recordar que en la España monárquica y católica pre-republicana nunca hubo un movimiento feminista y que la situación de la mujer era tremendamente tradicional.

Temas de conversación o composición

Discuta con sus compañeros los temas que siguen.[2]

1. el título de la película   (¿Por qué se llama *Belle Epoque*? ¿Le gusta a usted este título o sería mejor otro?)

2. el tema o mensaje de la película (¿Cuál es? ¿Qué nos quiere comunicar el director? ¿Qué posible relación tiene con la España actual?)

3. los personajes (¿Qué los caracteriza? ¿Hay algunas diferencias fundamentales entre los personajes masculinos y femeninos? ¿Es esta caracterización habitual en el cine? ¿Son los roles de padre, marido, madre, esposa, hijas solteras, hija viuda, joven soltero, cura suicida, etc. típicos?)

4. los cambios de identidad (¿Qué importancia y significación tienen los disfraces y la secuencia del carnaval?)

5. la ideología (¿Cómo muestra el director las diferentes ideologías de los españoles de la época? Según Trueba, ¿qué diferencia a los monárquicos carlistas de los republicanos? ¿Le parece a usted que es una representación objetiva?)

6. el humor (¿Cuáles son algunas escenas divertidas de la película? ¿Cómo logra Trueba crear una comedia a pesar de los acontecimientos trágicos del principio y del final de la película? ¿Cómo convierte algunas escenas –que podrían calificarse de «políticamente incorrectas»– en hechos humoristas que hacen reír al público?)

7. el final (¿Qué le parece el final de la película? ¿Es trágico o feliz? ¿Lo esperaba? ¿Qué significado puede tener el viaje de los recién casados a América? ¿Quiere usted proponer otro final?)

---

2   Your instructor may ask you to report back to the class
    or write a paragraph about one of the topics.

Una escena memorable

¿En qué fiesta están Fernando y Violeta? ¿Qué tipo de baile están bailando ellos?
¿Quién ha tomado la iniciativa? ¿Por qué resulta tan divertida esta escena?

Hablan los personajes

Analice las siguientes citas, explique de quién son y póngalas en contexto. (Para una lista de los personajes, ver el ejercicio B en la sección «Antes de ver la película».)

1. «Como no he podido rebelarme contra la Iglesia, ni contra el ejército ni contra el matrimonio que, aparte de la Banca, son las instituciones más reaccionarias que existen, aquí me tienes rebelde, infiel y libertino por naturaleza, y viviendo como un circunspecto burgués.»

2. «Pero infeliz, ¿cómo te vas a casar con un hombre?»

3. «Prefiero esperar a que llegue la República. Lo digo porque cuando venga la República habrá divorcio....»

4. «No aguanto a mi madre. Quiero ser libre.»

5. «Pero ¿por qué me has traído aquí? ... Perdón, sé que no has sido tú, tampoco he sido yo; han sido mis pies.»

6. «En México querían sacarme del teatro a hombros.»

7. «Dijiste que sería un momento: ¡cuatro horas y cuarenta y siete minutos!»

8. «Quien se quita la vida se quita el miedo a la muerte.»

9. «Y tú cuídamela bien o, si no, te vas a enterar de lo que es un cuñado.»

Hablando de la cultura

Una de las costumbres tradicionales de los españoles es cantar zarzuela, una especie de opereta o comedia musical española que aparece en el siglo XVIII. El famoso cantante de ópera español Plácido Domingo comenzó su carrera cantando zarzuelas en México. ¿Ha escuchado usted una zarzuela alguna vez? ¿Qué relación pueden tener con la película las primeras palabras de la zarzuela que canta Amalia: «En un país de fábula vivía un viejo artista…»?

Hablan los críticos y los directores

«La película no es sólo una comedia vodevilesca de amores libres , sino un muestrario *(showcase)* de arquetipos españoles tratados con particular ternura *(tenderness)*. Guardias civiles y curas liberales, carlistas y devotas de Cristo Rey, republicanos y libertarios, señoritas de buena familia y ex-seminaristas rojos *(communists)*. Todas las paradojas españolas que florecieron en el oasis de libertad que fueron los años de la República del 31. Un tiempo que fue para el realizador la verdadera «belle époque» de España.»

–José Luis Roig y Gustavo Valverde, «Belle Epoque»,
Tiempo, 4 de abril, 1994, p. 27.

"Trueba's version of 1930s Spain, I would argue, has been transfigured by the social and moral revolutions that have come afterwards. It is an example of what we might call the colonization of the past by the present. In fact, the rural paradise depicted in the film is a composite, a mixture, of the 1960s hippy culture, the cult of 'make love not war,' plus generous helpings of 1970s *apertura*, pre-AIDS freedoms of the transition period, 1970s and 1980s feminism, as well as gender bending and a postmodern taste for blurring political, moral, and sexual boundaries. It is the 'anything goes' society. All this is then projected back onto the Spain of the 1930s, producing a luminous, attractively optimistic, joyous view of life."

–Barry Jordan, "Promiscuity, Pleasure, and Girl Power: Fernando Trueba's
Belle Epoque (1920)," *Spanish Cinema: The Auteurist Tradition*, Peter W. Evans
(Oxford: Oxford University Press, 1999), p.303.

¿Qué opina usted? ¿Es real la imagen que Trueba da de la España de 1930 o fue modificada por las revoluciones posteriores?

«Efectivamente, opino que *Belle Epoque* tiene todos los elementos para constituir una guía maestra de tragicomedia musical canónica... ¿No es inevitable el imaginarse un solo amargo de Manolo barruntando *(guessing about)* los tiempos que se avecinan *(are approaching)*? ¿No tendría su tema musical el atribulado muchacho preguntándose a cuál de ellas elegir? ¿No es cierto que las ensoñaciones de cada una de las cuatro hijas merecerían su leit motif? ¿No corresponderían números musicales a Juanito, tránsfugo *(turncoat)* político por amor y hasta a don Luis, confundido entre la fe garbancera *(rustic, naive)* y el sentimiento trágico de la vida...?»

–**Fernando Trueba en una entrevista con Bernardo Sánchez, «Belle Epoque»,** *Antología crítica del cine español; 1906-1995*, **Julio Pérez Perucha (Madrid: Cátedra, 1997), p.931.**

¿Está usted de acuerdo con que *Belle Epoque* podría convertirse en una buena comedia musical? ¿Por qué sí o por qué no?

Más allá de la película

«Así se hizo *Belle Epoque*»

[El siguiente artículo apareció en la revista española *Cambio 16*.]

Hubo un día en que un joven Fernando Trueba llegó a una casa donde un notable personaje llamado Manuel Huete le presentó a sus cuatro hijas Lala, Ana, Angélica y Cristina. Algún tiempo después, Trueba se casó con Cristina y se quedó con las ganas,° según propia° confesión, de acostarse con sus tres cuñadas. Poco podía imaginarse que de esa anécdota personal partiría una historia que le había de llevar a conseguir el Oscar y declararse fervoroso hijo espiritual de Billy Wilder.

    Años más tarde, Trueba reunió en una cafetería a sus amigos Rafael Azcona y José Luis García Sánchez y comenzó con ellos a elaborar° un guión. Hasta el momento, nadie ha sido capaz de dilucidar° de quién y dónde empieza Rafael y terminan Fernando o José Luis, pero hay secuencias que tienen sabor especial de uno u otro. Hay mucho Azcona, desde luego, en la primera secuencia de los guardias civiles, en el cura republicano y en la familia de increíbles fascistas formada por Chus Lampreave y su hijo Gabino Diego.

    Hay, por seguir en el ejercicio de adivinar paternidades, mucho García Sánchez en esa madre cantante de zarzuela° que hace Mary Carmen Ramírez. Su afición por la zarzuela ya quedó demostrada en su película *La corte del faraón*,° protagonizada precisamente por la misma cantante-actriz junto a Ana Belén, Antonio Banderas y Quique Camoiras. Y hay mucho Trueba en esa explosión de amor libre y de felicidad juvenil que

se... had to forget the idea / his own

create

explain

light opera

pharaoh

estalla° entre el soldado desertor Jorge Sanz y las chicas Maribel Verdú, *explodes*
Miriam Díaz-Aroca, Penélope Cruz y Ariadna Gil.

En definitiva, lo que consiguieron fue una maravillosa y sencilla
historia con uno de los diálogos más divertidos y chispeantes° que han *funny*
existido en el cine español. Lo que cada uno aportó quedó asumido con
toda felicidad en la película que se iba a llamar *Las cuñadas* y acabó
llevando, con valentía, el título extranjero de *Belle Epoque*.

La película se abre con una secuencia tremenda. Es el año de 1931 y
está a punto de proclamarse la República; dos guardias civiles detienen
a un chico en un rincón perdido de la España rural. El joven resulta
ser un soldado de ideas republicanas que ha dejado el Ejército. Uno de
los guardias quiere soltarle; el otro, llevarle al cuartelillo.° Los guardias *jail*
discuten entre ellos y uno mata al otro, que además de compañero es su
suegro, de un disparo.° Entonces, horrorizado de lo que acaba de hacer, *gunshot*
se quita la bota y accionando el gatillo° con uno de los dedos del pie se *trigger*
dispara un tiro° en la boca. Lo que hace terrible esta escena es que, por *se... he shoots himself*
la magia del humor negro, Trueba consigue que resulte tremendamente
cómica y que el espectador se desternille° con una doble muerte. *se... splits his sides laughing*

La elección de actores fue relativamente sencilla. Trueba suele rodar
siempre con una mitad de actores que ya lo han hecho con él anteriormente° *ya... have already done this with him in the past*
y otra mitad de, para él, desconocidos profesionalmente. Maribel Verdú,
Jorge Sanz y Chus Lampreave ya habían trabajado con Trueba en *El año
de las luces*. Los demás fueron contratados° por diversos motivos y la *hired*
experiencia futura demostró que la elección no pudo ser más afortunada.

Un día del mes de julio de 1992, el equipo de *Belle Epoque* con su
director al frente, más los productores Andrés Vicente Gómez y Cristina
Huete (de la que iban a contar parte de su historia), se trasladó a Portugal,
concretamente a la Quinta de Bulhaco, a veinte kilómetros al este de
Lisboa, entre los pueblos de Alberca dos Vinhos y Arruda. Seis años
antes, Trueba había rodado en Portugal *El año de las luces* y conservaba
un recuerdo excelente del lugar. «Rodar allí es más barato y me encanta
Portugal. Suelo ir allí a escribir guiones,» dijo por entonces el realizador.

Fue un rodaje idílico. No hay una sola palabra de nadie que desmienta° el *denies*
ambiente de alegre camaradería que hubo entre los protagonistas, muchos
de ellos muy jóvenes. Trueba dice que temía que pudieran surgir celos y
roces° entre tantas actrices jóvenes que comenzaban a despuntar,° pero *pudieran... jealousies and friction might emerge / stand out*
que todas se portaron «con enorme madurez y profesionalidad». Ariadna
Gil dice que, en realidad, fueron unas vacaciones y que, aunque el rodaje
era duro, con muchas horas de trabajo, al final lo pasaron de maravilla.
Gabino Diego afirma que la forma de vida le recordaba casi la de un
campamento de verano. Incluso la veterana Mary Carmen Ramírez dice
que todos se divertían cantando zarzuela. Sus compañeros la recuerdan
como el alma de la reunión por su buen talante° y su disponibilidad° para *humor / availability, willingness*
divertir cantando a los presentes.

Como en la historia real de su director, *Belle Epoque* tiene como tema
central los amores o como dice Trueba «las amistades incestuosas» entre el

desertor y las cuatro hijas de un pintor republicano, culto y librepensador, que interpreta Fernán Gómez.

Hay dos secuencias de una sorprendente originalidad y belleza. En una de ellas, Ariadna Gil vestida de soldado seduce a Jorge Sanz vestido de niñera. En otra, la madre de las chicas y mujer del pintor llega y anuncia su llegada con el conocido aria de *La tabernera del puerto* que comienza «En un país de fábula vivía un viejo artista...» Esta segunda, una secuencia que hubiera podido caer en el ridículo,° es salvada con maestría° por el realizador y ha quedado en el recuerdo del equipo de rodaje como una de las más hermosas. Para Ariadna Gil es la más tierna° y emocionante de todas.

La película no es sólo una comedia vodevilesca de amores libres, sino un muestrario° de arquetipos españoles tratados con particular ternura.° Guardias civiles y curas liberales, carlistas y devotas de Cristo Rey, republicanos y libertarios, señoritas de buena familia y ex seminaristas rojos.° Todas las paradojas españolas que florecieron en ese oasis de libertad que fueron los años de la República del '31. Un tiempo que fue para el realizador la verdadera *belle époque* de España.

El rodaje en Portugal duró algo menos de dos meses, con un presupuesto° medio. Fue seleccionada para el Festival de Berlín y para competir por el Félix, el Oscar europeo. Ganó nueve premios Goya de la Academia de cine española y, al fin, fue nominada para el Oscar de Hollywood. Con ejemplar modestia, su realizador dice que la «considera una buena comedia con algo especial». No se equivoca, pero se queda corto°.

hubiera... could have been ridiculous / con... masterfully

tender

showcase / tenderness, affection

leftists

budget

No... He doesn't get it wrong, but he understates or underestimates it.

Actividad

Comente con sus compañeros:

1. La experiencia personal del realizador con el tema de su película.
2. Cómo funciona la colaboración en el guión.
3. Cómo se hace la elección de los actores.
4. Por qué fue un «rodaje idílico».
5. Los motivos para la filmación en Portugal.
6. Cómo funcionan tremendismo y humor en la primera secuencia.
7. Las dos mejores secuencias según el periodista de *Cambio 16*. ¿Está usted de acuerdo?

CAPÍTULO 15

¡Ay, Carmela!

Presentación de la película:

Después de entretener a la tropa republicana en Aragón, la compañía de espectáculos «Carmela y Paulino, varietés *(vaudeville)* a lo fino», es decir, Carmela, Paulino y Gustavete, deciden irse a Valencia. Pero en el camino se pierden *(get lost)* y entran en la zona franquista (ver la nota a la derecha), donde son arrestados. Todo parece indicar que van a ser fusilados *(shot)*, pero al enterarse *(finding out)* un oficial italiano de que son actores, les hace una oferta que no pueden rehusar *(refuse)*…

✳ La acción de *¡Ay, Carmela!* ocurre en Aragón (España) durante la Guerra Civil Española (1936-1939). Después de siglos de monarquía y de dominio del ejército, de la Iglesia y de la oligarquía tradicional, en 1931 la Segunda República significó el triunfo de las clases medias y de la pequeña burguesía liberal. Pero la violencia y la anarquía hicieron que el 18 de julio de 1936 el general Franco se sublevara *(rebelled)*, iniciando así la guerra. España quedó dividida en dos bandos: republicanos y nacionales, con sus respectivas zonas. El liberalismo y el totalitarismo, así como todas las tensiones acumuladas por los españoles durante siglos, se enfrentaron en la lucha. El resultado fue una tragedia para todos los españoles, con terribles y duraderas consecuencias. ➤

217

◀ ✳ Carlos Saura nació en Huesca (España) en 1932. Es uno de los realizadores más prolíficos y eclécticos del cine español. Su primera película (*Los golfos*, 1959), retrato realista de unos jóvenes marginados, le ocasionó graves problemas con la censura *(censorship)* de Franco. Por eso, en sus siguientes filmes analizó la burguesía española de la época utilizando un lenguaje fílmico muy metafórico para poder escapar de los censores, y fue muy aclamado en el extranjero. Entre estos filmes se encuentran *El jardín de las delicias* (1970), *La prima Angélica* (1973), *Cría cuervos* (1976) y *Mamá cumple cien años* (1979). Durante su matrimonio con Geraldine Chaplin, hija del inolvidable Charlot (Charlie Chaplin), Saura realizó numerosas películas con su esposa como protagonista. Alcanzó su mayor éxito internacional con su trilogía musical: *Bodas de sangre* (1981), *Carmen* (1983) y *El amor brujo* (1986). Otros musicales suyos son *Flamenco* (1995), *Tango* (1998) e *Iberia* (2005). Su biografía del pintor Francisco de Goya (*Goya en Burdeos*, 1999) ganó dos premios en Montreal y cuatro Goyas. Saura ganó tres Osos en Berlín, dos Grandes Premios en Cannes, el premio al mejor director en Montreal y siete Goyas por *¡Ay,Carmela!*

✳ Carmen Maura hace el papel protagonista de Carmela, después de haber triunfado con Almodóvar en los años ochenta. (Ver *Mujeres al borde de un ataque de nervios,* Capítulo 16.)

✳ Andrés Pajares comenzó actuando con grupos de aficionados *(amateurs)* bohemios por los pueblos de España. Su éxito le permitió tener su propia compañía y su programa de televisión. Desde 1979 protagonizó catorce comedias que le dieron enorme popularidad. Con el papel de Paulino en *¡Ay, Carmela!,* obtuvo un Goya y el premio de interpretación en el Festival de Montreal. En 2004 participó en la película *Tiovivo c. 1950* (José Luis Garci).

✳ Gavino Diego interpreta a Gustavete. Otras de sus películas son *Belle Epoque* (1990, Fernando Trueba) y *El amor perjudica seriamente la salud* (1997, Manuel Gómez Pereira). ■

Preparación

Vocabulario preliminar

Cognados		
el/la comunista	la libertad	recitar
el/la fascista	el poema	robar
la gasolina	el/la prisionero(a)	la zona

La guerra	
el bombardeo	*bombing*
el disparo	*shot*
el/la franquista	*Franco supporter*
la guerra	*war*
el/la oficial	*officer*
el/la soldado	*soldier*
el/la teniente	*lieutenant*
la(s) tropa(s)	*troop(s)*

Otras palabras	
el/la alcalde	(*also*, la alcaldesa) *mayor*
el/la artista	*actor (actress)*
la bandera	*flag*
la bata de cola	*flounce dress, flamenco dress*
el camión	*truck*
la camioneta	*van*
el chiste	*joke*
conducir	*to drive*
el conejo	*rabbit*
el/la huérfano(a)	*orphan*
mudo(a)	*mute*
la niebla	*fog*
perderse (ie)	*to get lost*
el/la polaco(a)	*Pole*
la regla	*menstrual period*
el seminario	*seminary (where men are trained for the priesthood)*
las variedades (las varietés)	*vaudeville*

A. Asociaciones. Indique con un círculo la palabra que no está relacionada con las otras tres.

1. comunista / fascista / franquista / artista
2. alcalde / soldado / teniente / oficial
3. conducir / camioneta / chiste / camión
4. español / italiano / polaco / disparo

B. ¡Es lógico! Indique con un círculo la letra de la palabra o frase apropiada para terminar la oración.

1. Carmela, Paulina y Gustavete son artistas de…
   a. camiones.
   b. variedades.
   c. banderas.

2. Gustavete no habla porque…
   a. es huérfano.
   b. recita un poema.
   c. es mudo.

3. Paulino estudió para cura (*priest*) en…
   a. la guerra.
   b. el prisionero.
   c. el seminario.

4. Todos tienen miedo porque creen que va a haber…

   a. un bombardeo.
   b. libertad.
   c. una zona.

5. Cuando necesitan gasolina para ir a Valencia, los artistas la…

   a. roban.
   b. recitan.
   c. conducen.

6. Los artistas se pierden porque…

   a. no tienen gasolina.
   b. hay mucha niebla.
   c. llega la tropa franquista.

7. Carmela se siente mal porque…

   a. ve un conejo.
   b. lleva bata de cola.
   c. le viene la regla.

Antes de ver la película

A. Experiencias

1. ¿Conoce usted a alguien que haya vivido una guerra o luchado en una guerra? ¿Qué le ha contado sobre esto? ¿Cómo cree usted que lo (la) afectó?

2. ¿Conoce usted a alguien que haya ido a la cárcel (jail) por sus ideas políticas o religiosas? ¿Cuáles fueron las circunstancias? ¿Cómo salió de la cárcel? Explique.

B. **Los personajes.** Después de ver la película, diga con qué personaje se asocia más apropiadamente cada cosa y explique por qué. Sólo puede usar una vez a cada personaje.

_____ 1. la máquina de coser (sewing machine)   a. Paulino

_____ 2. una foto   b. Carmela

_____ 3. el «flirt» de Carmela   c. Gustavete

_____ 4. el buen corazón   d. el soldado del camión

_____ 5. el instinto maternal de Carmela   e. el teniente italiano

_____ 6. el amor a la música   f. el prisionero polaco

_____ 7. el disparo de pistola   g. el alcalde del pueblo

_____ 8. los chistes vulgares   h. un oficial franquista

Investigación

Busque información sobre uno de los temas que siguen.[1]

1. la Guerra Civil Española (1936-1939) y el frente de Aragón
2. las ayudas internacionales a los bandos franquista y republicano
3. las canciones y los poemas de la Guerra Civil Española

Note:

Your instructor may ask you to read over the questions in the section **Exploración** before you see the film, in order to improve your understanding of it.

Exploración

A. Las circunstancias. Ponga en orden cronológico los siguientes hechos. Después explique las circunstancias de cada uno.

_____ a. Paulino y Gustavete ponen flores en la tumba *(grave)* de Carmela.

_____ b. Se oye un disparo y un grito *(shout)* de Gustavete.

_____ c. Los artistas representan «La República va al dottore».

_____ d. Los brigadistas empiezan a cantar «¡Ay, Carmela!» durante la escena de la bandera.

_____ e. Los nacionales hacen prisioneros a los artistas.

_____ f. En el teatro tocan el himno *(anthem)* nacional cuando entra Franco.

_____ g. Los artistas se pierden y entran en la Zona Nacional (la zona franquista).

_____ h. El teniente italiano les pide que hagan una escena con la bandera.

B. Los porqués. Explique por qué pasan estas cosas.

1. ¿Por qué se ha quedado mudo Gustavete?
2. ¿Por qué flirtea Carmela con el soldado del camión?
3. ¿Por qué quiere Carmela casarse por la Iglesia?
4. ¿Por qué no se siente bien Carmela el día del espectáculo?
5. ¿Por qué se siente mal del estómago Paulino?
6. ¿Por qué siente Carmela tanta compasión por el brigadista polaco?
7. ¿Por qué tienen que cambiar «varietés» a «variedades»?
8. ¿Por qué habla el teniente Ripamonte de tres banderas, tres culturas y una sola victoria?
9. ¿Por qué asesinan a Carmela?
10. ¿Por qué recupera *(recover)* la voz Gustavete?

---

1 The **Investigación** sections suggest topics related to the movie that you may want to find out more about. Your instructor may assign these to individuals or groups and have them report the information to the class.

Análisis y contraste cultural

Vocabulario

Los ejércitos	
las Brigadas Internacionales	*International Brigades*
el ejército	*army*
el frente	*front*
fusilar	*to shoot, execute (by shooting)*
luchar	*to fight*
los nacionales	*Franco's army*
la primera línea	*front line*
los rojos	*"reds" (Republican army)*

El teatro	
ensayar	*to rehearse*
la escena	*scene*
el escenario	*stage, set*
el espectáculo	*show*
el público	*audience*

Expresiones	
¡Arriba España!	*Long live Spain!*
caer muerto(a)	*to fall dead*
contar chistes	*to tell jokes*
poner la carne de gallina	*to give goose bumps*
ser un pesao (pesado)	*to be a bore, a drag*
sobrarle corazón	*to be tenderhearted*
tirarse un pedo	*to fart*

A. Los dos bandos. Complete las oraciones con palabras de la lista «Los ejércitos».

1. Los artistas actuaron en el _____ para el ejército republicano.
2. Decidieron ir a Valencia porque las condiciones en la _____ eran terribles.
3. Las _____ lucharon por la República.
4. Hítler y Mussolini eran aliados de _____ .
5. Los nacionales llamaban « _____ » a la gente del bando republicano.

B. Carmela. Complete la descripción con palabras o expresiones apropiadas de las listas. ¡Ojo! Hay que conjugar algunos verbos.

Carmela quiere a Paulino, aunque discute *(argues)* mucho con él porque a veces él es

un (1) _____ . Para entretener a la tropa republicana, Paulino cuenta

(2) _____ y se tira (3) _____ . Cuando los artistas se pierden y entran

en la zona nacional, un capitán franquista los obliga a decir, (4) «¡ _____ !» Un día

tienen que montar *(put up, assemble)* un nuevo (5) _____ para entretener a las tropas nacionales y los artistas (6) _____ las (7) _____ nuevas.

A Carmela le sobra (8) _____ . Por eso, cuando sabe que van a (9) _____

a los jóvenes de las Brigadas Internacionales se le pone la carne (10) _____ .

Precisamente porque Carmela es tan natural, expresa sus emociones en

el (11) _____ y escandaliza al (12) _____ franquista. Un soldado le

dispara la pistola y Carmela cae (13) _____ . Así, Carmela se convierte en mártir del

partido republicano y en símbolo del amor a la libertad.

Temas de conversación o composición

Discuta con sus compañeros los temas que siguen.[2]

1. el mensaje o tema central (¿Qué nos quiere comunicar el director? ¿Qué quiere hacernos recordar? ¿Lo consigue?)

2. la ideología (¿Cómo se manifiestan las diferentes ideologías de la España de 1936? ¿Con qué personajes? ¿Con qué conductas? ¿Con qué bando parece simpatizar el director del filme? ¿Es objetivo en su exposición?)

3. el lenguaje (¿Qué tipos de lenguaje se oyen en la película? ¿Ayudan a adivinar [guess] la ideología de los personajes o de los espectadores [los soldados franquistas]?)

4. el tono (¿Qué momentos son los más cómicos? ¿los más dramáticos? ¿Cómo se combina el humor con el drama?)

5. las relaciones (¿Cómo se relacionan Carmela y Paulino? ¿Por qué discuten tanto? ¿Cómo contribuyen el teniente Ripamonte y el brigada polaco a subrayar [emphasize] los diferentes comportamientos [behavior] de los protagonistas? ¿Cómo se relacionan Paulino y Gustavete? ¿Hay algún cambio en esta relación?)

6. la libertad del artista (¿Cómo se consideran Carmela y Paulino en cuanto al arte? ¿Debe el artista comprometerse con una ideología o debe actuar al margen? ¿Es posible representar una misma obra para públicos de ideas diferentes?)

7. el final (¿Qué le parece a usted el final trágico? ¿Es inevitable o no? ¿Podría usted crear un final diferente? Y el epílogo, ¿cree usted que tiene algún simbolismo?)

---

2   Your instructor may ask you to report back to the class
    or write a paragraph about one of the topics.

Una escena memorable

¿Qué pasa en esta escena? ¿Por qué llora Gustavete? ¿Qué quiere hacer Carmela?

Hablan los personajes

Analice las siguientes citas, explique de quién son y póngalas en contexto.

1. «Tú... con el soldado, el del camión digo... ¿hasta dónde has llegado?»

2. «Oigan, esto es un error. Nosotros no somos rojos; somos buenos españoles.»

3. «Si me dais vostra parola (vuestra palabra) de artista de que tenéis las manos limpias de sangre, io posso favorire (yo puedo favorecer) la vostra libertad.»

4. «Si los fascistas comen así todos los días, hemos perdido la guerra seguro.»

5. «Sin mis cosas, vestida de cortina, sin ensayos de música, con la regla que me viene y con esta mierda de diálogos...»

6. «Polaco, comunista, huérfano... y venir a morir a la tierra que no le ha dado tiempo ni a aprender cómo se pronuncia...»

7. «¿No podíais haberlos matado como Dios manda? ¡Cabrones!»

8. «Vamos, Paulino.»

Hablando de la cultura

En la Guerra Civil Española algunos obreros y campesinos se convirtieron en mandos *(commanders)* militares en la zona republicana donde se defendían «los derechos del pueblo». Por ejemplo, Líster, llamado «El Campesino», fue jefe del V Cuerpo de Ejército que participó en la famosa batalla del Ebro. En *¡Ay,Carmela!* Paulino recita el poema de Antonio Machado dedicado a Líster.

Varios poetas españoles se identificaron con uno u otro de los bandos. Por ejemplo, Federico García Lorca, cuya muerte comienza a recordar Paulino en el poema «Mataron a Federico...», fue fusilado por los nacionales en 1936.

En el lado franquista, Francisco de Urrutia escribió el pomposo poema épico «Castilla en armas», que Paulino se ve obligado a recitar para los soldados nacionales.

Cada lado—franquista o republicano— adoptó una serie de canciones populares adaptando la letra a su ideología. *¡Ay, Carmela!* fue la canción más popular en los frentes republicanos.[3]

Hablan los críticos y los directores

Rita Kempler opina que "Song, dance and politics make clumsy partners in Carlos Saura's *¡Ay, Carmela!,* a surprisingly flat-footed tale from the director of such fleet Flamenco movies as *Carmen* and *Blood Wedding.* Unfortunately, Carmela, a fiery chorine, sings and dances her way into danger, and Maura can neither carry a tune nor shake that thing. And dragging her long skirts behind her, she most recalls an anchored tanker."
—**Rita Kempler,** *Washington Post,* **22 de febrero, 1991.**

Según Gwyne Edwards, "The variety act, consisting of four items, is beautifully shot, and in its changing moods is typical of the film in general... Dressed in a long dress, Carmela performs with real gusto, accompanying the words of the song with a lively dance and involving her enthusiastic and excited audience in the performance."
—**Gwyne Edwards,** *Indecent Exposures*
(New York: Marion Boyers Press, 1994), pp. 118-119.

¿Con quién está usted de acuerdo? ¿Es verdad que Carmen Maura no sabe cantar ni bailar? ¿O cree usted que su actuación es apropiada y refleja la actuación de una artista de variedades de tercera categoría? ¿Es un acierto *(good idea)* o un desacierto mezclar canción, baile y política en esta película? ¿Por qué?

---

3   Your instructor may ask you (individually or in small groups) to listen to one of the poems or songs and transcribe it for the class. Two of them are included at the end of this chapter.

Letras de las canciones

Mi España[4]

Mi España vuela como el viento
para hacerle un monumento
al valor de su Caudillo *(leader, meaning Franco)*.
Mi España está loca de alegría
porque ya se acerca el día
de ponernos cara al sol.[5]

España de mi querer [6]

Siento en mí triste emoción;
Me voy sufriendo lejos de ti
y se desgarra *(is ripped apart)* mi
    corazón.
Nunca el sol me alegrará.
En el vergel *(garden)* de España, mi
    amor,
como una flor siempre estarás.
Dentro del alma te llevaré,
cuna *(cradle)* de gloria, valentía y
    blasón *(honor, glory)*.
España, ya nunca te he de ver
De pena suspira *(sighs)* mi corazón.
España, me vuelve loco el amor
España de mi querer.
Siento en mí triste emoción;
Ya nunca tu suelo *(ground, soil)*
    veré

Lejos de ti, de pena moriré.
España mía, yo no te miro.
Tú eres mi guía, por ti brota
    (breaks forth) mi suspiro
Tú eres toda mi alegría
De noche y día yo no te olvido.
¡Ay, quién pudiera!
¡Ay, quién volviera!
Qué no daría por mirarte, Patria
    mía,
en tu cielo azul.
En mi soledad, suspiro por ti.
España, por ti me muero,
España, sol y lucero *(guiding light)*
Muy dentro de mí te llevo
    escondida
Quisiera la mar misma atravesar
España, flor de mi vida.

---

4   «Mi jaca» ("My pony") was the original title of this popular song.

5   These are the first words of the anthem of the Falange, the Fascist party of Spain, meaning "The day approaches to turn our faces to the sun."

6   "Spain, the love of my heart." Thousands of Spaniards who had been against Franco went into exile when the war was over and Franco became Spain's leader; this was a popular song among them.

Más allá de la película

¡Ay, Carmela!: Elegía de una guerra civil en dos actos y un epílogo, Selecciones

Primer acto

(Escenario vacío, sumido° en la oscuridad. Con un sonoro «clic» se enciende una triste lámpara de ensayos° y, al poco, entra PAULINO: ropas descuidadas,° vacilante,° con una garrafa° de vino en la mano. Mira el escenario. Bebe un trago.° Vuelve a mirar. Cruza la escena desabrochándose° la bragueta° y desaparece por el lateral° opuesto. Pausa. Vuelve a entrar, abrochándose.° Ve al fondo, en el suelo, una vieja gramola.° Va junto a ella y trata de ponerla en marcha. No funciona. Toma el disco que hay en ella, lo mira y tiene el impulso de romperlo, pero se contiene y lo vuelve a poner en la gramola. Siempre en cuclillas° y de espaldas al público, bebe otro trago. Su mirada descubre en el suelo, en otra zona del fondo, una tela.° Va junto a ella y la levanta, sujetando una punta° con los dedos: es una bandera republicana medio quemada.°

Paulino (canturrea):°

> …pero nada pueden bombas,
> rumba, la rumba, la rumba, va
> donde sobra corazón,
> ay Carmela, ay Carmela…

(Vuelve junto a la gramola y va a cubrirla con la bandera. Al encorvarse° para hacerlo se le escapa un sonoro pedo. Se interrumpe un momento, pero concluye la operación. Una vez incorporado,° hace sonar, ahora deliberadamente, varias ventosidades° que evocan un toque de trompeta. Se ríe quedamente. Gira° y mira hacia la sala. Avanza hacia el proscenio,° se cuadra° y saluda militarmente. Nuevo pedo. Levanta el brazo derecho, en saludo fascista, y declama:)

> En el Cerro de los Ángeles,
> que los ángeles guardaban
> ¡han fusilado° a Jesús!
> ¡Y las piedras se desangran!°
> ¡Pero no te asustes, Madre!
> ¡Toda Castilla está en armas!
> Madrid se ve ya muy cerca.
> ¿No oyes? ¡Franco! ¡Arriba España!
> La hiedra roja° se muere
> de bayonetas cercada.°
> Tiene las carnes abiertas
> y las fauces° desgarradas.°

Glosses (right margin):

- sumido° — submerged
- de ensayos° — de… for rehearsals
- descuidadas° / vacilante° / garrafa° — disheveled / unsteady / carafe
- trago° — swig, drink
- desabrochándose° / bragueta° / lateral° — unfastening / fly / side
- abrochándose° — fastening himself up
- gramola° — gramophone
- en cuclillas° — en… squatting
- tela° — piece of cloth
- punta° / quemada° — sujetando… holding a corner / burned
- canturrea° — sings softly
- Al encorvarse° — bending down
- incorporado° — standing up
- ventosidades° — breakings of wind
- Gira° / proscenio° — He turns / apron of the stage
- se cuadra° — se… he stands at attention
- fusilado° — shot
- se desangran° — se… are bleeding to death
- La hiedra roja° — hiedra… red ivy, communists
- de bayonetas cercada° — de… surrounded by bayonets
- fauces° / desgarradas° — jaws / ripped apart

Y el Cid, con camisa azul,
por el cielo cabalgaba°[7] ...   *was riding on horseback*

(Nuevo pedo. Ríe quedamente. De pronto, cree oír un ruido a sus espaldas   *se... he jumps, is startled /*
y se sobresalta.° Tiene un reflejo de huida,° pero se contiene. Por un lateral   *reflejo... impulse to flee*
del fondo entra una luz blanquecina, como si se hubiera abierto una
puerta. Paulino aguarda,° temeroso.)   *waits*

Paulino.   ¿Quién está ahí?

(Entra Carmela vestida con un discreto traje de calle.)

Carmela.   Hola, Paulino.

Paulino.   (Aliviado.° Hola, Car... (Se sobresalta.) ¡Carmela! ¿Qué haces   *Relieved*
            aquí?

Carmela.   Ya ves.

Paulino.   No es posible... (Por la garrafa) Si no he bebido casi...

Carmela.   No, no es por el vino. Soy yo, de verdad.

Paulino.   No puede ser... (Mira la garrafa.)

Carmela.   Sí que puede ser. Es que, de pronto, me he acordado de ti, y
            aquí estoy.

Paulino.   ¿Te han dejado venir por las buenas?°   *por... voluntarily*

Carmela.   Ya ves.

Paulino.   ¿Así de fácil?

Carmela.   Bueno, no ha sido tan fácil. Me ha costado bastante encontrar
            esto.

Paulino.   Pero, ¿has venido así, andando, como si tal cosa?°   *como... as if nothing had*
                                                                    happened
Carmela.   Caray, chico: cuántas preguntas. Cualquiera diría que no te
            alegras de verme.

Paulino.   ¿Que no me alegro? Pues claro que sí: muchísimo, me alegro.
            Pero, compréndelo... ¿Cómo iba yo a imaginar...?

Carmela.   No, si ya comprendo que te extrañe°... También a mí me resulta   *it seems strange*
            un poco raro.

Paulino.   Yo creía que después de aquello... ya todo...

Carmela.   Se ve que todo no..., que algo queda...

Paulino.   Qué curioso.

Carmela.   Dímelo a mí... [...]

Paulino.   Y, por ejemplo, si te toco así... (le toca la cara), ¿qué notas?

---

7   Son versos del "Romance de Castilla en armas" del
    falangista Federico de Urrutia, publicados en 1938.

Carmela.   Pues que me tocas.

Paulino.   Ah, ¿sí?

Carmela.   Sí. Un poco amortecido,° pero lo noto.   *numb*

Paulino.   Qué curioso… Yo también te noto, pero… no sé cómo
decirlo…

Carmela.   Retraída.°   *Withdrawn*

Paulino.   Eso es: retraída. Qué curioso… Y… ¿darte un beso, puedo?

Carmela.   No: darme un beso, no.

Paulino.   ¿Por qué no?

Carmela.   Porque no. Porque estoy muerta, y a los muertos no se les da
besos. […]

Paulino.   ¿Y no… no me guardas rencor?°   *no… you don't hold a grudge*
                    against me?

Carmela.   ¿Rencor? ¿Por qué?

Paulino.   Mujer, por aquello…, porque yo no…

Carmela.   Mira, Paulino: cada uno es cada uno.

Paulino.   Eso es verdad.

Carmela.   Y tú, no te lo tomes a mal, pero siempre has sido un cagón.°   *coward (vulgar)*

Paulino.   Carmela, por Dios, yo…

Carmela.   Un cagón, Paulino. Las cosas como son. En la escena, un ángel;
en la cama, un demonio. Pero en todo lo demás, un cagón. ¿O
no?

Preguntas

1. ¿Qué descubre Paulino en el escenario?
2. ¿De qué trata la canción que canta Paulino?
3. ¿Cómo interpreta usted los versos de Federico de Urrutia que recita Paulino?
4. ¿En qué estado aparece Carmela?
5. ¿Cómo describe Carmela a Paulino? ¿Por qué no le guarda rencor?
6. ¿Qué otra cosa podría decirle Carmela a Paulino? ¿Paulino a Carmela?

CAPÍTULO 16

Mujeres al borde de un ataque de nervios

Presentación de la película:

Pepa se siente fatal *(terrible)*. Su único deseo es encontrar a Iván, su ex-amante, para decirle que está embarazada *(pregnant)*. Su vida se complica cuando llega a su casa su amiga Candela, que huye *(is fleeing)* de la policía porque han detenido a un terrorista chiíta *(Shiite, Shia Muslim)* con quien ella ha tenido una relación amorosa. A su casa llegan también Carlos, el hijo del ex-amante, y Lucía, la ex-esposa de Iván (que busca a Iván para matarlo). La concentración y cruce de personajes en la casa de Pepa da lugar a toda una serie de situaciones divertidas...

* *Mujeres al borde* (verge) *de un ataque de nervios* — comedia de enredo *(errors)* — es la séptima película de Pedro Almodóvar. Obtuvo cinco premios Goya en España, el Premio Orson Welles al mejor autor de filme extranjero, el Premio de la Crítica italiana al mejor director, el David de Donatello de la Academia Italiana al mejor director, el Premio de la Crítica de Nueva York al mejor filme extranjero, el Premio Genius a la mejor película joven de Europa-Cine, Berlín. Además fue seleccionada para el Oscar a la mejor película extranjera en 1989.

* Pedro Almodóvar nació en La Mancha en 1949. Se trasladó muy joven a Madrid, donde consiguió un trabajo administrativo en la compañía telefónica. Por entonces escribía ▶

◄ guiones para historietas gráficas, actuaba y rodaba películas en super-8. Eran los años de "la Movida", un movimiento que representó la "nueva ola" y la estética punk, post-moderna y camp que llegó a Madrid después de la desaparición de la censura *(censorship)*. Almodóvar fue tan popular dentro de este movimiento que lo llamaron "el Andy Worhol español". Tras el estreno *(premiere)* de *Mujeres al borde de un ataque de nervios* (1988), Almodóvar se convirtió en el director español más conocido y taquillero *(with box-office success)* internacionalmente (lo llaman "Almodólar") y obtuvo muchos premios, incluso el Oscar 2000 a la mejor película extranjera por *Todo sobre mi madre* (ver el Capítulo 17). Otros filmes suyos son: *Laberinto de pasiones* (1982), *Entre tinieblas* (1983), *¿Qué he hecho yo para merecer esto?* (1984), *Matador* (1986), *La ley del deseo* (1987), *¡Átame!* (1989), *Tacones lejanos* (1991), *Kika* (1993), *La flor de mi secreto* (1995), *Carne trémula* (1997), *Todo sobre mi madre* (1999), *Hable con ella* (2002) y *La mala educación* (2004).

✳ Carmen Maura nació en Madrid en 1945. Abandonó los estudios universitarios para dirigir una galería de arte y hacer pequeños papeles en teatro, televisión y cine. Formó parte de "la Movida" y en buena medida debe su reputación a Almodóvar, con quien trabajó en seis filmes. Pero también ha trabajado con otros directores haciendo papeles de ex-monja *(nun)*, artista de variedades, veterinaria, etc. Entre sus películas están: *¿Qué he hecho yo para merecer esto?* (Almódovar, 1984), *Sé infiel y no mires con quién* (Colomo, 1985), *La ley del deseo* (Almodóvar, 1987), *¡Ay,Carmela!* (Carlos Saura, 1990), *Lisboa* (Antonio Hernández, 1999) *La comunidad* (Alex de la Iglesia, 2000) y *Al otro lado* (Gustavo Loza, 2004).

✳ Antonio Banderas nació en Málaga en 1960. Estudió arte dramático, trabajó en compañías de teatro independiente y se instaló en Madrid, donde fue descubierto por Almodóvar, con quien ha protagonizado cinco películas. También ha trabajado con otros importantes directores españoles como Carlos Saura y Fernando Trueba, así como con realizadores europeos y americanos. Además ha trabajado con estrellas como Meryl Streep, Jeremy Irons, Glenn Close, Winona Ryder, Tom Cruise, Brad Pitt, Tom Hanks, Joanne Woodward y Mia Farrow. Algunas de las películas que ha protagonizado son: *Laberinto de pasiones* (Almodóvar, 1982), *Matador* (Almodóvar, 1985), *La ley del deseo* (Almodóvar, 1986), *¡Átame!* (Almodóvar, 1989), *The Mambo Kings* (Arnold Glincher, 1991), *Philadelphia* (Jonathan Demme, 1994), *The House of the Spirits* (Bille August, 1993), *Evita* (Alan Parker, 1996), *La máscara del Zorro* (Martin Campbell, 1998), *Spy Kids* (Robert Rodríguez, 2001), *Original Sin* (Michael Cristofer, 2001), *Imagining Argentina* (Christopher Hampton, 2003) y *The Legend of Zorro* (Martin Campbell, 2005). Banderas está casado con la actriz norteamericana Melanie Griffith, con la que ha fundado su propia productora *(production company)* para realizar filmes en Estados Unidos, por ejemplo *Crazy in Alabama* (1999). ∎

Preparación

Vocabulario preliminar

Note:

See the note on the **vosotros** form in Chapter 14. Notice also that in the south of Spain (**Andalucía**) the letter **s** is often omitted at the end of a word; for instance, **los** or **las** will be pronounced **lo'** or **la'** (with a sound like an aspirated **h** instead of the **s**). The letter **d** disappears between vowels: e.g., **lo sabe todo** becomes **lo sabe to'o, estoy perdida** becomes **estoy perdí'a,** or **me he quedado colgadita** becomes **me he quedao colga'ita.** Notice that Candela, who is from Málaga, speaks this way.

Cognados

abandonar	desesperado(a)
el actor (la actriz)	el mensaje

Expresiones

dejar recado	*to leave a message*
coger el teléfono	*to answer the phone (Spain)*
estar embarazada	*to be pregnant*
estar metido(a) en un apuro	*to be in real trouble*
hacer un papel	*to play a part*
marcar un número de teléfono	*to dial a telephone number*
sentirse (ie) fatal	*(colloquial) to feel terrible*

Otras palabras

el contestador	*answering machine*
el doblaje	*dubbing*
doblar (e.g., filmes)	*to dub (e.g., films)*
enamorado(a) de (enamorarse)	*in love with (to fall in love)*
engañar	*to cheat*
llorar	*to cry*
la pareja	*partner, significant other, couple*
el piso	*apartment*
quemar	*to burn*
romper	*to break; to tear apart*
el somnífero	*sleeping pill*
soñar (ue) con	*to dream about*

A. Hablemos de Pepa. Complete el párrafo con palabras apropiadas de la siguiente lista.

actores de doblaje	desesperada	piso
coge el teléfono	engaña	quema
contestador	pareja	sueña

En el filme *Mujeres al borde…*, Pepa vive en un (1) _____ muy moderno en Madrid.
Pepa e Iván son (2) _____ y eran (3) una _____ pero han roto su
relación sentimental. Pepa desea hablar con Iván pero él no (4) _____ y por eso ella
le deja mensajes en el (5) _____ . Pepa (6) _____ con Iván y con otras
mujeres a las que él (7) _____ con bonitas palabras. Por eso Pepa está
(8) _____ y (9) _____ la cama.

B. ¡Falta algo! Complete las oraciones con palabras apropiadas de las listas de vocabulario. ¡Ojo!
Hay que conjugar los verbos.

1. Los actores y actrices _____ papeles variados y a veces
    _____ filmes extranjeros a su lengua.
2. Una soltera joven que está _____ y tiene padres conservadores
    generalmente está metida en un _____ , especialmente si su novio
    la _____ .
3. A veces un miembro de la pareja se _____ de otra persona y
    desea _____ la relación. El otro miembro sufre y _____
    mucho.
4. Favor de _____ este número; si nadie contesta, hay que
    dejar un _____ .
5. No pude dormir, así que tomé un _____ . Ahora me siento
    _____ .

Antes de ver la película

A. La mujer

1. ¿Cree usted que las mujeres modernas se enamoran tan locamente como antes?
    ¿Por qué sí, o por qué no?
2. ¿Por qué algunas mujeres modernas y profesionales quieren vivir sin pareja? ¿Es
    fácil para ellas?
3. Si una mujer está embarazada, ¿debería decírselo siempre al padre del bebé que
    va a nacer?
4. ¿Qué cosas en la vida pueden poner a una mujer al borde de un ataque de
    nervios?

B.   **¿Quién es quién?** Lea las descripciones y los nombres de los personajes. Después de ver la película, empareje cada personaje con su descripción.

_____ 1.   actriz de doblaje y anuncios de televisión, ex-amante de Iván   a.   Paulina

_____ 2.   actor de doblaje y "don Juan" contemporáneo   b.   Carlos

_____ 3.   modelo, ex-amante de un terrorista chiíta   c.   Lucía

_____ 4.   persona con problemas mentales, ex-esposa de Iván y madre de Carlos   d.   Marisa

_____ 5.   hijo de Iván en busca de piso con su novia   e.   el taxista

_____ 6.   muchacha que quiere casarse con Carlos   f.   la portera

_____ 7.   abogada de la ex-exposa de Iván   g.   Candela

_____ 8.   persona muy religiosa que siempre dice la verdad   h.   los policías

_____ 9.   persona muy amable que siempre ayuda a Pepa   i.   Iván

_____ 10. persona poco amable que trabaja en los estudios EXA   j.   Pepa

_____ 11. personas algo estúpidas que investigan una llamada   k.   la telefonista

Investigación

Busque información sobre uno de los temas que siguen.[1]

1.   las películas *Johnny Guitar* y *Rear Window*
2.   la "Movida" madrileña de los ochenta
3.   la situación de la mujer en España durante el franquismo (la época de Franco) y la democracia: los cambios, los retos *(challenges)*, etc.

Note:

Your instructor may ask you to read over the questions in the section **Exploración** before you see the film, in order to improve your understanding of it.

Exploración

A.   **¿Cierto o falso?** Lea las siguientes oraciones. Indique **C** (cierto) o **F** (falso). Corrija las oraciones falsas.

_____ 1.   Iván y Pepa están enamorados.

_____ 2.   Pepa hace el papel de madre de un asesino *(murderer)*.

_____ 3.   A Marisa no le gusta el piso de Pepa.

_____ 4.   Los policías buscan a los terroristas chiítas.

---

1   The **Investigación** sections suggest topics related to the movie that you may want to find out more about. Your instructor may assign these to individuals or groups and have them report the information to the class.

_____ 5.   El problema de Candela es que está embarazada.

_____ 6.   Un policía lleva a Pepa al aeropuerto.

_____ 7.   Paulina salva a Iván de la muerte.

_____ 8.   Iván no sabe que iban a secuestrar *(hijack)* su avión.

B.   **La historia**

1.   ¿Qué indica la letra *(lyrics)* de la canción que se oye al comienzo de la película?

2.   ¿Qué animales hay en la terraza del piso de Pepa? ¿Qué referencia bíblica hace ella?

3.   ¿Cómo se comporta Iván en la secuencia de las numerosas mujeres? ¿Por qué las escenas son en blanco y negro?

4.   ¿Por qué se desmaya *(faint)* Pepa cuando está doblando en los estudios EXA?

5.   ¿Para qué visita Pepa la agencia inmobiliaria *(real estate)* y la farmacia?

6.   ¿Qué ingredientes usa Pepa para preparar el gazpacho? ¿Qué le añade?

7.   ¿Cómo manifiesta Pepa su frustración con Iván?

8.   Pepa cree que Iván está en casa de Lucía y toma un taxi para ir allí. ¿Por qué la reconoce el taxista?

9.   ¿Qué noticia se escucha en la televisión? ¿Por qué resulta extraño este noticiero *(newscast)*?

10.   ¿Por qué llama Candela a Pepa tan desesperadamente? ¿Qué trata de hacer y por qué no lo logra?

11.   Carlos y Marisa llegan al piso de Pepa: ¿Qué desean ellos? ¿Qué hace Carlos con el teléfono? ¿A quién llama y para qué?

12.   ¿Qué ocurre en el despacho *(office)* de la abogada?

13.   Lucía y dos policías llegan a la casa de Pepa. ¿Qué les cuenta Pepa? ¿Qué les ocurre?

14.   ¿Cuál es la historia de Lucía?

15.   ¿Qué les roba Lucía a los policías? ¿Adónde va y cómo llega allí?

16.   ¿Qué trata de hacer Lucía? ¿Quién se lo impide *(prevents)* y cómo?

17.   ¿Cuál es la reacción de Iván? ¿Qué le propone a Pepa y qué responde ella?

18.   Cuando Pepa regresa a casa, ¿qué sugiere la escena que ha pasado entre Carlos y Candela?

19.   Marisa se ha despertado. ¿Qué ha soñado ella? ¿Por qué dice Pepa que la cara de Marisa ha cambiado?

20.   ¿Qué le cuenta Pepa a Marisa? ¿Cómo parece sentirse Pepa?

Análisis y contraste cultural

Vocabulario

El amor	
el/la amante	*lover*
desear	*to want*
ligar	*(colloquial) to pick up (romance)*
el/la novio(a)	*fiancé(e), sweetheart*
olvidar	*to forget*
querer (ie)	*to love*
tener un lío	*(colloquial) to have an affair (Spain)*
tesoro	*(term of address meaning "treasure") honey, dear*
traicionar	*to betray*

Otras palabras	
alquilar	*to rent*
chistoso(a)	*funny*
el despacho	*office*
mentir (ie)	*to lie*
perseguir (i)	*to chase*
secuestrar	*to hijack (also, to kidnap)*
tirarse de	*to jump off*

Expresiones	
dígame	*hello (when answering the phone in Spain)*
echar a la basura	*to throw out, put in the garbage*
estar atacadísimo(a)	*to be having a fit*
estar estupendo(a)	*to look terrific*
estar metido(a) en un lío	*to be in big trouble*
estar perdido(a)	*to be in big trouble*
La línea está ocupada.	*The line is busy.*
No hay nada (e.g., entre dos personas).	*There's nothing (e.g., between two people). It's over.*
pasárselo pipa	*(colloquial) to have a great time (Spain)*
¡Qué casualidad!	*What a coincidence!*
quedar colgado(a)	*(colloquial) to fall in love (Spain)*
vale	*OK, all right (Spain)*

A. Lógica. Para cada oración a la izquierda, busque una terminación apropiada a la derecha.

_____ 1.	Pepa tiene más de treinta años pero...	a. se lo pasa pipa.
_____ 2.	Entre Iván y Pepa...	b. trata de tirarse de la terraza.
_____ 3.	Pepa recoge la maleta de Iván y...	c. está estupenda.
_____ 4.	El hijo de Iván quiere alquilar el piso de Pepa. ¡Qué...	d. ya no hay nada.
_____ 5.	Lo que le pasa a Candela es que...	e. la echa a la basura.
_____ 6.	Como está atacadísima, Candela...	f. está metida en un lío.
_____ 7.	Durante su sueño, Marisa...	g. porque tiene un lío con otra mujer.
_____ 8.	Iván traiciona a Pepa...	h. casualidad!

B. Así es la vida. Complete el párrafo con palabras de la siguiente lista.

alquilar	mintiéndole	se tiran
amante	novio	Tesoro
despacho	olviden	traiciona
ligando	quiero	

Si una persona enamorada sabe que su (1) _____ (a) o esposo(a) tiene un lío con
un(a) (2) _____ , piensa que lo (la) (3) _____ . Generalmente quien
traiciona a su pareja le dirá: (4)« _____ , yo sólo te (5) _____ a ti.» Pero
seguramente seguirá (6) _____ a su pareja y (7) _____ con otra gente.
Probablemente un día uno de ellos irá al (8) _____ del abogado para pedir el divorcio
o a una inmobilaria (*real estate agency*) para (9) _____ un piso. Pocas personas
(10) _____ de una ventana; lo más normal es que (11) _____ al (a la) ex-
amante.

C. En resumen. Complete las oraciones con palabras apropiadas de las listas.

1. Pepa trata de llamar a Iván, pero a veces no contesta y a veces la línea
   está _____ .
2. Iván _____ a muchas mujeres, pero parece que no las quiere.
3. Candela quedó _____ de un chiíta.
4. Los chiítas iban a _____ el avión que iba a Estocolmo.
5. Cuando suena el teléfono, Candela tiene miedo y dice «Estoy _____ .»
6. En esta película, cuando alguien contesta el teléfono, no dice «aló»,
   sino « _____ ».

7. Para decir «está bien» u «okei», en España se dice « _____ ».

8. La escena con los policías es _____ porque son muy incompetentes.

9. Lucía _____ a Iván y trata de matarlo.

Temas de conversación o composición

Discuta con sus compañeros los temas que siguen.[2]

A. Los personajes

1. Pepa (¿Qué edad tiene? ¿Cómo es físicamente? ¿Cómo viste? ¿Qué profesión tiene? ¿Por qué está al borde de un ataque de nervios?)

2. Candela (¿De dónde es? ¿Cuál es su trabajo? ¿Por qué está tan asustada? ¿Cómo trata de resolver su problema?)

3. Marisa (¿Qué clase social y modo de pensar representa? ¿Qué es lo que más le importa? ¿Por qué parece tan relajada al final?)

4. Lucía (¿Por qué resulta tan extravagante *(strange)*? ¿Dónde ha estado por muchos años? ¿Qué planes tiene?)

5. Paulina (¿Cuál es su profesión? ¿Cómo se comporta? ¿Es diferente a las otras mujeres?)

6. los hombres (¿Cómo son representados en este filme? Describa a Iván y a Carlos. ¿En qué se parecen y en qué se diferencian?)

7. los personajes más divertidos (¿Quiénes son? ¿Por qué se dice que son irreverentes?)

B. Otros temas para discutir

1. el título de la película y su relación con el tema

2. la función de las canciones que se oyen en la película; por ejemplo, estas dos canciones mexicanas:

Soy infeliz	*La vida es puro teatro*
Soy infeliz	Igual que en un escenario
porque sé que no me quieres.	finges *(you feign)* tu dolor barato.
¿Para qué más insistir?	Tu drama no es necesario.
Vive feliz mi bien.	Yo conozco este teatro.
Si el amor que tú me diste	Teatro, lo tuyo es puro teatro,
para siempre he de sentir…	falsedad bien empleada,
	estudiado simulacro *(pretense, falseness)*.
	Fue tu mejor actuación
	destrozar mi corazón.
	Y hoy que me lloras de veras
	recuerdo tu simulacro.

---

2   Your instructor may ask you to report back to the class
    or write a paragraph about one of the topics.

3. el noticiero y el anuncio comercial en la TV

4. el papel del teléfono y del contestador automático

5. lo irónico de lo que pasa en el despacho de la abogada feminista

6. la historia de Lucía en el contexto de los años 60

7. la reacción de los personajes en el aeropuerto

8. el humor de la secuencia final en la casa de Pepa

Una escena memorable

¿Quiénes son estos personajes? ¿Cómo son? ¿Qué pasa en esta escena?

Hablan los personajes

Analice las siguientes citas, explique de quién son y póngalas en contexto. (Para una lista de los personajes, ver el Ejercicio B, en la sección «Antes de ver la película».)

1. «En cualquier caso, no conseguí salvar la pareja que más me interesaba: la mía.»

2. «Uy, sí, sí, sí, perdón, perdón. Servidora está aquí para eso, ¿eh?»

3. «Estoy harta *(sick)* de ser buena.»

4. «Esto no me gusta… Yo lo que quiero es una casa y esto no es una casa casa.»

5. «Pues se ha equivocado de sitio. Esto no es un consultorio sentimental.»

6. «Yo sólo puedo decir la verdad, toda la verdad y nada más que la verdad.»

7. «Sólo matándole conseguiré olvidarle.»

8. «Es mucho más fácil aprender mecánica que sicología masculina; a una moto puedes llegar a conocerla a fondo *(in depth)*, a un hombre jamás.»

Hablando de la cultura

La acción de *Mujeres al borde...* ocurre en el Madrid de los años ochenta. Durante la dictadura de Francisco Franco (1936-1975) se había vuelto al Código Civil de 1889 que declaraba la inferioridad de la mujer, cuyos únicos roles aceptables eran: madre, esposa y ama de casa. Tras morir Franco en 1975, España entró en una época de transición hacia la democracia y la libertad. En cierto sentido, España pasó del prefeminismo al posfeminismo sin haber tenido una verdadera revolución feminista como otros países occidentales. Por eso, las actitudes sexistas sobreviven en una época en que las mujeres están adquiriendo una buena dosis de libertad e igualdad.

Hablan los críticos y los directores

«No hay aquí fémina débil que sucumba, aunque siempre parezcan a punto de caer rendidas *(give up)*. El suicidio como salida romántica pasa por sus cabezas, pero ante ellas se impone una necesidad vital de lucha *(struggle)* que es más fuerte. Son amazonas en la jungla de asfalto y con toda seguridad chicas que sobrevivirán...»

— *Cartelmanía*, **junio 1998.**

«A mí me recuerda muchísimo en su planteamiento argumental *Como casarse con un millonario*. El ambiente del apartamento absurdamente luminoso, las plantas de la terraza de un verdor casi sintético, la cocina de *Home and Garden* y sobre todo las chicas modernas pero ingenuas, pendientes de que las quieran, las cuiden y les hagan caso. Irreales e incompletas. Carmen Maura es como Doris Day en moreno y en posmoderno.»

— **María Asunción Balonga en** *El cine de la democracia*, **(Barcelona: Anthropos, 1992), p. 323.**

«Ironizo sobre el bienestar en que viven estas mujeres, sus relaciones con los hombres. Muestro una sociedad amable y humanizada para que el espectador se identifique con estas pobres chicas.»

— **Pedro Almodóvar en** *El cine de la democracia*, **(Barcelona: Anthropos, 1992), p. 322.**

«La mujer sabe que necesita del amor para seguir respirando y está dispuesta a defenderlo como sea. Porque en una eterna guerra todas las armas están permitidas.»

— **Pedro Almodóvar en** *El cine de la democracia*, **(Barcelona: Anthropos, 1992), p. 323.**

Y ahora, usted ¿qué piensa de estas opiniones? ¿Por qué es o no es feminista la película?

Más allá de la película

Crítica de *Mujeres al borde de un ataque de nervios*

[Los siguientes comentarios aparecieron en filmaffinity.com, un sitio Web dedicado al cine. Son tres puntos de vista sobre la película.]

I. "Amor Perro" Zaragoza (España)

Valoración:° Nueve estrellas ★★★★★★★★★☆   *rating*

El primer gran éxito internacional de Almodóvar fue esta divertidísima e inspirada comedia dramática que fundamentalmente habla de la soledad° *solitude* y el alma° de un grupo de mujeres, encarnadas° por actrices que están *souls / embodied* portentosas° en sus papeles, encabezadas° por Carmen Maura en uno de *wonderful / led* sus mejores trabajos, pero también estupendamente arropada° por Julieta *surrounded, wrapped* Serrano, María Barranco, Kiti Manver o la inolvidable portera Testiga° de *Witness* Jehová, Chus Lampreave.

Almodóvar retrata la soledad de una mujer a la que acaba de dejar su amante con tan sólo un escueto° mensaje de despedida en el contestador; *simple, short* en el empeño de ésta° de recuperarlo y ponerse en contacto con él, se le *empeño... her effort* llenan° su casa y su vida de gente desconocida con las que compartirá *se... are filled* sus problemas. Esto da lugar a situaciones divertidísimas como la del gazpacho lleno de somníferos, o la aventura de María Barranco con unos terroristas chiítas.

La utilización que Almodóvar hace aquí de todos los recursos de los que disponía° es brillante, y la película destaca° en todos sus aspectos *had available / stands out* artísticos, como el diseño de vestuario,° la decoración, la luminosa y *costume* colorista fotografía, el maquillaje° o la banda sonora, que incluye dos *make-up* maravillosos temas musicales en los títulos de crédito de apertura° y *opening* cierre.

II. "Betomovies" Santa Fe (Argentina)

Valoración: Siete estrellas ★★★★★★★☆☆☆

Aceptable la propuesta° de Almodóvar, una desopilante° comedia que *artistic proposal, e.g. movie /* presenta personajes tan extraños como graciosos. El espectáculo va de *hilarious* menor a mayor y en cierto momento llega a una intensidad que provoca risa aunque sea de lo absurdo de la situación. Quizás sea reacio° a reírme *reluctant* de la estupidez, pero en este caso el circo que se arma° va dejando como *circo... circus that is created* huellas° algunas ideas bien claras en cuanto a la intención discursiva: *marks, traces* la soledad, el engaño,° el miedo a afrontar° la vida sola. Las ilusiones y *deceit / face* los proyectos de pareja entretejen° el ideario° principal, que rescatamos° *interweave / ideology / we rescue,* de una comedia divertida y perspicaz.... La actuación del filme tiene *recover* un nombre y es Carmen Maura quien logra° desarrollar un personaje *manages* divertido, decidido° y reflexivo a la vez. El cual no se derrumba° por la *determined / El... Who is not* adversidad, sino que se apoya° en sus fuertes convicciones para progresar *dragged down / sino... but* y salir adelante. *rather supports or lifts herself* *up*

III. "Esteban" Oviedo (España)

Valoración: Diez estrellas ★★★★★★★★★★

Sin duda alguna la primera gran obra maestra de ese incomparable (e irrepetible) genio que es Pedro Almodóvar, deliciosa e irresistible comedia de situación que gira en torno a° la soledad de las mujeres en un mundo dominado por hombres que las engañan, mienten, ningunean° y hasta enloquecen.° Con un guión repleto° de escenas brillantes, de personajes magníficamente escritos, con diálogos divertidísimos y un ritmo excelente, sin apenas baches° (algo inusual en el Almodóvar de la época), consigue el director manchego° dar vida, en el efervescente Madrid de los años 80, a diferentes mujeres abandonadas por sus parejas en el momento más inoportuno de sus vidas para, a través de excelentes y divertidísimas escenas, conducirlas a un mismo punto de encuentro tanto físico como emocional.

Clásico indiscutible° de nuestro cine, que forma incluso parte de la cultura popular (¿quién no se acuerda de ella cada vez que saborea° un gazpacho?), tiene para el recuerdo personajes míticos de la cinematografía patria° que luego han sido copiados hasta la saciedad:° la telefonista repelente y chismosa° de Loles León, la portera Testigo de Jehová de Chus Lampreave, la actriz cortita de María Barranco y sus pendientes° cafetera, el taxista hortera° de Guillermo Montesinos... y, por supuesto, esa inconmensurable° Carmen Maura interpretando a Pepa, la mujer al borde de un ataque de nervios que busca incesantemente por toda la capital, pegada° al teléfono y al contestador automático, al hombre que acaba de dejarla en la estacada° justo cuando ella más lo necesita. La he visto docenas de veces y soy incapaz de encontrarle un solo fallo.° Y siempre me parece igual de° fresca, divertida y entrañable° que la vez anterior. Una absoluta maravilla.

gira... revolves around
treat like nobodies
drive crazy / filled

sin... with hardly any bad patches
of La Mancha

indisputable
savors

national / hasta... over and over again / gossipy
earrings
raunchy, with no taste
incomparable

glued, stuck
acaba... has just left her in the lurch / fault
igual... equally / heart-warming

Preguntas

I.

1. Según la primera crítica, ¿cuál es el tema de *Mujeres al borde de un ataque de nervios*? ¿Cómo es la actuación de las actrices?

2. ¿Cómo retrata Almodóvar la soledad de la protagonista? ¿Con quiénes comparte ella sus problemas?

3. ¿En qué destaca la película?

II.

1. Según la segunda crítica, ¿cómo son los personajes de *Mujeres al borde de un ataque de nervios*? ¿Qué es lo que provoca la risa?

2. ¿Cuáles son los temas de la película? ¿Qué adjetivos emplea el autor para describirla?

3. ¿Cómo es Pepa, el personaje que representa Carmen Maura? ¿Cómo reacciona este personaje ante la adversidad?

III.

1. ¿Cuál es la opinión de "Esteban" con respecto a Pedro Almodóvar y su película *Mujeres al borde de un ataque de nervios*?

2. ¿En torno de qué gira el filme?

3. ¿Por qué la película es un clásico del cine español?

4. ¿Con cuál de las tres críticas está usted más de acuerdo? Explique.

CAPÍTULO 17

Todo sobre mi madre

Presentación de la película:

Para celebrar su cumpleaños número diecisiete, Esteban y su madre Manuela van al teatro para ver *Un tranvía llamado Deseo (A Streetcar Named Desire)* de Tennessee Williams. El mayor deseo de Esteban es conocer a su padre, del que no sabe nada. Manuela le promete contarle todo sobre él cuando lleguen a casa, pero Esteban muere atropellado *(run over)* por un coche al tratar de conseguir un autógrafo de la gran actriz Huma Rojo. Hace dieciocho años, Manuela llegó a Madrid huyendo *(running away)* de su marido; ahora vuelve a Barcelona en su busca…

* *Todo sobre mi madre,* del famoso director español Pedro Almodóvar (ver el Capítulo 16), ha recibido numerosos premios internacionales, incluso el Oscar y el Golden Globe a la mejor película extranjera (2000).

* Cecilia Roth hace el papel de Manuela, el personaje central de la película. Nació en Argentina y pasó los años de su formación artística como exiliada en España. Allí comenzó su carrera de actriz en películas de Pedro Almodóvar y otros directores. Al terminarse la dictadura militar en Argentina, Roth volvió a su país, donde trabajó con éxito en el cine, el teatro y la televisión. En 1977 recibió el premio Goya a la mejor actriz por su actuación en *Martín (Hache)* del director argentino Adolfo Aristarain. Tras ▶

◄ el éxito internacional de *Todo sobre mi madre*, Roth apareció junto a Javier Bardem en la película española *Segunda Piel* (2000).

✳ Después de ganar fama internacional por su trabajo en *Belle Epoque* (ver el Capítulo 14) y *Todo sobre mi madre*, Penélope Cruz ha protagonizado una serie de películas norteamericanas: *All the Pretty Horses* (con Matt Damon, 2000), *Woman on Top* (2000),

Blow (con Johnny Depp, 2001), *Vanilla Sky* (de Cameron Crow, 2001) y *Sahara* (con Matthew McConaughey, 2005)

✳ En la película se hace referencia a *Eva al desnudo* (*All about Eve*, 1950), la clásica película de Joseph Mankiewicz que cuenta la historia de Eva Harrington, una joven ambiciosa que reemplaza *(supplants)* a una actriz veterana. ■

Preparación

Vocabulario preliminar

Cognados		
el alcohol	maravilloso(a)	la silicona
auténtico(a)	el órgano	el transplante
el autógrafo	los resultados	el virus

Profesiones	
el actor (la actriz)	*actor (actress)*
el/la asistente personal	*personal assistant*
el/la camionero(a)	*truck driver*
el/la cocinero(a)	*cook*
el/la enfermero(a)	*nurse*
el/la escritor(a)	*writer*
el/la médico(a)	*doctor*
la monja	*nun*

En el hospital	
el análisis	*(medical) test*
el caso	*case*
el corazón	*heart*
la donación (el/la donante)	*donation (donor)*
el embarazo (embarazada)	*pregnancy (pregnant)*
negativizar	*to neutralize (e.g., a virus)*
la sangre	*blood*
seropositivo(a) (con el VIH)	*(HIV) positive*
el sida	*AIDS*

La drogadicción		Otras palabras	
el caballo	*(colloquial, Spain) heroin*	atropellar	*to knock down, run over*
el chino	*(colloquial, Spain) lump, piece (of hashish)*	la bondad	*kindness*
		confiar en	*to trust; to rely or depend on*
desintoxicarse	*to undergo detoxification*	el/la desconocido(a)	*stranger*
enganchado(a)	*hooked*	huir (de)	*to escape, run away (from)*
fumar(se)	*to smoke*	el marido	*husband*
		ocultar	*to hide*
		la paliza	*beating*
		el travesti	*transvestite, cross-dresser*

A. Profesiones. Dé el nombre de una o más personas famosas para cada categoría, si puede. ¿Cuáles son las ventajas y desventajas de cada profesión? Explique.

1. actor (actriz)
2. asistente personal
3. camionero(a)
4. cocinero(a)
5. enfermero(a)
6. escritor(a)
7. médico(a)
8. monja

B. ¿Cuál es? Indique con un círculo la palabra que no pertenece al grupo y explique por qué.

1. la silicona   el transexual   maravilloso   el travesti
2. el autógrafo   el análisis   los resultados   el embarazo
3. el caballo   el chino   el marido   fumarse
4. el órgano   la donación   el transplante   huir
5. seropositivo   atropellar   el sida   el virus
6. el corazón   la sangre   auténtico   el caso
7. desintoxicarse   el alcohol   enganchado   negativizar

C. Padres e hijos. Complete las oraciones de manera lógica con una palabra de las listas.

1. Los padres les dicen a los niños que no hablen con _____ porque no se puede _____ ellos.
2. A veces un niño recibe una _____ de manos de otro niño en la escuela.
3. Los niños pueden ser crueles y los padres tratan de enseñarles la importancia de la _____ .
4. Hay ciertas cosas que los padres les _____ a los niños porque creen que no entenderán la verdad.

Antes de ver la película

A.   Relaciones personales

1. ¿Cómo se lleva *(get along)* o llevaba usted con sus padres? ¿Ha deseado alguna vez que sus padres fueran otras personas?

2. ¿A usted le han ocultado alguna vez algo muy importante que lo (la) afectaba? ¿Cómo se sintió cuando se enteró *(found out)*?

3. ¿A usted le han hecho alguna vez una ofensa que consideraba imperdonable? ¿Pudo perdonar por fin a esa persona? Si es así, ¿cómo se sintió después? Si no es así, ¿le gustaría poder hacerlo?

4. ¿Ha confiado usted alguna vez en la bondad de un(a) desconocido(a)? ¿Cómo lo (la) ayudó esa persona?

B.   Los personajes. Mire los nombres de los siguientes personajes. Después de ver la película, explique las relaciones entre los personajes: de parentesco *(relationship)*, amistad *(friendship)*, de trabajo, amorosas…

Agrado	Lola	Mario
Esteban	Mamen	Nina
Huma Rojo	Manuela	Rosa

Investigación

Busque información sobre uno de los temas que siguen.[1]

1. Barcelona
2. la Sagrada Familia (catedral de Antoni Gaudí)
3. el idioma catalán
4. España después de la dictadura *(dictatorship)* de Francisco Franco

Note:

Your instructor may ask you to read over the questions in the section **Exploración** before you see the film, in order to improve your understanding of it.

---

1   The **Investigación** sections suggest topics related to the movie that you may want to find out more about. Your instructor may assign these to individuals or groups and have them report the information to the class.

Exploración

A. **¿Quién es quién?** ¿Con qué personaje, o personajes, se asocian las siguientes profesiones, adicciones y enfermedades? Explique.

1. el actor, la actriz
2. el/la asistente personal
3. el/la camionero(a)
4. el/la cocinero(a)
5. el/la enfermero(a)
6. el/la escritor(a)
7. la monja
8. el/la pintor(a)
9. la prostituta
10. el alcohol
11. el hachís
12. el caballo
13. el tabaco
14. las complicaciones del embarazo
15. el sida

B. **Lola**

1. ¿Cuál es la historia de Lola y Manuela?
2. ¿Qué pasó entre Lola y Agrado?
3. ¿Qué pasó entre Lola y Rosa?
4. ¿Quiénes son los tres Estébanes?
5. ¿Qué pasa entre Lola y Manuela al final de la película?

C. **Los viajes de Manuela.** Explique el motivo de los viajes de Manuela. ¿Por qué va...

1. de Madrid a La Coruña?
2. de Madrid a Barcelona?
3. de Barcelona a Madrid?
4. de Madrid a Barcelona otra vez?

Análisis y contraste cultural

Vocabulario

El teatro	
el/la aficionado(a) (de aficionados)	*fan (amateur)*
el altavoz	*loudspeaker*
el camerino	*dressing room*
el espectáculo	*show*
el éxito	*success*
la función	*performance, show*
hacer de	*to play the part of (e.g., a character)*
el papel (hacer un papel)	*role (to play a role)*
suspender	*to cancel*
sustituir	*to replace; to stand in for*

Otras palabras	
el/la bruto(a) (bruto[a])	*brute (ignorant, stupid; rude)*
coger	*to take; to catch*
conducir	*to drive (Spain)*
contar (ue)	*to tell*
cuidar	*to take care of*
despedirse (i)	*to say goodbye*
enterarse	*to find out*
instalarse	*to move in*
Lo siento.	*I'm sorry.*
molestar (molestarse)	*to disturb (to bother, trouble oneself; to get upset)*
pedir perdón	*to ask for forgiveness*
Perdón.	*Excuse me.*
perdonar	*to forgive*
preocupado(a)	*worried*
prometer	*to promise*
quienquiera	*whoever*
la vida	*life*

A. **Asistente personal.** Complete el párrafo con palabras de la lista.

aficionados	cuenta
altavoces	espectáculo
bruto	hacía
camerino	preocupada
conducir	quienquiera

Después de ver *Un tranvía llamado Deseo* en Barcelona, Manuela se dirige al
(1) _____ de Huma Rojo cuando ve a Nina salir corriendo del teatro. Manuela le
(2) _____ a Huma que Nina se ha ido. Huma se pone muy (3) _____ y le
pregunta a Manuela si sabe (4) _____ . Las dos mujeres consiguen un coche y van en
busca de Nina. Huma le repite a Manuela las famosas palabras de Blanche DuBois: "Gracias.
(5) _____ que seas, siempre he confiado en la bondad de los desconocidos." Así
Manuela empieza a trabajar para Huma como asistente personal. En el camerino de Huma,
Manuela escucha el (6) _____ por los (7) _____ . De joven ella
(8) _____ de Stella en una producción de (9) _____ . Allí conoció a su
marido, que hacía el papel del (10) _____ Stanley Kowalski.

B. **Enfermera otra vez.** Complete el párrafo con palabras de la lista.

cuidar	papel	siento
despedirse	perdón	suspender
éxito	promete	sustituye
función	se entera	vida
instalado	se molesta	

Un día Nina está tan drogada que no puede actuar. Parece que habrá que (1) _____ la

(2) _____ , pero Manuela (3) _____ a Nina y hace muy bien el

(4) _____ de Stella. Su actuación es un gran (5) _____ . Nina

(6) _____ cuando (7) _____ de lo ocurrido y parece que Manuela ha

perdido su trabajo. El día siguiente Huma va a la casa de Manuela para pagarle y para pedirle

(8) _____ . Quiere que Manuela siga como su asistente personal, pero Manuela tiene

que (9) _____ a Rosa, quien se ha (10) _____ en su casa. En el hospital

Manuela (11) _____ que no le ocultará nada al niño si algo le pasa a Rosa. En el

cementerio, Manuela le informa a Lola de la existencia y muerte de su hijo Esteban. «Vine a

Barcelona sólo para decírtelo. Lo (12) _____» , le dice. Manuela vuelve a Madrid con

el pequeño Esteban sin (13) _____ de Agrado y Huma. La (14) _____ con

los abuelos del niño se ha hecho insoportable *(unbearable)*.

Notas culturales

Cuando Agrado necesita asistencia médica durante la noche, Manuela la lleva a una farmacia de guardia *(duty pharmacy)*. En España, las farmacias se turnan para atender a la gente durante la noche y los días festivos. Agrado saluda al farmacéutico con "bona nit" (buenas noches) porque en Barcelona y en el resto de Cataluña se habla catalán. En La Coruña (Galicia), la ciudad adonde va Manuela para ver al receptor del corazón de Esteban, se habla gallego.

Huma ensaya *(rehearses)* un parlamento (speech) de *Haciendo Lorca* de Lluís Pasqual en el que se combinan pasajes de *Bodas de sangre* y *Yerma*, dos dramas del gran poeta y dramaturgo español Federico García Lorca (1898-1936).

Manuela habla del antiguo dictador militar de Argentina, Jorge Rafael Videla (Manuela y Lola son argentinas). Videla fue condenado a reclusión perpetua *(life in prison)* por crímenes contra la humanidad en 1985 e indultado *(pardoned)* en 1990. Fue detenido *(arrested)* nuevamente en 1998 por el sistemático secuestro *(kidnapping)* y adopción ilegal de los niños de las prisioneras políticas durante la dictadura (1976-1983). (Ver *La historia oficial*, Capítulo 9.)

Temas de conversación o composición

Discuta con sus compañeros los temas que siguen.[3]

1. la bondad de los desconocidos (¿Qué personajes ayudan a gente desconocida? ¿Qué personajes reciben ayuda de gente desconocida?)

2. la verdad oculta (¿Por qué le oculta Manuela la verdad a Esteban? ¿Por qué no quiere Rosa que se oculte la verdad a su hijo? ¿Por qué le oculta Rosa la verdad a su madre? ¿Por qué no quiere la madre de Rosa que se sepa la verdad sobre el embarazo de su hija y los anticuerpos de su nieto?)

3. la maternidad (¿Cómo se llevan Manuela y Esteban? ¿Rosa y su madre? ¿A qué personajes sirve Manuela como figura materna? ¿y Mamen? ¿y Agrado? ¿y la madre de Rosa? ¿y Huma? ¿Le gustaría tener una madre como Manuela? Según su opinión, ¿hay hombres que quieren ser madres?)

4. el cine, el teatro y la vida (¿Cuál es la relación entre la acción de *Todo sobre mi madre* y las escenas de *Eva al desnudo*, *Un tranvía llamado Deseo* y *Yerma*? ¿Hay personajes que actúan aun cuando no están sobre un escenario *(stage)* o delante de una cámara? ¿Le parece que la mentira puede ser más atractiva que la verdad? ¿incluso más auténtica?)

5. la intolerancia (¿Qué personajes son víctimas de la intolerancia? ¿Qué personajes se muestran tolerantes? ¿intolerantes? ¿Cómo se manifiestan su tolerancia o intolerancia? ¿Cómo interpreta usted las rejas *(bars)* de la farmacia que separan a Manuela y Agrado del farmacéutico?)

6. el sida, la droga y el sexo (¿Cómo contrajo el virus Lola? ¿la hermana Rosa? ¿el hijo de Rosa? ¿Qué les pasa a los tres? ¿Qué ideas equivocadas tiene la madre de Rosa sobre la transmisión del virus?)

7. el perdón (¿Quiénes perdonan a quiénes? ¿Cuáles son las ofensas perdonadas? Si usted estuviera en la misma situación, ¿perdonaría o no? Para usted, ¿hay ofensas imperdonables?)

8. el personaje de Agrado (¿Cómo es Agrado? ¿Se la presenta como persona ordinaria o extraordinaria? ¿Por qué se puso ese nombre? ¿Por qué decide cambiar de profesión? ¿Le parece a usted que piensa y actúa como mujer o como hombre? ¿Cuál es la reacción del público ante su monólogo en el teatro? ¿Cuál es la reacción de usted?)

9. el melodrama (Comente los elementos intencionalmente melodramáticos de *Todo sobre mi madre*: acumulación de calamidades, mentiras, coincidencias improbables. Según su opinión, ¿funciona la película? ¿trasciende el melodrama? Explique.)

---

2   Your instructor may ask you to report back to the class
     or write a paragraph about one of the topics.

Una escena memorable

¿Por qué lleva Rosa a Manuela a conocer a su madre? ¿Cuál es la reacción de su madre?
¿Qué pasa más tarde entre Manuela y la madre de Rosa?

Hablan los personajes

Analice las siguientes citas, explique de quién son y póngalas en contexto. (Para una lista de los personajes, ver el Ejercicio B, en la sección «Antes de ver la película».)

1. «El éxito no tiene sabor ni olor y cuando te acostumbras es como si no existiera.»

2. «Ese perro se va con cualquiera.»

3. «No me atrevo a decirle la verdad. Tampoco la entendería.»

4. «Prométeme que no le ocultarás nada al niño.»

5. «Sé mentir muy bien, y estoy acostumbrada a improvisar.»

6. «Una es más auténtica cuanto más se parece a lo que ha soñado de sí misma.»

7. «A los padres no se les elige. Son los que son.»

8. «Tú no eres un ser humano..., eres una epidemia.»

9. «Tengo que hacerle comprender... que no me importa quién sea ni cómo sea ni cómo se portó (behaved) con ella. No puede quitarme ese derecho.»

10. «¿Ese monstruo es el que ha matado a mi hija?»

Hablando de la cultura

Comente los medios de transporte que se usan en la película. ¿En qué viaja Manuela entre Madrid y Barcelona? ¿Cómo se desplazan los personajes por la ciudad? ¿Hay personajes que no tienen auto? ¿que no saben manejar? ¿Sería diferente si ésta fuera una película norteamericana?

¿En qué tipo de vivienda viven Manuela y Esteban en Madrid? ¿Manuela y los padres de Rosa en Barcelona? Si la acción de esta película tuviera lugar en una gran ciudad norteamericana o canadiense, ¿serían similares o diferentes las viviendas? Imagine cómo serían.

Hablan los críticos y los directores

Roger Ebert afirma que "Self-parody is part of Almodóvar's approach, but *All About My Mother* is also sincere and heartfelt; though two of its characters are transvestite hookers, one is a pregnant nun and two more are battling lesbians, this is a film that paradoxically expresses family values."

> http://www.suntimes.com/ebert/ebert_reviews/1999/12/122201.html

¿Cree usted que la película expresa valores familiares? Explique.

Leonel Delgado Aburto dice de Manuela: «La madre móvil, angélica, apegada a *(close to)* la tierra (Manuela siempre viaja por vía terrestre), aceptadora, vital y moderna, es casi un sueño de revista femenina. Pero es también el trasvase *(transfer)* para un futuro más aceptable.»

> http://www.geocities.com/Paris/Villa/2989/todo.html

¿Le parece exacta esta descripción de Manuela? ¿Cuál es su contribución a un futuro mejor?

Más allá de la película

Las chicas de Pedro

Seis perfiles° escritos por Pedro Almodóvar

profiles

Cecilia Roth

Goya a la mejor actriz de 1997 por *Martín (Hache),* vuelve a rodar con Almodóvar después de veinte años.

Cecilia Roth es Manuela. Trabaja como coordinadora en la Organización Nacional de Trasplantes. Sólo vive para su hijo. Podrían ser hermanos, les separan únicamente dieciocho años. De origen argentino, buena cocinera, posee ese tipo de solidez que proporciona el haberse hecho a sí misma° desde muy pronto. Hasta que una noche de lluvia, un coche atropella a su hijo adolescente delante de sus narices.° Ante un hecho semejante° no hay solidez que se mantenga sólida. Huye de Madrid y se va a Barcelona, vagamente en busca del padre del chico. Ese mismo trayecto° lo hizo dieciocho años antes; también venía huyendo, pero entonces huía, paradójicamente, del padre. Cecilia es una enciclopedia de aflicción. Físicamente más bella y más delicada que en los ochenta,° como actriz el tiempo la ha convertido en° una virtuosa.

posee… she has the kind of solidity that comes with being a self-made woman / delante… right in front of her / hecho… such an event / journey

los… the eighties
la… has turned her into

Candela Peña

La gran revelación de *Días contados* (Imanol Uribe) y *Hola ¿estás sola?* (Icíar Bollaín) se estrena° con Almodóvar.

Nina es tan esquiva° que sólo se lleva bien con° Agrado. La película no refleja su mejor momento. Es difícil estar a la sombra° de la estrella, especialmente si estás empezando. En el escenario° del *Tranvía…* Nina es Stella. Un ama de casa enamorada de su marido, el bruto e insensible° Kowalski, lo cual la hace estar muy pegada a lo real.° Al contrario de su hermana Blanche. Fuera del escenario, Nina es una chica que tontea cada vez con más frecuencia° con El Gran Analgésico,° el antídoto por excelencia de cualquier desazón°…: la heroína. Esta circunstancia la hace ser antipática, mezquina,° estar todo el tiempo rebotada,° como con prisa. Borde° sin causa. Su relación con Huma está condenada,° pero Huma nunca la olvidará. Con este personaje, Candela Peña demuestra un registro inédito° en ella. Es lo contrario a Candela, lo opuesto a una colega. Y me consta° que Candelita se ha dejado los ovarios° para hacerlo. Gracias, tronquita.°

se… makes her debut

aloof / sólo… she gets along only with / a… in the shadow

stage

insensitive

pegada… in touch with reality

tontea… fools around more and more / Painkiller / unease, anxiety / petty / on the rebound

A jerk / doomed to failure

unprecedented

me… I know for a fact / se… gave her all / buddy

Penélope Cruz

La flamante° ganadora del Goya por *La niña de tus ojos* repite con el director manchego° tras *Carne trémula.*

La hermana Rosa es Penélope Cruz… Penélope reúne° en ella sola las cualidades que más me interesan de las tres actrices que han reinado

new

from La Mancha

has

sucesivamente en mi filmografía. Esta hermana Rosa es un hueso duro de roer,° y a Penélope le ha costado horas de preparación. E insistencia artesana. Pero no se nota.° Niña extraviada° desde pequeña, errática y rara,° lo único que tiene claro° es que ayudar a la gente es bueno. Lo demás es un absoluto caos. Va tan a la deriva como° Manuela. La pareja° que forma con Cecilia me emociona° enormemente. Penélope va a hacer un carrerón,° ya lo está haciendo. No importa lo que venga después, estoy seguro de que su personaje en *Todo sobre mi madre* será una de sus cimas.°

hueso... tough nut to crack
no... you can't tell / unruly / strange / lo... the only thing she's sure of / Va... she's as directionless as / pair
moves / hacer... have a big career

peak performances

Marisa Paredes

La actual reina° almodovariana (*Tacones lejanos, La flor de mi secreto*) protagoniza el último filme del maestro.

actual... present queen

Marisa Paredes es Huma Rojo. Diva del teatro. Su nombre basta para llenarlo, en una época en que las divas son cantantes babosas° o deportistas tan expresivas como un bloque de cemento. Huma no ejerce de diva.° En *Un tranvía llamado Deseo* interpreta a Blanche Dubois. Una Blanche menos loca y más crispada° que en versiones anteriores, pero condenada sin remisión.° En el escenario, Huma reina.° Aunque lama el suelo° con la lengua, hay una majestad inherente en ella (cualidad exclusiva de la actriz que la interpreta, Marisa Paredes). Frágil desde su majestad, tal vez más elegante de lo que Williams la imaginó, no concibo otra Blanche que Marisa. Huma fumó desde niña, como Bette Davis. Por eso se autobautizó° Huma: humo es lo único° que ha habido en su vida. También tiene éxito, pero, como ella misma dice, «el éxito no tiene sabor ni olor,° y cuando te acostumbras es como si no existiera». Ama a Nina, su compañera de función. La ama tanto y tan dolorosamente como Nina ama la heroína. No hay nada más espectacular que ver a una diosa caída° sufrir y tratar inútilmente° de salvar lo insalvable. Marisa borda el fracaso cotidiano° de esta diosa.

dimwitted

no... doesn't act like a diva
tense
condenada... doomed / reigns
lama... she may lick the floor

se... named herself / humo... smoke is the only thing

sabor... taste or smell

diosa... fallen goddess
uselessly
borda... portrays brilliantly the daily failure

Antonia San Juan

La nueva *chica Almodóvar* acredita° un buen currículo° cómico: *La primera noche de mi vida* y *El grito° en el cielo*.

has to her credit / résumé
shout

Amiga de juventud° de Manuela, de cuando Manuela estaba casada, Agrado es una bruta adorable. Tono bronco,° pero relajante, le llaman la Agrado porque en toda su vida sólo pretendió° hacer la vida agradable a los demás. Espontánea hasta el desconcierto,° su rudeza° es una forma de ternura;° todos los personajes de la película acaban° adorándola, aunque les saque de quicio° con frecuencia. La vida ha sido muy dura con ella, pero Agrado trata de no prestarle demasiada atención° a las cosas malas. Es un ángel, o una niña con tetas° y rabo.° Acaba siendo para Huma una mezcla° del mayordomo° de *Arthur, el soltero de oro* (John Gielgud) y la Thelma Ritter más respondona° de *Eva al desnudo*. Con Agrado, la película cambia de género.° *Todo...* se convierte en una comedia tierna y dura, desternillante° y patética, en caso de que todo eso sea posible. Antonia San Juan es la Gran Revelación; bueno, todo el mundo lo sabe antes de verla.

youth
harsh
wanted
hasta... disconcertingly / rough manners / tenderness / end up / les... she may drive them crazy
prestarle... pay too much attention / tits / tail
combination / butler
sassy
genre
side-splitting

Rosa María Sardá

Bregada en mil batallas,° la gran actriz catalana se estrena con Almodóvar por la puerta grande.°

Rosa María Sardá es la Madre. En una película sobre la maternidad, Rosa es la única madre real, quiero decir que tiene una hija y está viva (la hermana Rosa); sin embargo, es una especie de° madre estéril; su cuerpo ha fecundado,° pero la naturaleza° no le ha regalado los sentimientos propios° de una madre. Su pasión está hipotecada por su marido,° un hombre mayor que ella y enfermo (demencia senil) a cuyo cuidado ella se entrega° sin límites. A su hija no la entiende. No es que sea fácil. La niña le ha salido cardo° y con inquietud° social. En un momento crucial, la Madre le pregunta qué espera de ella. La hija le responde que nada. Debe ser muy duro para una madre oír semejante consejo° de labios de su hija enferma. Es necesario que los problemas sean descomunales° para que esta Madre Estéril… se acerque, entienda y ame a su hija.

— Excerpt from "Las chicas de Pedro" by Angel S. Harguindey. *El País semanal*, Numero 1.174. Domingo 28 de marzo de 1999, pgs. 28-35. Reprinted with permission.

Bregada… A battle-seasoned veteran / se… makes her grand debut with Almodóvar

especie… kind of
ha… has procreated / nature
characteristic / Su… Her husband holds the mortgage on her affections / se… devotes herself

le… turned out to be prickly / concern

judgment
enormous

Preguntas

1. ¿Cómo es Manuela, el personaje que interpreta Cecilia Roth? ¿De dónde es este personaje? ¿Cuál es su relación con su hijo? ¿Qué opina Almodóvar de Cecilia Roth como actriz?

2. ¿Cómo es Nina, el personaje que interpreta Candela Peña? ¿Cómo es Stella, el personaje que interpreta Nina en el escenario? ¿Con qué tontea Nina fuera del escenario? ¿Ha interpretado Peña a personajes similares en el pasado? Según Almodóvar, ¿se parece Candela Peña al personaje que interpreta?

3. ¿Cómo es la hermana Rosa, el personaje que interpreta Penélope Cruz? ¿Qué opina Almodóvar de Penélope Cruz como actriz? ¿y de su actuación en *Todo sobre mi madre*?

4. ¿Cómo es Huma Rojo, el personaje que interpreta Marisa Paredes? ¿A quién ama este personaje? ¿Qué opina Almodóvar de la actuación de Marisa Paredes en esta película?

5. ¿Cómo es Agrado, el personaje que interpreta Antonia San Juan? ¿Cuál es su relación con Manuela? ¿Qué opina Almodóvar de Antonia San Juan como actriz?

6. ¿Cómo es la madre de la hermana Rosa, el personaje que interpreta Rosa María Sardá? ¿Cuál es su relación con su hija? ¿y con su esposo?

CAPÍTULO 18

Mar adentro

Presentación de la película:

Ramón, un ex-marinero *(sailor)* gallego (de Galicia) que amaba el mar, los viajes y las mujeres, lleva *(has been)* veintiséis años en cama tras un accidente que lo dejó tetrapléjico *(a quadriplegic)*. Desde entonces su único deseo es terminar con su vida dignamente. Pero un día su mundo es alterado por la llegada de dos mujeres: Julia, una abogada que desea apoyar su lucha *(support his fight)* por la muerte; y Rosa, una mujer de pueblo que quiere convencerlo de que la vida vale la pena *(is worth it)*...

✳ *Mar adentro* es el resultado de la lectura que Alejandro Amenábar hizo de *Cartas desde el infierno*, libro escrito por Ramón Sampedro y publicado en 1996. La acción del filme ocurre en Porto do Son, un pueblo de Galicia situado en el extremo noroeste de España, en los años noventa *(nineties)*. El protagonista, Ramón, es un personaje real que ha pasado la mitad de su vida en cama desde aquel 23 de agosto de 1968 cuando fue con su novia a la playa y lo que iba a ser un día de descanso y diversión se convirtió en tragedia. Ramón cree que su vida de tetrapléjico no es digna *(has no dignity)*; por eso pide a la justicia que permita que alguien lo ayude a morir, pero no tiene éxito *(success)*. ➤

◀ ✴ Alejandro Amenábar nació en Santiago de Chile en 1972 de padre chileno y madre española quienes, tras el golpe militar de Augusto Pinochet, decidieron residir en España. Tuvo claro desde muy joven que quería ser realizador, pero la limitada experiencia práctica que ofrecía la Facultad de Ciencias de Información de Madrid no le permitió terminar sus estudios, por lo que comenzó a rodar con sus amigos y una cámara de video. Su gusto por el suspense y el *thriller* dio por resultado *Tesis* (1996) y *Abre los ojos* (1997), películas de género «a la americana», muy novedoso en España. Su tercer largometraje, *Mar adentro*, fue galardonado con numerosos premios Goya en España y con el Oscar a la mejor película extranjera en 2005.

✴ Javier Bardem (Ramón) nació en Las Palmas de Gran Canaria en 1969. Hijo de la actriz Pilar Bardem y sobrino del conocido cineasta Juan Antonio Bardem, comenzó su carrera con pequeños papeles en *Las edades de Lulú* (Bigas Luna, 1990) y *Tacones lejanos*

(Almodóvar, 1991). Lo lanza a la fama el filme de Bigas Luna, *Jamón, jamón* (1992) seguido por *Huevos de oro* (Bigas Luna, 1993), *Boca a boca* (Gómez Pereira, 1995), *Éxtasis* (Barroso, 1995) y *Antes de que anochezca* (Julián Schnabel, 2002). En ésta última, Javier hace el papel del poeta homosexual cubano Reinaldo Arenas por el que logró varios premios y fue propuesto para un Oscar al mejor actor. Recibió el premio Goya al mejor actor por su trabajo en *Mar adentro*.

✴ Belén Rueda (Julia) debuta en cine con *Mar adentro*. Amenábar la había visto actuar en televisión y dice que «sabía que tenía complejidad emocional y capacidad de imaginación e improvisación para hacer frente a Bardem.»

✴ Lola Dueñas (Rosa) era una actriz sólo conocida en Galicia hasta que realizó el papel de antiheroína convertida en heroína en *Mar adentro*. Dice el director: «Cuando aparece en pantalla sabes que alguien reirá o llorará.» ■

Preparación

Vocabulario

Cognados		
el caso	la dignidad	publicar (la publicación)
convencer	la eutanasia	suicidarse (el suicidio)

Términos legales	
el/la abogado(a)	*attorney*
la audiencia provincial	*provincial hearing*
declarar(se)	*to testify (to declare oneself)*
el derecho	*right*
el juez, la juez(a)	*judge, justice*

Términos médicos	
la enfermedad (degenerativa)	*(degenerative) illness*
el infarto cerebral	*stroke*
la silla de ruedas	*wheelchair*
el/la tetrapléjico(a)	*quadriplegic*

Expresiones		Otras palabras	
depender de	to depend on	apoyar (el apoyo)	to support (support)
los demás	other people	el cariño	affection
(no) ser digno(a)	to have (no) dignity	la conservera	cannery
valer la pena	to be worth it	el/la cuñado(a)	brother-in-law (sister-in-law)
		dispuesto(a)	willing
		ejemplar	copy (e.g., of a book)
		la ensoñación	daydream, fantasy
		huir	to run from
		el infierno	hell
		juzgar	to judge
		el/la marinero(a)	sailor
		las migajas	crumbs
		el ordenador	computer (Spain)
		volar (ue)	to fly

A. ¿Cuál es? Indique con un círculo las palabras apropiadas para completar las oraciones.

1. El autor me dedicó (una ensoñación / un ejemplar) de su libro.
2. No me gusta (volar / juzgar) a las personas que no piensan como yo.
3. Tengo demasiada dignidad para (convencer / huir) de mis problemas.
4. Mi cuñada Begoña es (abogada / marinera) y prepara muy bien sus casos.
5. Un cliente de Begoña declaró ayer ante una (juez / conservera) en la audiencia provincial.

B. Luisa. Complete el párrafo con palabras apropiadas de la lista.

cariño   pena
derecho   quitarse
eutanasia   ruedas
ordenador

Hace año y medio Luisa tuvo un accidente y desde entonces solamente puede mover la cabeza. Al principio quería morir, pero gracias al (1) _____ de toda su familia y amigos tiene muchas ganas de vivir y amar. En su cuarto hay un póster que dice «Los tetrapléjicos también tienen (2) _____ a enamorarse.» Anda por la universidad con su silla de 3) _____ eléctrica y tiene un (4) _____ especialmente adaptado. Aunque para Luisa la vida vale la (5) _____ , comprende a otras personas que quieran (6) _____ la vida y sigue con mucho interés el debate sobre la (7) _____ .

C. **Carlos.** Complete el párrafo con palabras apropiadas de la lista.

apoyo	dispuestos	los demás
degenerativa	infartos	suicidio
digna	infierno	

Hace varios años que Carlos sufre del CADASIL, una enfermedad (1) _____

que le ha provocado una serie de (2) _____ cerebrales. Aunque recibe mucho

(3) _____ de sus familiares y amigos, quienes están muy (4) _____

a cuidarlo, para él la vida es un (5) _____ . Depende de (6) _____

para todo, y considera que la vida así no es (7) _____ . Carlos busca el

(8) _____ y está en contacto con la asociación Derecho a Morir Dignamente.

Antes de ver la película

A. **¿Conoce usted… ?**

1. ¿Conoce usted a alguien que haya tenido un accidente y se haya quedado paralítico(a)? ¿Cuáles fueron las circunstancias?

2. ¿Cómo cree usted que se siente esa persona? ¿Está deprimida o tiene esperanzas? ¿Es feliz? ¿Puede amar?

3. ¿Cómo la ayuda su familia? ¿sus amigos? ¿la religión? ¿Qué podría hacer usted para ayudarla?

4. ¿Conoce a alguien que sea paralítico(a) de nacimiento? ¿Hay alguna diferencia entre los paralíticos por accidente y los que lo son de nacimiento en cuanto a cómo se sienten, cómo actúan, qué esperan de la vida…?

B. **Los personajes**

Lea las descripciones y los nombres de los personajes. Después de ver la película, diga con qué personaje se asocia más apropiadamente cada cosa y explique por qué. Sólo puede usar una vez a cada personaje.

____ 1.	Ramón	a.	la abnegación (*selflessness*) y la comprensión
____ 2.	José, hermano de Ramón	b.	la asociación Derecho a Morir Dignamente
____ 3.	Manuela, cuñada de Ramón	c.	la audiencia provincial
____ 4.	Javier (Javi), sobrino de Ramón	d.	la conservera
____ 5.	Julia, abogada de Ramón	e.	la grabadora
____ 6.	Gené	f.	la oposición a la eutanasia
____ 7.	Marc, abogado de Ramón	g.	el ordenador
____ 8.	Rosa, vecina de Ramón	h.	la silla de ruedas
____ 9.	el padre Francisco	i.	la sonrisa y el humor

Investigación

Busque información sobre uno de los temas que siguen.[1]

1. Galicia: su historia, su cultura, su lengua
2. Las leyes sobre la eutanasia en el estado de Oregón, Estados Unidos
3. Las células madre *(stem)*: ¿posible cura para la parálisis?

Note:

Your instructor may ask you to read over the questions in the section **Exploración** before you see the film, in order to improve your understanding of it.

Exploración

A.   Las circunstancias. Ponga en orden cronológico los siguientes hechos. Después explique las circunstancias de cada uno.

_____ a.   Ramón le dedica un poema a Javier.

_____ b.   Gené va a la casa de Julia.

_____ c.   Rosa visita a Ramón por primera vez.

_____ d.   Ramón sale en un reportaje en la televisión.

_____ e.   Ramón va a La Coruña.

_____ f.   Llega por correo un paquete a la casa de los Sampedro.

_____ g.   Julia se cae en casa de los Sampedro.

_____ h.   Gené y Ramón se despiden.

_____ i.   El padre Francisco y Ramón tienen un debate.

_____ j.   Julia y Ramón hacen un pacto.

_____ k.   Ramón tiene ensoñaciones con Julia.

_____ l.   Ramón va a Boiro.

B.   Los porqués. Explique por qué pasan estas cosas.

1. ¿Por qué Ramón se quiere quitar la vida?
2. ¿Por qué Ramón no se casó con su novia?
3. ¿Por qué Ramón no quiere la silla de ruedas?
4. ¿Por qué Ramón sonríe tanto?
5. ¿Por qué Rosa le dedica una canción a Ramón?
6. ¿Por qué Julia necesita saber tantos detalles de la vida de Ramón?

---

1   The **Investigación** sections suggest topics related to the movie that you may want to find out more about. Your instructor may assign these to individuals or groups and have them report the information to the class.

7. ¿Por qué Julia quiere que se publiquen las poesías de Ramón?

8. ¿Por qué las palabras del padre Francisco en televisión le causan dolor a la familia Sampedro?

9. ¿Por qué discuten Rosa y Manuela?

Análisis y contraste cultural

Vocabulario

El mar	
mar adentro	*out to sea, out at sea*
la resaca	*undertow*
tirarse	*to dive*

Términos legales	
el delito	*crime*
la demanda	*lawsuit*
el juicio (ir a juicio)	*trial, case (to go to court)*
el juzgado	*court, courthouse*
Señoría	*your Honor*
la sentencia	*ruling*

Expresiones regionales[2]	
¡Hala!	*Come on! Wow!*
írsele la cabeza/ la olla	*to lose one's head, to "lose it"*
Vale.	*Okay. Sure. Fine.*
Venga.	*Come (Go) on.*

Otras palabras	
el cianuro	*cyanide*
claro	*of course; clear*
tener claro	*to be sure of*
darle ganas de...	*to make someone feel like . . .*
disponer de	*to do what one likes with*
la dosis	*dose*
echarse atrás	*to back out*
el estado	*condition; state*
frustrado(a)	*frustrated*
hacer el amor	*to make love*
intentar	*to try*
llevar... (período de tiempo)	*to have been . . . (for a period of time)*
el olor	*smell*
rechazar	*to reject*
sentir (ie)	*to feel*
volver a (caminar, hablar, ver)	*to (walk, talk, see) again*

---

2   These terms are not used exclusively in Spain - some are heard elsewhere as well.

A. **¿Qué dicen?** Complete los diálogos con palabras apropiadas de la lista «Expresiones regionales».

1. Ramón: Y no me llame «amigo». Y déjeme en paz.
   El padre Francisco (a los jóvenes que lo acompañan): _____ .
      Vámonos.

2. Gené: O sea que esto es… es la… la despedida.
   Ramón: Sí. Es mejor así.
   Gené: _____ .

3. Manuela: Tu tío se va a Boiro. Se va con la mujer esa… Rosa.
   Javi: _____ ¿Se van a casar?

4. Javi: ¿Y el abogado?
   Ramón: Es abogada. Por allí anda, con Gené y con Abuelo. Se los llevó a la playa.
   Javi: A ver si van a acabar en Coruña. Con lo que se le va la _____ .

B. **La justicia.** Complete las oraciones con palabras apropiadas de la lista.

cianuro	juicios	Señorías
demanda	juzgado	sentencia
disponer	lleva	tiró

1. Ramón busca la legalización de la eutanasia desde el día que se _____ al mar cuando la resaca se llevaba el agua mar adentro.

2. Según Juan, Ramón se morirá como un perro si gana los _____ y Javi no lo volverá a ver.

3. Delante del _____ hay una manifestación a favor de la legalización de la eutanasia.

4. Según Marc, las personas tienen derecho a _____ de su propia vida.

5. Marc les dice a los jueces, « _____ , yo les pido una respuesta racional y humana.»

6. La _____ de Ramón es rechazada otra vez.

7. Según la _____ de la audiencia provincial, sería un delito ayudar a morir a Ramón.

8. Ramón _____ esperando veintiocho años y ha perdido la paciencia.

9. Con la ayuda de Rosa y de otros amigos, Ramón toma una dosis de _____ en secreto.

C. Un triángulo amoroso. Complete las oraciones con palabras apropiadas de la lista.

darle ganas   olor
estado   se echa atrás
frustrada   siente
hacer el amor

1. Ramón no puede moverse y no quiere amar en ese _____ .
2. El _____ de Julia le provoca fantasías a Ramón.
3. En sus ensoñaciones, Ramón _____ las manos de Julia y se le va la cabeza.
4. Julia le promete a Ramón que se quitarán la vida juntos, pero _____ .
5. Rosa intenta _____ de vivir a Ramón.
6. Ramón se enoja con Rosa y le dice que es una mujer _____ .
7. Ramón le promete a Rosa que van a _____ en los sueños de ella.

Notas culturales

En esta película hay varios personajes que hablan gallego a veces, sobre todo Juan, el hermano mayor de Ramón. Muchos lingüistas consideran que el gallego y el portugués son variedades o dialectos del mismo idioma. La mayoría de los habitantes de Galicia hablan gallego además del español. El gallego es una de las cuatro lenguas oficiales de España. Las otras son el castellano o español, el catalán o valenciano y el vasco.

Rosa quiere comprarle un telescopio a Ramón para Reyes; para él, la visita por sorpresa de Julia es un maravilloso regalo de Reyes. Para una explicación del Día de los Reyes Magos, véase la sección «Hablando de la cultura» en la página 40 del Capítulo 3, *Como agua para chocolate.*

Temas de conversación o composición

Discuta con sus compañeros los temas que siguen.[3]

1. el derecho a la libertad (¿Somos libres para decidir el momento de nuestra muerte, como cree Ramón?)
2. el derecho a la muerte (¿Debe considerarse la muerte como un derecho fundamental, igual que la vida?)
3. la muerte como solución al dolor (¿Debe considerarse la muerte como solución al dolor físico? ¿al dolor psicológico, como en el caso de Ramón?)

---

3   Your instructor may ask you to report back to the class or write a paragraph about one of the topics.

4. la despenalización de la eutanasia y el auxilio al suicidio *(assisted suicide)* (¿Deben despenalizarse o no? En caso afirmativo, ¿cuáles son los posibles riesgos y abusos? ¿Qué condiciones, garantías y límites serían necesarios para evitarlos?)

5. las consideraciones morales (¿Cuáles son algunas de las consideraciones morales que mantienen muchas iglesias para prohibir la eutanasia y el auxilio a quien desea quitarse la vida?)

6. casos particulares y generales (¿Se puede legislar para la generalidad de la gente a partir de un caso excepcional? ¿Cree usted que la mayoría desea lo que Ramón Sampedro deseaba?)

7. el futuro de la eutanasia (¿Cree usted que la eutanasia va a ser aprobada pronto? ¿Por qué sí o por qué no?)

8. el personaje de Ramón (¿Cómo es? ¿Qué argumentos emplea para defender su deseo de morir? ¿Le parecen convincentes o no? Explique. ¿Por qué cree él que la Iglesia Católica mantiene una postura de temor ante la muerte? ¿Por qué aceptó Ramón que Julia llevara su caso? ¿Por qué la llama «mi Julieta»? ¿Por qué hace el video? ¿Por qué es importante su caso?)

9. el personaje de Julia (¿Cómo es? ¿Por qué lleva el caso de Ramón gratis *(free)*? ¿Por qué se enamora de él? ¿Por qué se echa atrás con respecto a su promesa de morir con él?)

10. el personaje de Rosa (¿Cómo es? ¿Por qué se enamora de Ramón? ¿Por qué decide ayudarlo a morir?)

11. el personaje de Marc (¿Qué argumentos emplea para defender a Ramón ante la audiencia provincial? ¿Le parecen convincentes o no? Explique.)

Una escena memorable

Ramón estaba distraído el día del accidente. ¿Qué cree usted que estaba pensando?

Hablan los personajes

Analice las siguientes citas, explique de quién son y póngalas en contexto. (Para una lista de los personajes principales, ver el ejercicio B en la sección «Antes de ver película».)

1. «Sólo hay una cosa peor que se te muera un hijo… que quiera morirse.»

2. «Ya no pasa un minuto sin que entre una mujer en esta casa.»

3. «Por eso quería venir… para darte ganas de vivir. Para decirte que la vida… que vale la pena, ¿no?»

4. «Una libertad que elimina la vida no es libertad.»

5. «Te he llamado porque quiero hacerme socia del DMD. […] Es que no puedo más. Esto no es vida.»

6. «No, lo que nosotros apoyamos es la libertad, la de los que quieren vivir y la de los que quieren morir.»

7. «Considero que vivir es un derecho, no una obligación.»

8. «Yo quiero lo mejor para él, todos en esta casa queremos lo mejor para él. Entonces ¿por qué va a querer morirse?»

9. «Señorías, mi cliente desea dirigirse a ustedes directamente para que oigan de su propia voz...»

10. «Cuando uno no puede escapar y depende constantemente de los demás, aprende a... a llorar riendo, ¿no?»

Hablando de la cultura

Ramón vive en casa de su hermano mayor y su cuñada lo cuida con devoción. Viven también en la misma casa el abuelo y el nieto. Aunque de vez en cuando a Javi le molestan la presencia del abuelo y el mal humor de Ramón, parece que todos aceptan la situación como normal y desean que continúe. ¿Cómo refleja esta situación familiar las costumbres de la sociedad gallega? ¿Cómo sería en Estados Unidos?

Hablan los críticos y directores

«Una reconstrucción a ratos casi documental, pero privilegiando el lado humano y no la lucha política o discusión ideológica.»
—Daniel Olave. *La tercera*, Cultura, Crítica de cine, Santiago de Chile, 27/1/2005

«La historia de Ramón Sampedro… está contada con destreza, pero carece de un contrapeso que represente a los millones de atribulados *(suffering people)* que apuestan por la vida… Lo malo es que en *Mar adentro* no hay debate, sólo exposición ideológica.»
—Eva Latonda. *Forumlibertas*
www.forumlibertas.com

«...la nueva obra de Alejandro Amenábar ofrece una óptica nada imparcial: presentada con un enorme aparato de propaganda como una defensa de la libertad... para elegir el tipo de vida deseada, en la práctica se convierte en una sentimental apología de la eutanasia.»

—Julio Rodríguez Chico. «Sentimiento para una ideología». Crítica. *La Butaca Revista de Cine*, http://www.labutaca.net/films/27/maradentro3.htm

¿Es la obra de Amenábar parcial o imparcial? ¿Con cuál de los tres críticos está usted más de acuerdo? Explique.

«Si Mateo [Mateo Gil, co-autor del guión con Alejandro Amenábar] hubiera escrito solo esta película, hubiera sido una historia completamente fragmentada con muchos saltos en el tiempo. A él le atraía el Ramón de antes del accidente, sus viajes y sus mujeres, lo que había vivido, mientras que a mí me interesaba más el Ramón de después, que empieza a leer filosofía. Pero no hemos renunciado a *(given up)* nada y en el presente de Ramón está muy presente su pasado.»

—Alejandro Amenábar. *Mar adentro*. cinebso.com

Y ahora, su opinión: ¿Está usted de acuerdo con el director? ¿Le hubiera gustado más la mirada de Mateo Gil? Entonces, ¿qué aspectos de la personalidad de Ramón y qué otros detalles de su vida le hubiera gustado conocer?

Mas allá de la película...

Selección 1: Los ensueños

Mar adentro, mar adentro,	
y en la ingravidez° del fondo,	*lightness*
donde se cumplen° los sueños,	*se... are fulfilled*
se juntan dos voluntades	
para cumplir un deseo.	
Un beso enciende° la vida	*lights, kindles*
con un relámpago° y un trueno°,	*lightning bolt / thunderclap*
y en una metamorfosis	
mi cuerpo no era ya mi cuerpo;	
era como penetrar al centro del universo:	
El abrazo más pueril	
y el más puro de los besos,	
hasta vernos reducidos	
en un único deseo:	

Su mirada y mi mirada
como un eco repitiendo, sin palabras:
mar adentro, mar adentro,
hasta el más allá del todo
por la sangre y por los huesos.

Pero me despierto siempre
y siempre quiero estar muerto
para seguir con mi boca
enredada° en tus cabellos.   *entangled*

Preguntas

Comente con sus compañeros lo siguiente:

1. ¿Qué significan las palabras «mar adentro»?
2. ¿A qué deseo se refiere el poeta? ¿Por qué «único»?
3. ¿Cómo se representa metafóricamente el encuentro?
4. ¿Qué imágenes tiene el poeta del cuerpo?
5. ¿Por qué quiere el poeta estar muerto?

Selección 2: Carta de Ramón Sampedro

[Lo siguiente son fragmentos de una carta de Ramón Sampedro a una periodista que tratará de ayudarlo.]

Querida Laura:

Me dices que te escriba y que te cuente lo que pienso sobre dios, la vida, el amor y la muerte. También me preguntas en la última carta—o te preguntas—con la lógica curiosidad de la periodista—si lloro, si me desespero o si deseo tanto la muerte que no hay nada que me haga cambiar de idea....

De la vida pienso que comienza por el amor; y todo lo que se entiende por amor es en la ley universal de la vida un placer: una llamada tuya por teléfono es una forma de amarme porque me agrada° escuchar tu voz.   *me... it gives me pleasure*
Y si tú me dices que te agrada recibir alguna de mis cartas, ésa es una forma de amarte, pues a mí me satisface saber que mis tonterías° pueden   *silly remarks*
hacerte alguna ilusión. La ilusión de un ensueño que dure un momento, no porque yo diga nada interesante, sino por el simple hecho de saber que hay alguien que idealiza nuestra imagen en sus pensamientos.

Después hay el placer de contemplar el mar, oler° su perfume de algas   *to smell*
y ensoñar con miles de otros placenteros° recuerdos—los desagradables se   *pleasant*
dejan a un lado°—, y oler el perfume del bosque y de la tierra, y escuchar   *se... are set aside*
los sonidos de la naturaleza toda. Todo eso es placer, como es un placer

recibir en la cara, un día de invierno, la cálida ternura de un rayo de sol° como si fuera una caricia de la naturaleza—madre cósmica que nos parió°. Sin embargo, todo ese placer, para mí, no equilibra° el peso entre el deseo de vivir y la necesidad de morir. No es amor suficiente el que me da la vida....

El día que me tiré al mar—más bien me caí—estaba pensando, precisamente, en el otro amor: en uno que había durado justo veintidós días. Ella tenía dieciocho años y yo veinticuatro. Hacía casi un año, en un pequeño puerto de Fortaleza (Brasil). Comparaba aquel amor de marinero, loco, libre, sin ningún prejuicio moral, con éste de ahora, honesto y atemorizado° por perder el virgo°, y pensaba en que tenía que cenar en compañía de su familia aquella noche. Si te digo la verdad, tenía dudas sobre si dejar plantada° la formal cena de compromiso°, esposa y cadenas°, y largarme al Brasil donde las putas no cobraban tarifa°.

En el reportaje que me hiciste sobre la eutanasia (morir para vivir), cuando me preguntaste por la novia, lo primero que me vino a la memoria fue lo que te acabo de contar, por eso dudaba entre narrar la anécdota o dejarlo en lo esencial de la última mujer en la que se había detenido mi barco, como si fuese el último puerto que tocase en busca de un amor de mujer. Tal vez eso que tanto idealizamos no sea más que una simple ley universal, la de la gravedad, que nos lleva siempre, inexorablemente, a girar° alrededor de la figura de la mujer, y la mujer del hombre....

Me preguntas si me desespero. No, sólo que ya no tengo nada que hacer aquí. Sólo recordando la vida no se puede vivir. Tiene que haber un equilibrio entre el cuerpo y la mente. Si uno de los dos falla, falla el mismo proyecto que la vida ideó°. ¿De qué sirve que se conserven en la memoria intactos todos los sentimientos, fantasías y pasiones intrínsecas a todo ser humano, si sólo sirven para atormentarme con deseos que jamás se podrán realizar? No es desesperación. Es lógica racional. La idea de la muerte en estas circunstancias es más que un simple deseo de separarse de la vida. Es el deseo de terminar una existencia que no encaja° dentro de las leyes de mi razón.

No hay belleza posible, porque no queda esperanza. Y cuando a la vida no le queda belleza, nos ofrece la muerte, la poesía del sueño que busca la razón. No hay que darle más vueltas°. El ser humano no acepta su mortalidad porque la ley universal del miedo a la muerte no se lo permite. Una persona puede sobrevivir con la ayuda de sus semejantes°. Puede y debe ser así, si él solicita su ayuda. Pero, cuando uno no puede sobrevivir por sus propios medios, y solicita ayuda de los demás, los demás deben prestarle esa ayuda que él solicita, no la que los demás quieran darle de acuerdo con sus prejuicios morales....

Cuando se debate el derecho de la persona a terminar su vida, siempre aparecen en la escena los médicos—menos en tu reportaje—y siempre repiten la misma irracionalidad: nosotros estamos para salvar vidas.

Los médicos no salvan vidas. Reparan accidentes o curan enfermedades, y esperan, como lógica consecuencia, prolongar la vida un poco más de tiempo. Pero cuando no se puede reparar el accidente o

---

cálida… *warm caress of a sunbeam*
gave birth
balance

fearful / virginity

si… *whether to forget about /* cena… *engagement dinner / chains /* putas… *prostitutes didn't charge [such] a price*

revolve

falla… *the project that life conceived fails*

fit

No… *It's just as it looks, no need to turn it around.*

fellow beings

curar la enfermedad, su autoridad moral o sus juicios de valor sobre cómo
y cuándo una persona puede terminar su vida, su influencia sobre las
decisiones judiciales o sobre la conciencia de los legisladores no debería
tener más peso que las mías—en este caso—o las de otro ciudadano
cualquiera que reclame° el derecho a su muerte....   *claims, demands*

Mi incapacidad física me causa un sufrimiento del que no puedo
liberarme. Eso me causa una humillación que mi concepto de la dignidad
no admite°. ¿Quién me causa esta humillación? La vida, la circunstancia.   *allow*
No es dios, ni su voluntad porque yo no la creo. Pero en un informe
que pidió el Ministerio de Asuntos° Sociales a no sé qué consejeros, o   *Affairs*
autoridades sobre el tema de la eutanasia, el portavoz° de dicho consejo   *spokesperson*
dice que no se puede saber cuándo un sufrimiento es o no insoportable.
¿Cómo pueden juzgar entonces?...

Si alguien me quiere, me ama y me respeta, que me preste la ayuda que
yo le pida, que me ame con el respeto que yo le solicito. Si no es así, será
una violación de mis principios, de mi personalidad, de mis creencias, de
mi dios. Lo mejor será aquello que yo amo y comprendo. Y lo mejor que
todo ser humano—y no humano—comprende es el amor. Y el amor es dar
como dan el sol, el agua, la mar y el aire. ¿Dios? ¿La naturaleza? No piden
nada a cambio. Sólo el equilibrio. No hay error o crimen más atroz° que   *atrocious*
negarle° a una persona el derecho de poner fin a su vida para terminar su   *denying*
sufrimiento incurable. ...

Preguntas

Comente con sus compañeros lo siguiente:

1. Para Ramón la vida se relaciona con el placer y el amor. ¿Cuáles son algunos de los placeres que menciona? ¿Cómo entiende él esta relación?
2. Según Ramón, ¿cuál es la mejor opción cuando ya no hay esperanza?
3. ¿Entre qué cosas tiene que haber un equilibrio, según Ramón?
4. Para Ramón, ¿cuál es el resultado de tener memorias de los sentimientos y fantasías del pasado?
5. Según Ramón, ¿por qué no acepta el ser humano su mortalidad?
6. Ramón habla del miedo a la muerte física como una ley universal del ser humano; sin embargo, ¿cómo define Ramón la muerte? ¿Qué es la muerte física para él? En este sentido, ¿puede usted explicar su opinión sobre la ciencia médica y legal?
7. ¿Qué visión tiene Ramón de Dios y de la naturaleza? ¿Cree que para él son lo mismo? En ese sentido, Ramón no cree que Dios quiera que él sufra; ¿cómo justifica él su deseo a morir físicamente desde su visión del mundo?

Artículo de periódico sobre Ramona Maneiro

[Ramona Maneiro es la amiga que ayudó a Ramón Sampedro a morir; el siguiente artículo salió en 2005, cuando la causa° contra ella fue sobreseída.°]

case

dismissed

Viernes, 18 de marzo, 2005

Extinguida° la responsabilidad penal

Nullified

Sobreseída la causa contra Ramona Maneiro
por la muerte de Sampedro

El Juzgado de Instrucción número 2 de Ribeira ha sobreseído de manera provisional la causa contra Ramona Maneiro por un delito° de cooperación al suicidio del tetrapléjico gallego Ramón Sampedro…

crime

En su casa de Boiro (A Coruña), Ramona Maneiro se encontraba «muy contenta» y «agradecida°» a la justicia tras conocer° la noticia. «Siempre he estado aliviada° y muy tranquila», aseguró° la amiga del tetrapléjico gallego.

grateful / tras… after learning

relieved / said with assurance

Ramona Maneiro, que el pasado 10 de enero confesó en un programa de televisión haberle ayudado° a morir, indicó que «hay muchos casos más importantes para gastarse el dinero y resolver».…

haberle… having helped him

Maneiro comentó que su vida a partir de ahora seguirá «como siempre» y apostó° por continuar con la lucha de Sampedro . «Ahora, la lucha de Ramón tiene que seguir, pero quienes la tienen que llevar° son los políticos», apuntó…

pledged

carry on

Ramona consideró la decisión de la justicia «una victoria» de su amigo Ramón Sampedro. «Lo más importante está por venir, que sería que se legalice la eutanasia», sentenció…

Por su parte, la familia del tetrapléjico gallego no ocultaba° su malestar por la decisión de la justicia, que consideran «equivocada°». «Por mí, la querría encerrar° toda la vida por ser tan mentirosa, pero si la justicia lo cerró, está cerrado», manifestó la cuñada de Sampedro, Manuela Sanlés.

hide

wrong

lock up

Así, la cuñada de Sampedro, visiblemente afectada, señaló a Ramona como «la mujer más asesina° que hay en el mundo». «Debería pagar como todos…»

murderous

Punto de vista

Comente usted la actitud de Ramona ante el caso de Ramón. Compárela con la actitud de la familia de Ramón. Explique su reacción personal ante la noticia.